U0570220

宋 歐陽修 宋 祁 撰

新唐書

第四册

卷三七至卷四九（志）

中華書局

唐書卷三十七

志第二十七

地理一

自秦變古，王制亡，始郡縣天下。下更漢、晉，分裂爲南、北。至隋滅陳，天下始合爲一，乃改州爲郡，依漢制置太守，以司隸、刺史相統治，爲郡一百九十，縣一千二百五十五，戶八百九十萬七千五百三十六，口四千六百一萬九千九百五十六。其地：東西九千三百里，南北一萬四千八百一十五里，東、南皆至海，西至且末，北至五原。

唐興，高祖改郡爲州，太守爲刺史，又置都督府以治之。然天下初定，權置州郡頗多。太宗元年，始命併省，又因山川形便，分天下爲十道：一曰關內，二曰河南，三曰河東，四曰河北，五曰山南，六曰隴右，七曰淮南，八曰江南，九曰劍南，十曰嶺南。至十三年定簿，凡州府三百五十八，縣一千五百五十一。明年，平高昌，又增州二，縣六。其後，北殄突厥頡利，西平高昌，北踰陰山，西抵大漠。其地：東極海，西至焉耆，南盡林州南境，北接薛延陀界；東西九千五百一十一里，南北一萬六千九百一十八里。景雲二年，分天下郡縣，置二十四都督府以統之。既而以其權重不便，罷之。開元二十一年，又因十道分山南、江南爲東、西道，增置黔中道及京畿、都畿，置十五採訪使，檢察如漢刺史之職。天寶盜起，中國用兵，而河西、隴右不守，陷于吐蕃，至大中、咸通，始復隴右。乾符以後，天下大亂，至於唐亡。

然舉唐之盛時，開元、天寶之際，東至安東，西至安西，南至日南，北至單于府，蓋南北如漢之盛，東不及而西過之。開元二十八年戶部帳，凡郡府三百二十有八，縣千五百七十三，戶八百四十一萬二千八百七十一，口四千八百一十四萬三千六百九，應受田一千四百四十萬三千八百六十二頃。

考隋、唐地理之廣狹、戶口盈耗與其州縣廢置，其盛衰治亂興亡可以見矣。蓋自古爲天下者，務廣德而不務廣地，德不足矣，地雖廣莫能守也。嗚呼，盛極必衰，雖曰勢使之然，而殆忽驕滿，常因盛大，可不戒哉！

關內道，蓋古雍州之域，漢三輔、北地、安定、上郡及弘農、隴西、五原、西河、雲中之境。

京兆、華、同、鳳翔、邠、隴、涇、原、渭、武、寧、慶、鄜、坊、丹、延、靈、威、雄、會、鹽、綏、宥爲鶉首分，麟、豐、勝、銀、夏、單于、安北爲實沈分，商爲鶉火分。爲府二，都護府二，州二十七，縣百三十五。其名山：太白、九嵕、吳、岐、梁、華。其大川：涇、渭、灞、滻。厥賦：絹、綿、布、麻。京兆、同、華、岐調綿，餘州布、麻。開元二十五年，以關輔寡蠶，詔納米粟，其河南、河北非通漕州，皆調絹，以便關中。厥貢：毛、羽、革、角、布、席、弓、刀。

上都，初曰京城，天寶元年曰西京，至德二載曰中京，上元二年復曰西京，肅宗元年曰上都。皇城長千九百一十五步，廣千二百步。宮城在北，長千四百四十步，廣九百六十步，周四千八百六十步，其崇三丈有半。龍朔後，皇帝常居大明宮，乃謂之西內，神龍元年曰太極宮。大明宮在禁苑東南，西接宮城之東北隅，長千八百步，廣千八十步，曰東內，本永安宮，貞觀八年置，九年曰大明宮，以備太上皇清暑，百官獻貲以助役。高宗以風痺，厭西內湫濕，龍朔二年始大興葺，曰蓬萊宮，咸亨元年曰含元宮，長安元年復曰大明宮。興慶宮在皇城東南，距京城之東，開元初置，至十四年又增廣之，謂之南內，二十年，築夾城入芙蓉園。京城前直子午谷，後枕龍首山，左臨灞岸，右抵灃水，其長六千六百六十五步，廣五千五百七十五步，周二萬四千一百二十步，其崇丈有八尺。

京兆府京兆郡，本雍州，開元元年爲府。厥貢：水土稻、麥、䴬、紫秆粟、隔紗、粲席、鞾氈、蠟、酸棗人、地骨皮、櫻桃、藕粉。天寶元年領戶三十六萬二千九百二十一，口百九十六萬一百八十八。領縣二十。有府百三十一，曰眞化、匡道、水衡、仲山、新城、竇泉、善信、鳳神、安業、平香、太清，餘皆逸。萬年，赤。本大興，武德元年更名。二年析置芷陽縣，七年省。總章元年析置明堂縣，長安二年省。天寶七載曰咸寧，至德三載復故名。有南望春宮，臨滻水，西岸有北望春宮，宮東有廣運潭。福陵在東南二十五里，敬陵在東南四十里。長安，赤。總章元年析置乾封縣，長安二年省。有大安宮，本弘義，後更名。南五十里太和谷有太和宮，武德八年置，貞觀十年廢，二十一年復置，曰翠微宮，籠山爲苑，元和中以爲翠微寺。有子午關。天寶二年，尹韓朝宗引渭水入金光門，置潭于西市，以貯材木。大曆元年，尹黎幹自南山開漕渠抵景風、延喜門，入苑以漕炭薪。咸陽，畿。武德元年析涇陽、始平置。有望賢宮。有便橋。有興寧陵，又有順陵，在咸陽原。興平，畿。本始平，景龍二年，中宗送金城公主降吐蕃至此〔一〕，改曰金城，至德二載更名。西十八里有隋仙林宮。雲陽，赤。武德元年析置石門縣，三年以石門、溫秀置泉州。貞觀元年州廢，省溫秀，更石門曰雲陽，雲陽曰池陽。八年省雲陽，更池陽曰雲陽。天授二年以雲陽、涇陽、醴泉、三原置鼎州，大足元年州廢。有堯山、甘泉山，凡禁樵採者著于志。有古鄭、白渠。崇陵在北十五里嵯峨山，貞陵在西北四十里。涇陽，畿。三原，次赤。武德四年曰池陽，六年曰華池，析置三原，隸泉州，貞觀元年省，復華池曰三原。永康陵在北十八里，獻陵在東十八里，莊陵在西北五里，端陵在東十里。渭南，畿。武德元年隸華州，五年還隸雍州。天授二年析渭南、慶山置鴻門縣，以渭南、慶山、鴻門、高陵、櫟陽置鴻州，尋省鴻門，大足元年州廢。西十里有遊龍宮，開元二十五年更置。東十五里有隋崇業宮。昭應，次赤。本新豐，垂拱二年曰慶山，神龍元年復故名。有宮在驪山下，貞觀十八年置，咸亨二年始名溫泉宮。天寶元年更驪山曰會昌山。三載，以縣去宮遠，析新豐、萬年置會昌縣。六載，更溫泉曰華清宮，宮治湯井爲池，環山列宮室，又築羅城，置百司及十宅。七載省新豐，更會昌縣及山曰昭應。東三十五里有慶山，垂拱二年涌出。有清虛原，本鳳凰，有幽棲谷，本鸚鵡，中宗以韋嗣立所居更名。有旌儒鄉，有廟，故坑儒，玄宗更名。齊陵在東十六里。高陵，畿。武德元年析置鹿苑縣，貞觀元年省。西四十里有龍躍宮，武德六年，高祖以舊第置，德宗以爲脩眞觀。有古白渠，寶曆元年，令劉仁師請更水道，渠成，名曰劉公，堰曰彭城。同官，畿。有女迴山。富平，次赤。有荆山，有鹽池澤。定陵在西北十五里龍泉山，元陵在西北二十五里檀山，豐陵在東三十三里甕金山，章陵在西北二十里，簡陵在西北四十里。藍田，畿。武德二年析置白鹿縣，三年更曰寧民，又析藍田置玉山縣，貞觀三年皆省。有覆車山。有藍田關，故嶢關。有庫谷，谷有關。武德六年，寧民令顏昶引南山水入京城。永淳元年作萬全宮，弘道元年廢。鄠，畿。有渼陂。東南三十里有隋太平宮，西南二十二里有隋甘泉宮。奉天，次赤。文明元年，析醴泉、始平、好畤、武功、豳州之永壽置，以奉乾陵，陵在北五里梁山。靖陵在東北十里。乾寧二年以縣置乾州，及覃王出鎮，又以畿內之好畤、武功、盩厔、醴泉隸之。好畤，畿。故上宜，武德二年析醴泉置好畤。貞觀八年廢上宜入岐陽，二十一年省好畤、岐陽，復置上宜，更上宜曰好畤。有大横關。武功，畿。武德三年，以武功、好畤、盩厔及郇州之郿、鳳泉置稷州，又析始平置扶風縣，四年以岐州之圍川隸之，七年以郿隸岐州。貞觀元年州廢，省扶風，以圍川、鳳泉隸岐州，盩厔、武功隸雍州。天授二年，復以武功、始平、奉天、盩厔、好畤置稷州，大足元年州廢。有太一山。南十八里有慶善宮，臨渭水，武德元年，高祖以舊第置宮，後廢爲慈德寺。西原，殤帝所葬。醴泉，次赤。武德元年析置溫秀縣，後省醴泉。貞觀十年營昭陵，析雲陽、咸陽復置。有芳山，有九嵕山。昭陵在西北六十里九嵕山。建陵在東北十八里武將山，一名馮山。華原，畿。義寧二年以華原、宜君、同官置宜君郡，并置土門縣以隸之。武德元年曰宜州，貞觀十七年州廢，省宜君、土門，以華原、同官隸雍州。垂拱二年更華原曰永安。天授二年復以永安、同官、富平、美原置宜州，大足元年州廢。有永安宮，長安二年置。神龍元年復永安曰華原。有蒲萄園官。天祐三年，李茂貞墨制以縣置耀州。美原。畿。咸亨二年，析富平、華原及同州之蒲城，以故土門縣置。天祐三年，李茂貞墨制以縣置鼎州。

華州華陰郡，上輔。義寧元年析京兆郡之鄭、華陰置，垂拱二年避武氏諱曰太州，神龍元年復故名，上元二年又更名太州，寶應元年復故名，乾寧四年曰興德府。縣次畿、赤。光化三年復爲州。土貢：鷂、烏鶻、伏苓、伏神、細辛。戶三萬三千一百八十七，口二十二萬三千六百一十三。縣四。有府二十，曰普樂、豐原、義全、清義、萬福、脩仁、神水、常興、義津、定城、延壽、羅文、鄭邑、宣義、相原、孝德、溫湯、宣化、懷德、懷仁。有鎭國軍，肅宗上元元年置。鄭。望。有少華山。東北三里有神臺宮，本隋普德宮，咸亨二年更名。西南二十三里有利俗渠，引喬谷水，東南十五里有羅文渠，引小敷谷水，支分溉田，皆開元四年詔陝州刺史姜師度疏故渠，又立隄以捍水害。華陰。望。垂拱元年更名仙掌。天授二年析置潼津縣，在關口，後隸虢州，聖曆二年來屬，長安中省。神龍元年復曰華陰，上元二年曰太陰，華山曰太山，寶應元年復故名。有岳祠。有潼關，有渭津關。有漕渠，自苑西引渭水，因古渠會灞、滻〔三〕，經廣運潭至縣入渭，天寶三載韋堅開。又有永豐倉，有臨渭倉。西十八里有瓊岳宮，故隋華陰宮，顯慶三年更名。東十三里有隋金城宮，武德三年廢，顯慶三年復置。西二十四里有敷水渠，開元二年，姜師度鑿，以洩水害，五年，刺史樊忱復鑿之，使通渭漕。下邽。望。本隸同州，垂拱元年來屬。東南二十里有金氏二陂，武德二年引白渠灌之，以置監屯。櫟陽。本畿。故萬年，隸雍州。武德元年更名，又析置平陵縣，二年更平陵曰粟邑，貞觀八年省。有煮鹽澤。天祐三年來屬。

同州馮翊郡，上輔。武德元年更諸郡爲州，其沒于賊者，事平乃更。天寶三載以州爲郡〔三〕，乾元元年復以郡爲州。凡州、郡、縣無所更置者皆承隋舊。土貢：鞾鞹二物、皺紋吉莫、麝、芑莢、龍莎、凝水石。戶六萬九百二十八，口四十萬八千七百五。縣八。有府二十六，曰濟北、唐安、秦城、太州、大亭、河東、興德、漣邑、伏龍、溫湯、安遠、業善、南鄉、臨高、濮陽、襄城、崇道、淅谷、吉安、長春、華池、永大、洪泉、善福、司禦、效誠。馮翊，望。武德九年析置臨沮縣，貞觀九年省。有沙苑。南三十二里有興德宮，在志武里，高祖將趨長安所次。朝邑，望。有長春宮。武德三年析置河濱縣，貞觀元年省。北四里有通靈陂，開元七年，刺史姜師度引洛堰河以溉田百餘頃。乾元三年曰河西，隸河中府，大曆五年復曰朝邑，還隸同州。有河瀆祠、西海祠。小池有鹽。韓城，上。武德八年徙置西韓州，貞觀八年州廢，以韓城、河西、郃陽來屬，天祐二年更名韓原。有鐵。有梁山。有龍門山，有關。武德七年，治中雲得臣自龍門引河溉田六千餘頃。郃陽，望。有陽班湫，貞元四年堰洿谷水成。夏陽，本河西，武德三年析郃陽置，又以河西、郃陽、韓城置西韓州。乾元三年更河西曰夏陽，隸河中，後復來屬。白水，望。澄城，望。武德三年析置長寧縣，貞觀八年省。奉先。本次赤。故蒲城，開元四年更名，隸京兆府。橋陵在西北三十里豐山，泰陵在東北二十里金粟山，景陵在西北二十里金熾山，光陵在北十五里堯山，惠陵在西北十里。有鹵池二，大中二年，其一生鹽。天祐三年來屬。

商州上洛郡，望。土貢：麝香、弓材。有洛源監錢官。貞元七年，刺史李西華自藍田至內鄉開新道七百餘里，迴山取塗，人不病涉，謂之偏路，行旅便之。戶八千九百二十六，口五萬三千八十。縣六。有府二，曰洵水、玉京。有興平軍，初在鄠縣東原，至德中徙。上洛，緊。有熊耳山。豐陽，上。洛南，上。有金，有銅，有鐵。商洛，望。東有武關。上津，上。義寧二年以上津、豐利、黃土置上津郡，并置長利縣。武德元年曰上州。貞觀元年省長利。八年州廢，以黃土隸金州，豐利隸均州，上津來屬。乾元。中下。本安業，萬歲通天元年析豐陽置，景龍三年隸雍州，景雲元年來屬，乾元元年更名，隸京兆，尋復還屬。

鳳翔府扶風郡，赤上輔。本岐州，至德元載更郡曰鳳翔，二載復郡故名，號西京，爲府。上元二年罷京，元年曰西都，未幾復罷都。土貢：榛實、龍鬚席、蠟燭。戶五萬八千四百八十六，口三十八萬四百六十三。縣九。有府十三，曰岐山、雍北、道清、洛邑、留谷、岐陽、文城、郊邑、三交、鳳泉、望苑、邵吉、山泉。天興，次赤。本雍，至德二載曰鳳翔，仍析置天興縣，寶應元年省鳳翔入天興。岐山，次畿。貞觀七年，析扶風、岐山及京兆之上宜置岐陽縣，八年省上宜入岐山，永徽五年復置，元和三年省〔四〕。有岐山。扶風，次畿。本湋川，武德三年析岐山置，以湋水名之，貞觀八年更名。麟遊，次畿。義寧元年置，以麟遊及京兆之上宜、扶風郡之普潤置鳳棲郡。二年以仁壽宮中獲白麟，更郡曰麟遊，又以安定郡之鶉觚并析置靈臺縣隸之。武德元年曰麟州。貞觀元年州廢，省靈臺入麟遊，以麟遊、普潤來屬，上宜還隸雍州，鶉觚還隸涇州。西五里有九成宮，本隋仁壽宮，義寧元年廢，貞觀五年復置，更名，永徽二年曰萬年宮，乾封二年復曰九成宮，周垣千八百步，并置禁苑及府庫官寺等。又西三十里有永安宮，貞觀八年置。普潤，次畿。有隴右軍，貞元十年置，十一年以縣隸隴右經略使，元和元年更名保義軍。

寶雞，次畿。本陳倉，至德二載更名。東有渠引渭水入昇原渠，通長安故城，咸通三年開〔五〕。西南有大散關。有寶雞山。虢，次畿。貞觀八年省入岐山，天授二年復置。東北十里有高泉渠，如意元年開，引水入縣城。又西北有昇原渠，引汧水至咸陽，垂拱初運岐、隴水入京城。郿，次畿。義寧二年置郿城郡，又析置鳳泉縣。武德元年曰郿州，以鳳泉來屬，三年州廢，以郿隸稷州，七年來屬。貞觀八年省鳳泉。大曆五年權隸京兆。有太白山，有鳳泉湯。盩厔，次畿，隸雍州。武德二年析置終南縣，貞觀八年省，天寶元年更名宜壽，至德二載復故名，乾寧中隸乾州，天復元年來屬。有駱谷關，武德七年置。有司竹園。東南三十二里有隋宜壽宮。有樓觀、老子祠。

邠州新平郡，緊。義寧二年析北地郡之新平、三水置。邠，故作「豳」，開元十三年以字類「幽」改。土貢：剪刀、火筯、華豆、澡豆、白蜜、地膽。戶二萬二千九百七十七，口十二萬五千二百五十。縣四。有府十，曰嘉陽、宜祿、公劉、良社、胡陵、蜂川、萬敵、金池、舜城、宜山。新平，望。有永定壘二，太宗討薛舉置。三水，緊。有石門山。北二十里有萬壽湫，大曆八年因風雷而成。永壽，上。武德二年析新平置，神龍元年隸雍州，唐隆元年來屬。宜祿，中。貞觀二年析新平及涇州之保定、靈臺置。有淺水原，有長武城。

右京畿採訪使，治京城內。

隴州汧陽郡，上。本隴東郡，義寧二年，析扶風郡之汧源、汧陽、南由，安定郡之華亭置。天寶元年更郡曰汧陽。土貢：榛實、龍鬚席。戶二萬四千六百五十二，口十萬一百四十八。

縣三。有府四，曰大堆、龍盤、開川、臨汧。汧源，上。垂拱二年更華亭曰亭川，神龍元年復故名，元和三年省入汧源。西有安戎關，在隴山，本大震關，大中六年，防禦使薛逵徙築，更名。有鐵。有五節堰，引隴川水通漕，武德八年，水部郎中姜行本開，後廢。華亭有義寧軍，大曆八年置。貞元十三年築永信城于平戎川。汧陽，上。有臨汧城，大和元年築。吳山。中。本長蛇，義寧二年置，貞觀元年更名，上元二年曰華山，尋復曰吳山。武德元年以南由縣置含州，四年州廢，元和三年省入焉。有西鎮吳山祠，有紫墠山。西有安夷關。

涇州保定郡，上。本安定郡，至德元載更名。土貢：龍鬚席。戶三萬一千三百六十五，口十八萬六千八百四十九。縣五。有府六，曰涇陽、四門、興教、純德、肅清、仁賢。保定，上。本安定，至德元載更名，廣德元年沒吐蕃，大曆三年復置。有折墌故城。靈臺，上。本鶉觚，天寶元年更名。臨涇，中。良原，上。興元二年沒吐蕃，貞元四年復置。潘原。中。本陰盤，天寶元年更名，後省爲彰信堡，貞元十一年復置。

原州平涼郡，中都督府，望。廣德元年沒吐蕃，節度使馬璘表置行原州於靈臺之百里城。貞元十九年徙治平涼。元和三年又徙治臨涇。大中三年收復關、隴，歸治平高。廣明後復沒吐蕃，又僑治臨涇。土貢：氈、覆鞍氈、龍鬚席。戶七千三百四十九，口三萬三千一百四十六。縣二。有府二，曰彭陽、安善。平高，望。有崆峒山。西南有木峽關。州境又有石門、驛藏、制勝、石峽、木崝等關，并木峽、六盤爲七關。又南有瓦亭故關。百泉。上。

渭州，元和四年以原州之平涼縣置行渭州，廣明元年爲吐蕃所破，中和四年，涇原節度使張鈞表置。凡乾元後所置州，皆無郡名；及其季世，所置州縣，又不列上、中、下之第。縣一。平涼。上。廣德元年沒吐蕃，貞元四年復置。及爲行渭州，其民皆州自領之。西南隴山有六盤關。有銀，有銅，有鐵。西北五里有吐蕃會盟壇，貞元三年築。

武州，中。大中五年以原州之蕭關置。中和四年僑治潘原。縣一。蕭關。中。貞觀六年以突厥降戶置緣州，治平高之他樓城。高宗置他樓縣，隸原州，神龍元年省，更置蕭關縣。白草軍在蔚茹水之西，至德後沒吐蕃。

寧州彭原郡，望。本北地郡，天寶元年更名。土貢：五色覆鞍氈、龍鬚席、芫青、亭長、菴䕡、假蘇。戶三萬七千一百二十一，口二十二萬四千八百三十七。縣五。有府十一，曰彭池、高望、靜難、驎寶、天固、蒲川、東原、三會、大延、和泉、永寧。定安，望。義寧二年析置歸義縣，十七年省入定平〔六〕。有定安故關。眞寧，緊。本羅川。有要册湫。天寶元年獲玉眞人像二十七，因更名。襄樂，緊。彭原，緊。武德元年以縣置彭州，二年析置豐義縣。貞觀元年州廢，以彭原、豐義來屬。開元八年以豐義隸涇州，尋復還屬，唐末省。定平。上。武德二年析定安置，後隸邠州。元和三年復來屬，四年隸左神策軍。有高摭城。唐末以縣置衍州。

慶州順化郡，中都督府。本弘化郡，天寶元年曰安化，至德元載更名。土貢：胡女布、牛酥、麝、蠟。戶二萬三千九百四十九，口十二萬四千二百三十六。縣十。有府八，曰龍息、交水、同川、永清、蟠交、永業、樂蟠、永安。順化，中。本弘化，天寶元年曰安化，至德元載更名。合水，中。本合川，武德元年置，是年，又析置蟠交縣。貞觀元年省合川入弘化。天寶元年更蟠交曰合水。樂蟠，中。義寧元年析合水置。馬嶺，中。華池，下。武德四年置，以縣置林州，貞觀元年州廢。同川，中下。本三泉，義寧二年析彭原郡之彭原置，武德三年更名。洛源，中。貞觀三年置，四年隸北永州，五年徙州來治，八年州廢，來屬。延慶，中。本白馬，武德六年徙故豐州民析合水置，天寶元年更名。方渠，中下。神龍三年析馬嶺置。懷安。下。開元十一年括逃戶連党項蕃落置。

鄜州洛交郡，上。本上郡，天寶元年更名。土貢：龍鬚席。戶二萬三千四百八十四，口十五萬三千七百一十四。縣五。有府十一，曰洛昌、龍交、葦川、五交、大同、安光、洛安、銀方、杏林、脩武、安吉。有鄜戎軍，大曆六年置，在鄜城。洛交，緊。洛川，上。三川，中。華池水、黑水、洛水所會。直羅，中。武德三年析三川、洛交因古直羅城置，羅水過城下，地平直，故名。甘泉。中。本伏陸，武德元年析洛交置，天寶元年更名。

坊州中部郡，上。武德二年析鄜州之中部、鄜城置。土貢：龍鬚席、枲、弦麻。戶二萬二千四百五十八，口十二萬二百八。縣四。有府五，曰杏城、仁里、思臣、永平、安臺。中部，上。本內部，武德二年更名。周天和中，元皇帝爲敷州刺史，置馬坊，高祖因以名州。有鐵。州郭無水，東北七里有上善泉，開成二年，刺史張怡架水入城，以紓遠汲。四年，刺史崔駢復增修之，民獲其利。後思之，爲立祠。宜君，上。本隸宜州。有仁智宮，武德七年置。貞觀十七年州廢，縣亦省。二十年置玉華宮，復置縣，隸雍州。宮在北四里鳳凰谷。永徽二年廢宮爲玉華寺，縣又省。龍朔三年析中部、同官復置，來屬。有鐵。昇平，上。天寶十二載析宜君置，寶應元年省，後復置。鄜城。上。唐末以縣置翟州。

丹州咸寧郡，上。本丹陽郡，義寧元年析延安郡之義川、汾川、咸寧縣置，天寶元年更名。土貢：龍鬚席、麝、蠟燭。戶萬五千一百五，口八萬七千六百二十五。縣四。有府五，曰宜城、通天、同化、丹陽、長松。義川，上。雲巖，中。武德元年析義川置。汾川，上。有烏仁關。咸寧。中。

延州延安郡，中都督府。土貢：樺皮、麝、蠟。戶萬八千九百五十四，口十萬四十。縣十。有府七，敦化、延川、寧戎、因城、塞門、延安、金明。又儀鳳中，吐谷渾部落自涼州內附，置二府于金明西境，曰羌部落，曰閤門。膚施，上。有牢山鎮城。延長，中。本延安，武德二年置，以縣置北連州，并置義鄉、齊明二縣以隸之。貞觀二年州廢，省義鄉、齊明入延安，來屬。廣德二年更名。臨眞，中。武德元年隸東夏州，貞觀二年州廢來屬。金明，中。武德二年析膚施置，以縣置北武州，并置開遠、全義、崇德、永安、定義五縣。貞觀二年州廢，省開遠、全義、崇德、永安、定義入金明，來屬。豐林，中。武德四年僑置雲州及雲中、榆林、龍泉三縣，八年州廢，省龍泉入臨眞，省雲中、榆林入豐林。東北有合嶺關。延川，中。武德二年招慰稽胡置基州；又安撫使段德操表置義門縣，以義門置南平州。三年析綏州之城平置魏平縣。四年廢南平州，省義門、魏平。五年更基州曰北基州。貞觀八年州廢，來屬。敷政，中下。本因城，武德二年徙治金城鎮，更名金城；又東境置永州，并置洛盤、新昌、土塠三縣。貞觀四年徙州治洛源。及州廢，省洛盤、新昌、土塠入金城。天寶元年曰敷政。延昌，武德二年置北仁州，貞觀三年州廢，十年以其地置罷交縣，天寶元年更名。其北蘆子關。延水，中下。本安民，武德二年析延川置，以縣置西和州，并置修文、桑原二縣。貞觀二年州廢，省修文、桑原入安民，隸北基州。州廢，來屬。二十三年曰弘風，神龍元年更名。門山。上。武德三年析汾川置，隸丹州，廣德二年來屬。

靈州靈武郡，大都督府。土貢：紅藍，甘草，花蓯蓉，代赭，白膠，青蟲，鵰，鶻，白羽，麝，野馬、鹿革，野猪黃，吉莫鞾，鞹，氈，庫利，赤檉，馬策，印鹽，黃牛臆。戶萬一千四百五十六，口五萬三千一百六十三。縣四。有府五，曰武略、河間、靜城、鳴沙、萬春。有朔方經略軍〔七〕。黃河外有豐安、定遠、新昌等軍，豐寧、保寧等城。迴樂，望。武德四年析置豐安縣。貞觀四年於迴樂境置迴州，以豐安隸迴州。十三年州廢，省豐安。有溫泉鹽池。有特進渠，溉田六百頃，長慶四年詔開。靈武，上。懷遠，緊。武德六年廢豐州，省九原、永豐二縣入焉，隋九原郡也。有鹽池三：曰紅桃、武平、河池。保靜。上。本弘靜，神龍元年曰安靜，至德元載更名。

威州郡闕。中。本安樂州。初，吐谷渾部落自涼州徙于鄯州，不安其居，又徙于靈州之境，咸亨三年以靈州之故鳴沙縣地置州以居之。至德後沒吐蕃。大中三年收復，更名。光啓三年徙治涼州鎭爲行州。縣二。鳴沙，上。武德二年置會州，貞觀六年州廢，更置環州〔八〕，以大河環曲爲名。九年州廢，還隸靈州。神龍中爲默啜所寇，移治故豐安城。咸亨三年復得故縣〔九〕。溫池。上。本隸靈州，神龍元年置，大中四年來屬。有鹽池。

雄州，在靈州西南百八十里。中和元年徙治承天堡爲行州。

警州，本定遠城，在靈州東北二百里，先天二年，朔方大總管郭元振置。其後爲上縣，隸靈州。景福元年，靈威節度使韓遵表爲州〔一〇〕。羊馬城幅員十四里，信安王禕所築。

會州會寧郡，上。本西會州，武德二年以平涼郡之會寧鎮置。貞觀八年以足食故更名粟州，是年又更名。土貢：駝毛褐、野馬革、覆鞍氈、鹿舌、鹿尾。戶四千五百九十四，口二萬六千六百六十。縣二。有新泉軍，開元五年廢爲守捉。會寧，上。本涼川，武德二年更名。開元四年別置涼川縣，九年省。有黃河堰，開元七年，刺史安敬忠築，以捍河流。有河池，因雨生鹽。東南有會寧關。烏蘭。上。武德九年置。西南有烏蘭關。

鹽州五原郡，下都督府。本鹽川郡。唐初沒梁師都。武德元年僑治靈州。貞觀元年州省，以縣隸靈州，二年，師都平，復置州。天寶元年更郡曰五原。貞元三年沒吐蕃，九年復城之。土貢：鹽山、木瓜、狩牛。戶二千九百二十九，口萬六千六百六十五。縣二。有府一，曰鹽川。有保塞軍，貞元十九年置。五原，上。有烏池、白池、細項池、瓦窰池鹽〔一一〕。白池。上。本興寧，貞觀元年與州同省，二年復置。景龍三年更名。

夏州朔方郡，中都督府。土貢：氈、角弓、酥、拒霜薺。戶九千二百一十三，口五萬三千一十四。縣三。有府二，曰寧朔、順化。朔方，上。本嵓錄，貞觀三年更名。貞元七年開延化渠，引烏水入庫狄澤，溉田二百頃。有鹽池二。有天柱軍，天寶十四載置，寶應元年廢。長慶四年，節度使李祐築烏延、宥州、臨塞、陰河、陶子等城于盧子關北，以護塞外。有木瓜嶺。德靜，中下。貞觀七年隸北開州，八年曰化州，十三年州廢。寧朔。中下。武德六年置南夏州。貞觀二年州廢，縣省入朔方，五年復置〔三〕，來屬。長安二年省。開元四年又置，九年省，其後又置。

綏州上郡，下。本雕陰郡地。唐初沒梁師都。武德三年以歸民於延州豐林縣僑置，六年徙治延川境，七年徙治魏平。貞觀二年，師都平，歸治上縣。天寶元年更郡名。土貢：胡女布、蠟燭。戶萬八百六十七，口八萬九千一百一十二。縣五。有府四，曰伏洛、義合、萬古、大斌。龍泉，中。本上縣，天寶元年更名。延福，中下。武德六年析置北吉州，并置歸義、洛陽二縣；又析置羅州，并置石羅、歸善、萬福三縣；又析置匡州，并置安定、源泉二縣。貞觀二年州、縣皆廢。綏德，中下。武德二年置。六年析置雲州，并置信義、淳義二縣；又析置龍州，并置風鄉、義良二縣。貞觀二年州、縣皆廢。城平，中下。武德三年置魏州，并置安故、安泉二縣。貞觀二年州廢，省安故、安泉。西南有魏平關。大斌。中下。武德七年徙治魏平城，取「稽胡懷化，文武雜半」以名。

銀州銀川郡，下。貞觀二年析綏州之儒林、眞鄉置。土貢：女稽布。戶七千六百二，口四萬五千五百二十七。縣四。儒林，中。東北有無定河。眞鄉，中下。西北有茹盧水。開光，中。本隸綏州，貞觀二年置，八年隸柘州，十三年州廢，來屬。撫寧。中下。本隸綏州，貞觀八年來屬。

宥州寧朔郡，上。調露元年，於靈、夏南境以降突厥置魯州、麗州、含州、塞州、依州、契州，以唐人爲刺史，謂之六胡州。長安四年併爲匡、長二州。神龍三年置蘭池都督府，分六州爲縣。開元十年復置魯州、麗州、契州、塞州。十年平康待賓，遷其人於河南及江、淮。十八年復置匡、長二州。二十六年還所遷胡戶置宥州及延恩等縣，其後僑治經略軍。至德二載更郡曰懷德。乾元元年復故名。寶應後廢。元和九年於經略軍復置，距故州東北三百里。十五年徙治長澤，爲吐蕃所破。長慶四年，節度使李祐復奏置。土貢：氈。戶七千八十三，口三萬二千六百五十二。縣二。延恩，中。開元二十六年以故匡州地置；又以故塞門縣地置懷德縣，以故蘭州之長泉縣地置歸仁縣〔三〕。寶應後皆省。元和九年復置延恩。有經略軍，在榆多勒城，天寶中王忠嗣奏置。長澤。中下。本隸夏州，貞觀七年置長州，十三年州廢，隸夏州，元和十五年來屬。有胡洛鹽池。

麟州新秦郡，下都督府。開元十二年析勝州之連谷、銀城置，十四年廢，天寶元年復置。土貢：青他鹿角。戶二千四百二十八，口萬九百三。縣三。新秦，中。開元二年置，七年又置鐵麟縣，十四年州廢，皆省。天寶元年復置新秦。連谷，中下。貞觀八年以隋連谷戍置。銀城。中下。貞觀二年置，四年隸銀州，八年隸勝州。

勝州榆林郡，下都督府。武德中沒梁師都。師都平，復置。土貢：胡布、青他鹿角、芍藥、徐長卿。戶四千一百八十七，口二萬九百五十二。縣二。有義勇軍。榆林，中下。有隋故榆林宮。東有榆林關，貞觀十三年置。河濱。中下。貞觀三年置，以縣置雲州，四年曰威州，八年州廢，來屬。東北有河濱關，貞觀七年置。

豐州九原郡，下都督府。貞觀四年以降突厥戶置，不領縣。十一年州廢，地入靈州。二十三年復置。土貢：白麥、印鹽、野馬胯革、駝毛褐、氈。戶二千八百一十三，口九千六百四十一。縣二。九原，中下。永徽四年置。有陵陽渠，建中三年浚之以溉田，置屯，尋棄之。有咸應、永清二渠，貞元中，刺史李景略開，溉田數百頃。永豐。中下。永徽元年置。麟德元年別置豐安縣，天寶末省。東受降城，景雲三年，朔方軍總管張仁愿築三受降城。寶曆元年，振武節度使張惟清以東城濱河，徙置綏遠烽南。中受降城，有拂雲堆祠。接靈州境有關，元和九年置。又有橫塞軍，本可敦城，天寶八載置，十二載廢。西二百里大同川有天德軍，大同川之西有天安軍，皆天寶十二載置。天德軍，乾元後徙屯永濟柵，故大同城也。元和九年，宰相李吉甫奏脩復舊城。北有安樂戍。西受降城。開元初為河所圮，十年，總管張說於城東別置新城。北三百里有鸊鵜泉。

單于大都護府，本雲中都護府，龍朔三年置，麟德元年更名。土貢：胡女布、野馬胯革。戶二千一百五十五，口六千八百七十七。縣一。金河。中。天寶四年置。本後魏道武所都。有雲伽關，後廢，大和四年復置。

安北大都護府，本燕然都護府。龍朔三年曰瀚海都督府。總章二年更名。開元二年治中受降城，十年徙治豐、勝二州之境，十二年徙治天德軍。土貢：野馬胯革。戶二千六，口七千四百九十八。縣二。陰山，上。天寶元年置。通濟。上。

鎭北大都護府〔四〕。土貢：犛牛尾。縣二。大同，上。長寧。上。

右關內採訪使，以京官領。

校勘記

〔一〕景龍二年中宗送金城公主降吐蕃至此　「二年」，元和郡縣圖志（下簡稱元和志）卷二同。本書卷四中宗紀、舊書卷七中宗紀、卷三八地理志、卷一九六上吐蕃傳及唐會要卷六均作「四年」，應以「四年」爲是。

〔二〕因古渠會灞滻　「古」，各本原作「石」，據元和志卷二、寰宇記卷二九及本書卷一三四韋堅傳改。

〔三〕天寶三載以州爲郡　據本書卷五及舊書卷九玄宗紀、通鑑卷二一五、文獻通考（下簡稱通考）卷三一五記載，改州爲郡爲天寶元年。

〔四〕貞觀七年析扶風岐山及京兆之上宜置岐陽縣八年省上宜入岐山永徽五年復置元和三年省　據上文京兆府好時條：「（貞觀）二十一年省好時、岐陽。」唐會要卷七〇：「岐陽縣，貞觀七年割扶風、岐山幷京兆上宜縣置焉，二十一年廢，永徽五年十二月又置，元和三年三月併入岐山、扶風縣。」疑「永徽五年復置」上脫「二十一年廢」五字。又「八年省上宜入岐山」，本卷上文京兆府好時下作「貞觀八年廢上宜入岐陽」。

〔五〕咸通三年開　「咸通」，元和志卷二、冊府卷四九七均作「咸亨」。按元和志成書在咸通前，當以「咸亨」爲是。

〔六〕義寧二年析置歸義縣十七年省入定平　據舊書卷三八地理志、寰宇記卷三四載，歸義縣省於貞觀十七年。此處「十七年」上脫「貞觀」二字。

〔七〕有朔方經略軍　各本「朔方」下原有「軍」字。查舊書卷三八地理志、通典卷一七二、元和志卷四，朔方節度使所統軍府無「朔方軍」。又按本書卷五〇兵志，關內道有軍九，朔方經略軍爲其一。考異卷四四云：「當云朔方經略軍，多一『軍』字。」據刪。

〔八〕嗚沙上武德二年置會州貞觀六年州廢更置環州　通典卷一七三、元和志卷四、寰宇記卷三六並謂：北周保定二年於嗚沙縣置會州，隋開皇時於此置環州，大業三年罷環州，唐貞觀六年復置。

〔九〕神龍中爲默啜所寇移治故豐安城咸亨三年復得故縣　突厥集史卷九考證云：「按神龍後無咸亨。志上文有云：『咸亨三年，以靈州之故嗚沙縣地置州以居之，至德後沒吐蕃，大中三年收復，更名。』是復得故縣乃大中三年，涉上文『咸亨三年』而誤作『咸亨』也。」

〔一〇〕靈威節度使韓遵表爲州　考異卷四四據本書卷二一七下回鶻傳及舊五代史卷一三二韓遜傳，謂「遵」當作「遜」。

〔一一〕有烏池白池細項池瓦窰池　各本「瓦窰池」上原有「四」字，據元和志卷四、寰宇記卷三七刪。

〔二〕寧朔中下武德六年置南夏州貞觀二年州廢縣省入朔方五年復置　按舊書卷三八地理志云：「朔方，「永徽五年分置寧朔縣」。此處「五年」上疑脫「永徽」二字。

〔三〕蘭州　舊書卷三八地理志作「蘭池州」。

〔四〕鎮北大都護府　上文關內道總敍謂有「都護府二」，卷末則列單于、安北、鎮北三都護府。考本書卷四〇地理志，安西大都護府「至德元載更名鎮西，後復爲安西」；又卷四三上地理志云：「安南中都護府，「至德二載曰鎮南都護府，大曆三載復爲安南」。依此類推，「鎮北」當係「安北」之更名，非別爲一府，今三府並列，蓋誤。

唐書卷三十八

志第二十八

地理二

河南道，蓋古豫、兗、青、徐之域，漢河南、弘農、潁川、汝南、陳留、沛、泰山、濟陰、濟南、東萊、齊、山陽、東海、琅邪、北海、千乘、東郡，及梁、楚、魯、東平、城陽、淮陽、菑川、高密、泗水等國，暨平原、渤海、九江之境。洛、陝負河而北，爲實沈分；負河而南，虢、汝、許及新鄭之地，爲鶉火分；鄭、汴、陳、蔡、潁爲壽星分；宋、亳、徐、宿、鄆、曹、濮爲大火分；兗、海、沂、泗爲降婁分；青、淄、密、登、萊、齊、棣爲玄枵分；滑爲娵訾分；濠爲星紀分。爲府一，州二十九，縣百九十六。其名山：三崤、少室、砥柱、蒙、嶧、嵩高、泰岳。其大川：伊、洛、汝、潁、沂、泗、淮、濟。厥賦：絹、絁、綿、布。厥貢：絲布、葛、席、埏埴盎缶。

東都，隋置，武德四年廢。貞觀六年號洛陽宮，顯慶二年曰東都，光宅元年曰神都，神龍元年復曰東都，天寶元年曰東京，上元二年罷京，肅宗元年復爲東都。皇城長千八百一十七步，廣千三百七十八步，周四千九百三十步，其崇三丈七尺，曲折以象南宮垣，名曰太微城。宮城在皇城北，長千六百二十步，廣八百有五步，周四千九百二十一步，其崇四丈八尺，以象北辰藩衞，曰紫微城，武后號太初宮。上陽宮在禁苑之東，東接皇城之西南隅，上元中置，高宗之季常居以聽政。都城前直伊闕，後據邙山，左瀍右澗，洛水貫其中，以象河漢。東西五千六百一十步，南北五千四百七十步，西連苑，北自東城而東二千五百四十步，周二萬五千五十步，其崇丈有八尺，武后號曰金城。

河南府河南郡，本洛州，開元元年爲府。土貢：文綾、繒、縠、絲葛、埏埴盎缶、苟杞、黃精、美果華、酸棗。戶十九萬四千七百四十六，口百一十八萬三千九十二。縣二十。有府三十九，曰武定、復梁、康城、柏林、巖邑、陽樊、王陽、永嘉、邵南、慕善、政教、轘洛、伊陽、懷音、軹城、洛汭、郟鄏、伊川、洛泉、通谷、潁源、宜陽、金谷、王屋、成皋、夏邑、原邑、原城、鶴臺、函谷、千秋、同軌、餞濟、溫城、具茨、寶圖、鈞臺、承雲、軒轅〔一〕。河南，赤。垂拱四年析河南、洛陽置永昌縣。永昌元年更河南曰合宮。長安二年省永昌。神龍元年復曰河南，二年又曰合宮，唐隆元年復故名。有洛漕新潭，大足元年開，以置租船。龍門山東抵天津，有伊水石堰，天寶十載，尹裴迥置。有瀍水，避武宗名曰吉水，宣宗立，復故名。洛陽，赤。天授三年析洛陽、永昌置來庭縣，長安二年省。神龍二年更洛陽曰永昌，唐隆元年復故名。偃師，畿。天寶七載，尹韋濟以北坡道迂，自縣東山下開新道通孝義橋。西北有故富平津、河陽故關。鞏，畿。有洛口倉。緱氏，次赤。貞觀十八年省，上元二年復置。有恭陵，有和陵，在太平山，本㥯來山，天祐元年更名。東南有轘轅故關。陽城，畿。武德四年，王世充僞令王雄來降，以陽城、嵩陽、陽翟置嵩州，又析三縣地置康城縣〔二〕。貞觀三年州廢，省康城。萬歲登封元年將封嵩山，改陽城曰告成。神龍元年復故名，二年復爲告成。天祐二年更名陽邑。有測景臺，開元十一年，詔太史監南宮說刻石表焉。登封，畿。本嵩陽，貞觀十七年省入陽城。永淳元年營奉天宮，分陽城、緱氏復置，二年省。光宅元年復置。萬歲登封元年更名，神龍元年曰嵩陽，二年復曰登封。嵩山有中岳祠，有少室山；有三陽宮，聖曆三年置。陸渾，畿。有鳴皐山。有漢故關。伊闕，畿。北有伊闕故關。有陸渾山，一名方山。新安，畿。義寧二年以縣置新安郡。武德元年曰穀州，以熊州之澠池隸之，并析置東垣縣。四年省東垣。貞觀元年來屬。有長石山。澠池，畿。貞觀元年徙穀州來治。西五里有紫桂宮，儀鳳二年置。調露二年曰避暑宮，永淳元年曰芳桂宮，弘道元年廢。福昌，畿。本宜陽。義寧二年以宜陽、澠池、永寧置宜陽郡，武德元年曰熊州。二年更宜陽曰福昌，因隋宮爲名。四年以洛州之壽安隸之。貞觀元年州廢，以福昌、永寧二縣隸穀州。六年徙穀州來治。八年以虢州之長水隸之。顯慶二年州廢，以福昌、永寧、長水來屬。西十七里有蘭昌宮；有故隋福昌宮，顯慶三年復置。有女几山。長水，畿。本長淵，隸弘農郡，義寧元年更名。武德元年隸虢州，貞觀八年隸穀州，顯慶二年來屬。有錫。西有高門關、松陽故關、鵶鵐故關。永寧，畿。本熊耳，義寧二年更名，隸宜陽郡。武德三年以永寧、崤置函州。八年州廢，以永寧隸熊州，崤隸陝州。西五里有崎岫宮，西三十三里有蘭峯宮，皆顯慶三年置。壽安，畿。初隸穀州，貞觀七年來屬。西二十九里有連昌宮，顯慶三年置。西南四十里萬安山有興泰宮，長安四年置，并析置興泰縣，神龍元年省。有錦屛山，武后所名。密，畿。武德三年以縣置密州，并置零水、洧源二縣。四年州廢，省零水、洧源，以密隸鄭州。龍朔二年來屬。有羽山。河淸，畿。本大基，武德二年置，隸懷州，八年省。咸亨四年析河南、洛陽、新安、王屋、濟源、河陽復置，并置柏崖縣，尋省柏崖。先天元年更名。會昌三年隸孟州，尋還屬，後廢。咸通中復置。有柏崖倉。潁陽，畿。本武林，載初元年析河南、伊闕、嵩陽置。開元十五年更名。西北有大谷故關。倚箔山有鍾乳，貞觀七年采。伊陽，畿。先天元年析陸渾置。有太和山。有銀、銅、錫。伊水有金。王屋。畿。武德元年更名邵伯，隸邵州。貞觀元年州廢，隸懷州。顯慶二年復故名，來屬。有王屋山。

汝州臨汝郡，雄。本伊州襄城郡，貞觀八年更州名，天寶元年更郡名。土貢：絁。戶六萬九千三百七十四，口二十七萬三千七百五十六。縣七。有府四，曰龍興、魯陽、梁川、郟城。梁，望。本承休。又有梁縣在西南四十五里。貞觀元年省梁，更承休曰梁。西南五十里有溫湯，可以熟米。又有黃女湯。高宗置溫泉頓。有石樓山、永仁山。郟城，緊。魯山，上。王世充置魯州，武德四年廢。俄以魯山、滍陽復置魯州。貞觀九年州廢，省滍陽，以魯山來屬。有堯山。有銀。有漢故關。葉，緊。本隸許州，武德四年以縣置葉州，五年州廢，隸北澧州。貞觀八年隸魯州，州廢，隸許州。開元三年，以葉、襄城及唐州之方城、豫州之西平、許州之舞陽置仙州，二十六年州廢，縣還故屬，未幾以葉來屬。大曆四年復以葉、襄城置仙州，又析置仙鳧縣，以許州之舞陽、蔡州之西平、唐州之方城隸之。五年州廢，省仙鳧，餘縣皆還故屬。有黃城山、白石山。襄城，望。武德元年以縣置汝州，并置汝墳、期城二縣。貞觀元年州廢，省汝墳、期城，以襄城隸許州，開元二十六年來屬，二十八年還隸許州，天寶七載復來屬。龍興，上。本滍陽，武德四年置，貞觀元年省。證聖元年析郟城、魯山復置，曰武興。神龍元年更名中興，尋又更名。臨汝。上。先天元年置。有淸暑宮，在鳴臯山南，貞觀中置。

右都畿採訪使，治東都城內。

陝州陝郡，大都督府，雄。本弘農郡，義寧元年置。武德元年曰陝州。三年兼置南韓州，四年廢南韓州。天寶元年更郡名。天祐元年爲興唐府，縣次畿、赤。哀帝初復故。土貢：𦬒麥、栝蔞、柏實。戶二萬九百五十八，口十七萬二百三十八。縣六。府十五，曰曹陽、崇樂、華望、安城、桃林、夏臺、萬歲、安戎、河北、忠孝、上陽、底柱、夏川、望陝、古亭。陝，望。有大陽故關，即茅津，一曰陝津，貞觀十一年造浮梁。有南、北利人渠。南渠，貞觀十一年太宗東幸，使武候將軍丘行恭開。有陝城宮。有廣濟渠，武德元年，陝東道大行臺金部郎中長孫操所開，引水入城，以代井汲。有太原倉。有峴山。峽石，上。本崤，義寧二年省，武德元年復置。貞觀十四年移治峽石塢，因更名。有底柱山，山有三門，河所經，太宗勒銘。有繡嶺宮，顯慶三年置。東有神雀臺，天寶二年以赤雀見置。靈寶，望。本桃林，義寧元年隸虢郡，武德元年來屬。天寶元年獲寶符于縣南古函谷關，因更名。有沍津，義寧元年置關，貞觀元年廢關，置津。有桃源宮，武德元年置。夏，望。本隸虞州，貞觀十七年隸絳州，大足元年來屬，尋還隸絳州，乾元三年復來屬。芮城，望。武德二年以芮城、河北、永樂置芮州。貞觀元年州廢，以永樂隸鼎州，芮城、河北來屬。平陸，望。本河北，隸蒲州，貞觀元年來屬。天寶元年，太守李齊物開三門以利漕運，得古刃，有篆文曰「平陸」，因更名。三門西有鹽倉，東有集津倉。有瑟瑟穴，有銀穴三十四，銅穴四十八，在覆釜、三錐、五岡、分雲等山。

虢州弘農郡，雄。本虢郡，治盧氏。義寧元年，析隋弘農郡三縣置。貞觀八年徙治弘農。天寶元年更郡名。土貢：絁、瓦硯、麝、地骨皮、梨。戶二萬八千二百四十九，口八萬八千八百四十五。縣六。有府四，曰鼎湖、全節、金明〔三〕、開方。弘農，緊。本隋弘農郡，義寧元年曰鳳林，領弘農、閿鄉、湖城。武德元年曰鼎州，因鼎湖爲名。貞觀八年州廢，縣皆來屬。神龍初避孝敬皇帝諱，曰恆農，開元十六年復故名。南七里有渠，貞觀元年，令元伯武引水北流入城。閿鄉，望。貞觀元年來屬。有潼關，大谷關，武德二年廢。有鳳陵關，貞觀元年廢。有軒遊宮，故隋別院宮，咸亨五年更名。湖城，望。義寧元年置。乾元三年更名天平，大曆四年復舊。有故隋上陽宮，貞觀初置，咸亨元年廢。縣東故道濱河，不井汲，馬多渴死，天寶八載，館驛使、御史中丞宋渾開新路，自稠桑西由晉王斜。有熊耳山；覆釜山，一名荆山。朱陽，上。龍朔元年隸商州，萬歲通天二年隸洛州，後來屬。有鐵。玉城，上。義寧元年置。盧氏，上。武德元年置。南有朱陽關，武德八年廢。

滑州靈昌郡，望。本東郡，天寶元年更名。土貢：方紋綾、紗、絹、藨席、酸棗人。戶七萬一千九百八十三，口四十二萬二千七百九。縣七。有宜義軍，大曆七年置，本永平。十四年徙屯蔡州，興元元年復還。貞元元年曰義成軍，光啓二年更名。白馬，望。衞南，緊。匡城，望。有長垣縣，貞觀八年省。韋城，望。王世充置燕州，僞刺史單宗來降，復爲縣。胙城，緊。武德二年置胙州，并置南燕縣。四年州廢，省南燕，以胙城來屬。酸棗，望。本隸東梁州。武德三年析酸棗、胙城置守節縣，四年省。貞觀八年州廢，來屬。靈昌。緊。王世充置興州，世充平，廢。

鄭州滎陽郡，雄。武德四年置，治虎牢城。貞觀七年徙治管城。土貢：絹、龍莎。戶七萬六千六百九十四，口三十六萬七千八百八十一。縣七。管城，望。武德四年以管城、中牟、原武、陽武、新鄭置管州，并置須水、清池二縣。貞觀元年州廢，省須水、清池，以管城、原武、陽武、新鄭來屬。有僕射陂，後魏孝文帝賜僕射李沖，因以爲名。天寶六載更名廣仁池，禁漁採。滎陽，上。天授二年析置武泰縣，隸洛州，尋省，更滎陽曰武泰。萬歲通天元年復爲滎陽，又別置武泰縣，二年省，更滎陽曰武泰。神龍元年復故名，二年來屬。滎澤，望。原武，緊。本原陵，唐初更名，復漢舊。陽武，望。本原武城，武德四年置。新鄭，望。中牟。緊。本圃田，武德三年更名，以縣置牟州。四年州廢，隸管州。貞觀元年隸汴州，龍朔二年來屬。

潁州汝陰郡，上。本信州，武德四年置，六年更名。土貢：絁、綿、糟白魚。戶三萬七百七，口二十萬二千八百九十。縣四。汝陰，緊。武德初有永安、高唐、永樂、清丘、潁陽等縣，六年省永安、高唐、永樂，貞觀元年省清丘、潁陽，皆入汝陰。南三十五里有椒陂塘，引潤水溉田二百頃，永徽中，刺史柳寶積修。潁上，上。下蔡，上。武德四年置渦州，八年州廢。西北百二十里有大崇陂，八十里有雞陂，六十里有黃陂，東北八十里有湄陂，皆隋末廢，唐復之，溉田數百頃。沈丘，中。本郯州，領沈丘、宛丘。唐初州廢，以宛丘隸陳州，沈丘來屬。後省沈丘入汝陰，神龍二年復置。

許州潁川郡，望。土貢：絹、藨蓆、柿。戶七萬三千三百四十七，口四十八萬七千八百六十四。縣九。長社，望。本潁川，隸汴州。武德四年更名，來屬。州又領黃臺、濦彊二縣，貞觀元年省入焉。繞州郭有堤塘百八十里，節度使高瑀立以溉田。長葛，緊。有小陘山。陽翟，本畿。初隸嵩州，貞觀元年來屬，龍朔二年隸洛州，會昌三年復來屬。有具茨山。許昌，上。鄢陵，上。扶溝，望。武德四年以縣置北陳州，是年州廢，隸洧州。臨潁，上。貞觀元年省繁昌縣入焉。有講武臺，本尚書臺，馬融講書之地，顯慶二年，高宗大閱于此，更名。舞陽，上。本北舞，隸道州。貞觀元年來屬，尋廢。開元四年復置，更名。有鐵。郾城。望。武德四年以郾城、邵陵、北舞、西平置道州。貞觀元年州廢，省邵陵、西平入郾城，隸蔡州。建中二年以郾城、臨潁，陳州之溵水置溵州。貞元二年州廢，縣還故屬。元和十二年復以郾城、上蔡、西平、遂平置溵州。長慶元年州廢，縣還隸蔡州，是年，以郾城來屬。

陳州淮陽郡，上。土貢：絹。戶六萬六千四百四十二，口四十萬二千四百八十六。縣六。有忠武軍，貞元元年置于許州。天復元年徙屯。宛丘，緊。武德元年析置新平縣，八年省。太康，緊。貞觀元年省扶樂縣入焉。項城，上。武德四年置，以項城、銅陽、南頓、溵水置沈州，并置潁東縣。貞觀元年州廢，省潁東入項城，以溵水來屬。溵水，上。建中二年隸溵州，興元二年州廢，來屬。南頓，上。武德六年省入項城。證聖元年復置，曰光武，以縣有光武祠名。景雲元年復故名。西華。上。武德元年更名箕城，貞觀元年省入宛丘。長壽元年復置，曰武城。神龍元年又曰箕城，景雲元年復故名。有鄧門廢陂，神龍中，令張餘慶復開，引潁水溉田。

蔡州汝南郡，緊。本豫州，寶應元年更名。土貢：珉玉棋子，四窠、雲花、龜甲、雙距、溪鷩等綾。戶八萬七百六十一〔四〕，口四十六萬二百五。縣十。汝陽，緊。貞元七年析汝陽、朗山、上蔡、吳房置汝南縣，元和十三年省。朗山，上。本隸北朗州，貞觀元年隸蔡州。遂平，上。本吳房，貞觀元年省，八年復置。元和十二年更名，權隸唐州，長慶元年復來屬。上蔡，緊。新蔡，中。武德四年以新蔡、褒信、舒城置舒州。貞觀元年州廢，省舒城入沈丘。褒信，中。天祐中更曰包孚。新息，上。武德四年以縣置息州，并置淮川、長陵二縣。貞觀元年州廢，省淮川入眞陽，長陵入褒信，以新息來屬。有珉玉坑，歲出貢玉。西北五十里有隋故玉梁渠，開元中，令薛務增濬，溉田三千餘頃。眞陽，上。載初元年曰淮陽，神龍元年復故名。平輿，中。王世充置輿州，武德七年州廢。貞觀元年省入新蔡，天授二年復置。西平。上。武德初置，貞觀元年省。天授二年分郾城復置，尋又廢。開元四年復置。

汴州陳留郡，雄。武德四年以鄭州之浚儀、開封，滑州之封丘置。土貢：絹。戶十萬九千八百七十六，口五十七萬七千五百七。縣六。有宣武軍，建中二年置于宋州。興元元年徙屯。浚儀，望。故縣陷李密，縣民王要漢率豪族置縣，自爲令。高祖因之，復置汴州，并置小黃、新里二縣。貞觀元年省二縣。開封，望。貞觀元年省入浚儀，延和元年析浚儀、尉氏復置。有湛渠，載初元年引汴注白溝，以通曹、兗賦租。有福源池，本蓬池，天寶六載更名，禁漁採。尉氏，望。本隸潁川郡，王世充置尉州。武德四年廢，以尉氏、扶溝、鄢陵置洧州，并置康陰、新汲、宛陵、歸化四縣。貞觀元年州廢，省康陰、宛陵、新汲、歸化，以扶溝、鄢陵隸許州，尉氏來屬。封丘，緊。雍丘，望。本隸梁郡。武德四年，以雍丘、陳留、圉城、襄邑、外黃、濟陽置杞州。貞觀元年州廢，省濟陽、圉城、外黃，以襄邑隸宋州，雍丘、陳留來屬。陳留。緊。武德四年置。有觀省陂，貞觀十年，令劉雅決水溉田百頃。

宋州睢陽郡，望。本梁郡，天寶元年更名。土貢：絹。戶十二萬四千二百六十八，口八十九萬七千四十一。縣十。宋城，望。襄邑，望。本隸杞州，貞觀元年來屬〔五〕。寧陵，緊。下邑，上。穀熟，上。隋末縣民劉繼叔據之，武德二年置南穀州，授以刺史，四年州廢。楚丘，緊。柘城，緊。貞觀元年省入寧陵、穀熟，永淳元年復置。碭山，上。光化二年，朱全忠以碭山、虞城、單父，曹州之成武，表置輝州。三年置崇德軍。單父，緊。光化三年徙輝州來治。虞城。上。武德四年置東虞州，五年州廢。

亳州譙郡，望。本譙州，貞觀八年更名。土貢：絹。戶八萬八千九百六十，口六十七萬五千一百二十一。縣七。譙，緊。酇，上。本隸沛郡，武德四年來屬。城父，上。王世充置成州，世充平，廢。武德三年於魯丘堡置文州，并置藥城縣。四年州廢爲文城縣，七年省入城父，天祐二年更名焦夷。鹿邑，上。大業十三年，縣民田黑社盜據，號渦州。武德三年來降，復爲縣。眞源，望。本谷陽，乾封元年更名。載初元年曰仙源，神龍元年復曰眞源。有老子祠，天寶二年曰太清宮。又有洞霄宮，先天太后祠也。永城，上。蒙城。上。本山桑，天寶元年更名。

徐州彭城郡，緊。土貢：雙絲綾、絹、綿紬、布、刀錯、紫石。戶六萬五千一百七十，口四十七萬八千六百七十六。縣七。彭城，望。秋丘冶有鐵。蕭，上。豐，上。沛，上。武德五年置。滕，上。宿遷，上。本宿預，隸泗州。寶應元年更名，來屬。下邳。上。武德四年以下邳、郯、良城置邳州。貞觀元年州廢，省郯、良城，以下邳隸泗州，又省泗州之淮陽入焉。元和四年來屬。

泗州臨淮郡，上。本下邳郡，治宿預，開元二十三年徙治臨淮。天寶元年更郡名。土貢：

錦、貲布。戶三萬七千五百二十六，口二十萬五千九百五十九。縣四。臨淮，緊。長安四年析徐城置。漣水，上。武德四年以縣置漣州，并置金城縣。貞觀元年州廢，省金城，以漣水來屬。總章元年隸楚州，咸亨五年復故。有新漕渠，南通淮，垂拱四年開，以通海、沂、密等州。盱眙，緊。武德四年以縣置西楚州，八年州廢，隸楚州。光宅初曰建中，後復故名。建中二年來屬。有直河，太極元年，敕使魏景清引淮水至黃土岡，以通揚州。徐城。中。

濠州鍾離郡，上。「濠」字初作「豪」，元和三年改從「濠」。土貢：絁、綿、絲布、雲母。戶二萬一千八百六十四，口十三萬八千三百六十一。縣三。鍾離，緊。武德七年省塗山縣入焉。南有故千人塘，乾封中修以溉田。有塗山。定遠，緊。本臨豪，武德三年更名。招義。上。本化明，武德二年析置睢陵縣，三年更化明曰招義，四年省睢陵。大業末，縣民馬簿盜據，號化州。後楊益德殺簿，自號刺史，又置濟陰縣，是年來降。貞觀元年廢化州，省濟陰。

宿州，上。元和四年析徐州之苻離、蘄，泗州之虹置。大和三年州廢，七年復置。初治虹，後徙治苻離。土貢：絹。縣四。苻離，緊。武德四年置〔六〕。貞觀元年省徐州之諸陽入焉。有西句山，一曰石城。東北九十里有隋故牌湖堤，灌田五百餘頃，顯慶中復修。虹，中。本夏丘。武德四年以夏丘、穀陽置仁州，又析夏丘置虹及龍亢二縣。六年省夏丘。貞觀八年州廢，省龍亢，以虹隸泗州，穀陽隸北譙州。有銅。有廣濟新渠，開元二十七年，採訪使齊澣開，自虹至淮陰北十八里入淮，以便漕運，既成，湍急不可行，遂廢。蘄，上。顯慶元年省穀陽入焉。臨渙。緊。武德四年以臨渙、永城、山桑、蘄置北譙州。貞觀八年增領穀陽。十七年州廢，以臨渙、永城、山桑隸亳州，穀陽、蘄隸徐州。元和後來屬。

鄆州東平郡，緊。本治鄆城，貞觀八年徙治須昌。土貢：絹、防風。戶八萬三千四十八，口五十萬一千五百九。縣九。須昌，望。貞觀八年省宿城縣入焉。景龍三年復置宿城縣。貞元四年曰東平，大和四年曰天平，六年省入須昌。壽張，緊。武德四年以縣置壽州，并置壽良縣。五年州廢，省壽良，以壽張來屬。有刀梁山〔七〕。鄆城，緊。天祐二年曰萬安。鉅野，望。武德四年以縣置麟州。五年州廢，隸鄆州。貞觀元年省乘丘縣入焉。後隸戴州，州廢來屬。盧，緊。本濟州，武德四年析東平郡置。隋曰濟北郡，天寶元年更名濟陽郡。領盧、平陰、長清、東阿、陽穀、范六縣，又置昌城、濟北、穀城、孝感、冀丘、美政六縣。六年省美政、孝感、穀城、冀丘、昌城，八年以范隸濮州，貞觀元年省濟北，天寶十三載郡廢，以長清隸齊州，以盧、平陰、東阿、陽穀來屬。北有碻磝津故關。平陰，緊。大和六年省入盧、東阿。開成二年復置。有龍山。東阿，緊。陽穀，上。中都。上。本平陸，隸兗州。天寶元年更名。貞元十四年來屬。

齊州濟南郡，上。本齊郡，天寶元年更名臨淄，五載又更名。土貢：絲、葛、絹、綿、防風、滑石、雲母。戶六萬二千四百八十五，口三十六萬五千九百七十二。縣六。歷城，上。有華不注山。有鐵。章丘，上。武德二年，縣民李義滿以縣來降，於平陵置譚州，并置平陵縣，以章丘、亭山、營城、臨邑隸之。八年省營城入平陵，又領臨濟、鄒平。貞觀元年州廢，以平城、亭山、章丘、臨邑、臨濟來屬，鄒平隸淄州。十七年，齊王祐反，平陵人不從，因更名全節。元和十五年省全節入歷城，省亭山入章丘。有大胡山、長白山。臨邑，上。元和十三年析德州之安德置歸化縣，隸德州。大和二年來屬，四年省入臨邑。北有鹿角故關。臨濟，上。武德元年以臨濟、鄒平、長山、高苑，滄州之蒲臺置鄒州。八年州廢，以長山、高苑、蒲臺隸淄州。長清，中。本隸濟州，貞觀十七年來屬。武德元年析置山茌縣，天寶元年曰豐齊，元和十年省。有牛山。西南有四口關，武德中廢。禹城。上。本祝阿，貞觀元年省源陽縣入焉。天寶元年更名。

曹州濟陰郡，上。土貢：絹、綿、大蛇粟、葶藶。戶十萬二百五十二，口七十一萬六千八百四十八。縣六。濟陰，緊。武德四年析置蒙澤縣，貞觀元年，及定陶省入焉。考城，上。武德四年以縣置東梁州，五年州廢，來屬。元和十四年權隸宋州，尋復故。冤句，上。武德四年析置濟陽縣，隸杞州。貞觀元年省。乘氏，上。武德四年置陽晉縣，尋省。南華，上。本離狐，天寶元年更名。成武。緊。武德四年以成武及宋州之單父、楚丘置戴州，并置高鄉、鄄城二縣，尋省高鄉、鄄城入單父。貞觀十七年州廢，以成武來屬。光化二年，朱全忠表縣隸輝州。

濮州濮陽郡，上。武德四年置。土貢：絹、犬。戶五萬七千七百八十二，口四十萬六百四十八。縣五。鄄城，緊。武德四年析置永定縣，八年省。北有靈津關。濮陽，緊。武德四年析置昆吾縣，五年省。范，上。武德二年以縣置范州。五年州廢，隸濟州。貞觀八年來屬。雷澤，上。武德四年析置廩城縣，八年省。臨濮。緊。武德四年析雷澤置，并置長城、安丘二縣。五年省長城、安丘。

青州北海郡，望。土貢：仙紋綾、絲、棗、紅藍、紫草。戶七萬三千一百四十八，口四十萬二千七百四。縣七。益都，望。臨淄，緊。武德八年省時水縣入焉。千乘，緊。武德二年以千乘、博昌、壽光置乘州，并置新河縣。六年省新河。八年州廢，縣來屬。博昌，上。武德八年省樂安、安平二縣入焉。有靈山。壽光，緊。武德二年置。臨朐，上。武德五年置，八年省般陽縣入焉。北海。緊。唐初，營丘民汲嗣率鄉人拒賊，權置杞州。武德二年復爲營丘縣。是年，以北海、營丘、下密置濰州；又置連永、平壽、華池、城都、東陽、寒水、訾亭、濰水、汶陽、膠東、華宛、昌安、城平十三縣，六年皆省。八年州廢，省營丘、下密入北海，來屬。長安中，令竇琰於故營丘城東北穿渠，引白浪水曲折三十里以溉田，號竇公渠。

淄州淄川郡，上。武德元年析齊州之淄川置。土貢：防風、理石。戶四萬二千七百三十七，口二十三萬三千八百二十一。縣四。淄川，上。武德元年析置長白縣，六年省。有鐵。長山，上。高苑，上。景龍元年析置濟陽縣，元和十五年省。南有八會津。鄒平。上。武德元年置。

登州東牟郡，中都督府。如意元年以萊州之牟平、黃、文登置。神龍三年徙治蓬萊。土貢：貲布、水葱席、石器、文蛤、牛黃。戶二萬二千二百九十八，口十萬八千九。縣四。有平海軍，亦曰東牟守捉。蓬萊，本黃，神龍三年更名。有銀山、龍山。牟平，中。武德四年以牟平、黃置牟州。六年以登州之觀陽隸萊州。麟德元年析文登復置牟平，來屬。有之罘山。文登，武德四年置登州，以東萊郡之觀陽隸之。六年析置清陽、廓定二縣。及州廢，省清陽、廓定，以文登來屬。有成山。黃。中。先天元年析蓬萊別置。有萊山。

萊州東萊郡，中。土貢：貲布、水葱席、石器、文蛤、牛黃。戶二萬六千九百九十八，口十七萬一千五百一十六。縣四。有東萊守捉，亦曰「團結營」。又有蓬萊鎭兵，亦曰「挽彊兵」。掖，上。貞觀元年省曲城、當利、曲臺三縣入焉。有東海祠。有鹽井二。昌陽，上。貞觀元年省盧鄉縣入焉。有銀，有鐵。東百四十里有黃銀坑，貞觀初得之。膠水，中。貞觀元年省膠東縣入焉。有鹽。卽墨。中。有馬山、中祠山、女姑山。東南有堰，貞觀十年，令仇源築，以防淮涉水。有鹽。

棣州樂安郡，上。武德四年析滄州之陽信、滴河、樂陵、厭次置。八年州廢，縣還隸滄州。貞觀十七年，復以滄州之厭次，德州之滴河、陽信置。土貢：絹。戶三萬九千一百五十，口二十三萬八千一百五十九。縣五。厭次，上。貞觀元年隸德州。滴河，中。貞觀元年隸德州。陽信，望。貞觀元年省，八年復置。蒲臺，緊。本隸淄州，貞觀六年省入高苑，七年復置。景龍元年來屬。渤海。緊。垂拱四年析蒲臺、厭次置。有鹽。

兗州魯郡，上都督府。土貢：鏡花綾、雙距綾、絹、雲母、防風、紫石。戶八萬七千九百八十七，口五十八萬六百八。縣十。瑕丘，上。曲阜，緊。貞觀元年省，八年復置。乾封，上。本博城。武德五年以博城、梁父、嬴置東泰州，幷置肥城、岱二縣。貞觀元年州廢，省梁父、嬴、肥城、岱入博城，來屬。乾封元年更名乾封，總章元年又曰博城，神龍元年復曰乾封。有泰山，有東岳祠，有梁父山、亭亭山、奕奕山、云云山、社首山、肅然山、石閭山、蒿里山。泗水，上。鄒，上。有嶧山。任城，緊。龔丘，中。金鄉，望。武德四年以金鄉、方與置金州〔八〕。五年州廢，縣隸戴州，徙戴州來治，仍析金鄉置昌邑縣。八年省昌邑。貞觀十七年，以單父、楚丘隸宋州，成武隸曹州，鉅野隸鄆州〔九〕。魚臺，上。本方與，寶應元年更名。元和十四年權隸徐州，尋復故。萊蕪，中。本隸淄州，武德六年省入博城〔一〇〕。長安四年以廢嬴縣復置，元和十五年省入乾封，大和元年復置。有鐵冶十三，有銅冶十八，銅坑四。有錫。西北十五里有普濟渠，開元六年，令趙建盛開。

海州東海郡，上。土貢：綾、楚布、紫菜。戶二萬八千五百四十九，口十八萬四千九。縣四。朐山，上。武德四年，析州境置龍沮、曲陽、利城、厚丘、新樂五縣。六年改新樂曰祝其。八年，省龍沮、曲陽入朐山，利城、祝其入懷仁，厚丘入沭陽。東二十里有永安堤，北接山，環城長十里，以捍海潮，開元十四年，刺史杜令昭築。東海，上。武德四年以縣置環州，并置青山、石城、贛榆三縣。八年州廢，省青山、石城、贛榆，以東海來屬。沭陽，中。總章元年隸泗州，咸亨五年復故。懷仁。中。

沂州琅邪郡，上。土貢：紫石、鍾乳。戶三萬三千五百一十，口十九萬五千七百三十七。縣五。臨沂，上。武德四年析置蘭山、臨沭〔一一〕、昌樂三縣，六年皆省。費，上。貞觀元年省顓臾縣入焉。丞，上。本蘭陵，武德四年以縣置鄫州，更名，別置蘭陵、鄫城二縣。貞觀元年州廢，省蘭陵、鄫城，以丞來屬。有鐵。有陂十三，畜水溉田，皆貞觀以來築。沂水，上。武德五年以沂水、新泰、莒置莒州。貞觀八年州廢，以莒隸密州，沂水、新泰來屬。有銅。有沂山、龍山。北有穆陵關。新泰。上。有蒙山。

密州高密郡，上。土貢：貲布、海蛤、牛黃。戶二萬八千二百九十二，口十四萬六千五百二十四。縣四。諸城，上。有鹽。輔唐，上。本安丘，武德六年省郚城縣入焉。乾元二年更名。高密，上。武德三年置，六年省膠西縣入焉。莒。上。有鹽。

右河南採訪使，治汴州。

校勘記

〔一〕軒轅　廿五史補編唐折衝府考云：「石刻漁陽郡君李氏造龕銘有『轘轅府折衝都尉□□□顯慶四年六月』。……案『轘轅』新志作『軒轅』。軒轅，古帝王號，不當以名軍府，當是『轘轅』之誤。」

〔二〕康城縣　「城」，各本原作「成」，據下文及舊書卷三八地理志、唐會要卷七〇改。

〔三〕金明　唐折衝府考云：張賁然忠武將軍茹公神道碑（見文苑英華卷九〇九）有「尋改虢州金門府折衝」文，「金明」當爲「金門」之誤。

〔四〕戶八萬七百六十一　「百」，汲、殿、局本作「千」，衲、十行本作「百」。

〔五〕貞觀元年來屬　「元」，各本原作「九」，據舊書卷三八地理志、元和志卷七、寰宇記卷一一改。

〔六〕苻離武德四年置　通典卷一八〇、元和志卷九、寰宇記卷一七均稱苻離爲秦、漢舊縣。

〔七〕刀梁山　通典卷一八〇、元和志卷一〇、寰宇記卷一三均作「梁山」，「刀」字疑衍。

〔八〕方與　各本原作「方輿」。按漢書卷二八上地理志、後漢書志第二一郡國、隋書卷三一地理志、通典卷一八〇、元和志卷一〇俱作「方與」，據改。下同。

〔九〕貞觀十七年以單父楚丘隸宋州成武隸曹州鉅野隸鄆州　「十七」，各本原作「元」，據舊書卷三八地理志、元和志卷七及卷一一載，諸縣改隸於貞觀十七年廢戴州時。本卷上文曹州成武下所記亦同。明「元」爲「十七」之訛，據改。

〔一〇〕武德六年省入博城　唐會要卷七〇、元和志卷一〇及寰宇記卷二一「武德六年」均作「貞觀元年」。

〔一一〕臨沭　「沭」，各本原作「汴」，舊書卷三八地理志、寰宇記卷二三並作「沭」。按縣以臨沭水得名，作「沭」是。據改。

唐書卷三十九

志第二十九

地理三

河東道，蓋古冀州之域，漢河東、太原、上黨、西河、鴈門、代郡及鉅鹿、常山、趙國、廣平國之地。河中、絳、晉、慈、隰、石、太原、汾、忻、潞、澤、沁、遼爲實沈分，代、雲、朔、蔚、武、新、嵐、憲爲大梁分。爲府二，州十九，縣百一十。其名山：雷首、介、霍、五臺。其大川：汾、沁、丹、潞。厥賦：布、繭。厥貢：布、席、豹尾、熊鞹、鵰羽。

河中府河東郡，赤。本蒲州，上輔。義寧元年治桑泉，武德三年徙治河東。開元八年置中都，爲府；是年罷都，復爲州。乾元三年復爲府。土貢：氈、麴扇、龍骨、棗、鳳棲梨。戶七萬八百，口四十六萬九千二百一十三。縣十三。有府三十三，曰興樂、德義、胡壁、龍亭、清源、永和、陶城、霍山、漢水、首陽、壽貴、歸仁、長渠、虞城、通閏、寶鼎、鹽海、歸淳、大陽、永安、奉信、永興、右威、汾陰、甘泉、平川、安保、石門、綏化、壇道、安邑、崇義、六軍。又有燿德軍，乾元二年置，廣德二年廢。河東，次赤。有芳醞監、汲河以釀，武德三年置，貞觀十年廢。南有風陵關，聖曆元年置。有歷山。河西，次赤。開元八年析河東置，尋省。乾元三年更同州之朝邑曰河西，來屬。大曆五年復還同州，析朝邑、河東別置。有蒲津關，一名蒲坂。開元十二年鑄八牛，牛有一人策之，牛下有山，皆鐵也，夾岸以維浮梁。十五年自朝邑徙河瀆祠于此。臨晉，次畿。本桑泉，武德三年析置溫泉縣，九年省。天寶十三載更名。解，次畿。本虞鄉，武德元年更名。貞觀十七年省，以地入虞鄉，二十二年復置。有鹽池，又有女鹽池。有紫泉監，乾元元年置，有銅穴十二。猗氏，次畿，有孤山。虞鄉，次畿。武德元年別置。貞觀二十二年省，以地入解。天授二年復置。北十五里有涑水渠，貞觀十七年，刺史薛萬徹開，自聞喜引涑水下入臨晉。永樂，次畿。武德元年置，本隸芮州，州廢，隸鼎州，貞觀八年來屬，後又隸虢州，神龍元年復故。有雷首山。安邑，次畿。義寧元年以安邑、虞鄉、夏置安邑郡。武德元年曰虞州，又析置桐鄉縣。三年析安邑置興樂縣。貞觀元年省。十七年州廢，省桐鄉入聞喜，以安邑、解來屬。至德二載更安邑曰虞邑，乾元元年隸陝州，大曆四年復故名，元和三年來屬。有龍池宮，開元八年置。有鹽池，與解爲兩池，大曆十二年生乳鹽，賜名寶應靈慶池〔一〕。有銀監。寶鼎，次畿。本汾陰。義寧元年以汾陰、龍門置汾陰郡，武德元年曰泰州，州廢來屬。開元十年獲寶鼎，更名。有后土祠。襄陵，緊。本隸晉州，元和十四年隸絳州，大和元年來屬。稷山，上。本隸絳州，唐末來屬。有稷山。萬泉，上。本隸泰州，武德三年析稷山、安邑、猗氏、汾陰、龍門置，州廢隸絳州，大順二年來屬。有介山。龍門，次畿。武德二年徙泰州來治，五年析置萬春縣。貞觀十七年州廢，省萬春入龍門，隸絳州。元和初來屬。有龍門關。有高祖廟，貞觀中置。北三十里有瓜谷山堰，貞觀十年築。東南二十三里有十石壚渠，二十三年，縣令長孫恕鑿，溉田良沃，畝收十石。西二十一里有馬鞍塢渠，亦恕所鑿。有龍門倉，開元二年置。

晉州平陽郡，望。本臨汾郡，義寧二年更名。土貢：蠟燭，有平陽院轡官。戶六萬四千八百三十六，口四十二萬九千二百二十一。縣八。有府十五〔二〕，曰神山、平陽、豐寧、冀城、安信、萬安、益昌、英臺、岳陽、仁壽、高陽、臨汾、晉安、白澗、高華、仁德。臨汾，望。東北十里有高梁堰，武德中引高梁水溉田，入百金泊。貞觀十三年爲水所壞。永徽二年，刺史李寬自東二十五里夏柴堰引潏水溉田，令陶善鼎復治百金泊，亦引潏水溉田。乾封二年堰壞，乃西引晉水。有姑射山。洪洞，望。本楊〔三〕，義寧二年更名。武德元年析洪洞、臨汾置西河縣，貞觀十七年省入臨汾。神山，中。本浮山，武德二年析襄陵置。東南有羊角山。四年以老子祠更名。岳陽，中。東有府城關。有鐵。霍邑，上。義寧元年以霍邑、趙城、汾西、靈石置霍山郡。武德元年曰呂州。貞觀十七年州廢，以靈石隸汾州，霍邑、趙城、汾西來屬。有西北鎮霍山祠。趙城，上。義寧元年析霍邑置。汾西，中。有鐵。冀氏。中。

絳州絳郡，雄。土貢：白穀、粱米、梨、墨、蠟燭、防風。戶八萬二千二百四，口五十一萬七千三百三十一。縣七。有府三十三，曰新田、大平、正平、武城、長社、大鄉、垣城、涑川、絳川、蓋松、鳳亭、延光、平原、高涼、神泉、桐鄉、萬泉、翼城、皮氏、董澤、零原、石池、延福、永康、景山、周陽、夏臺、古亭、崇樂、絳邑、長平、武陽、蒲邑。正平，望。西有武平故關。太平，緊。有太平關，貞觀七年置。曲沃，望。東北三十五里有新絳渠，永徽元年，令崔翳引古堆水溉田百餘頃。南十三里山有銅。翼城，望。義寧元年以翼城、絳置翼城郡，并置小鄉縣。武德元年曰澮州，二年曰北澮州，四年州廢，縣皆來屬，九年省小鄉入翼城。天祐二年更曰澮川。有銅源、翔皐錢坊二。有澮高山，有銅，有鐵。絳，望。有鐵。聞喜，望。武德元年置。有銅冶。東南三十五里有沙渠，儀鳳二年，詔引中條山水于南坡下，西流經十六里，溉涑陰田。垣。上。義寧元年以垣、王屋置邵原郡，又置清廉、亳城二縣。武德元年曰邵州。二年置長泉縣，是年，以長泉隸懷州，後省。五年省亳城入垣。貞觀元年州廢，省清廉入垣，來屬。龍朔二年隸洛州，長安二年復舊；貞元三年隸陝州，元和三年復舊。

慈州文城郡，下。本汾州，武德五年曰南汾州，貞觀八年更名。土貢：白蜜、蠟燭。戶萬一千六百一十六，口六萬二千四百八十六。縣五。有府三，曰仵城、吉昌、平昌。吉昌，中。有鐵、文城，中。天祐中更曰屈邑。有孟門山、石鼓山。昌寧，中。有鐵。呂香，中。本平昌，義寧元年析仵城置，貞觀元年更名。仵城。中。有雞山。

隰州大寧郡，下。本龍泉郡，天寶元年更名。土貢：胡女布、蜜、蠟燭。戶萬九千四百五十五，口十三萬四千四百二十。縣六。有府六，曰隰川、大義、孝敬、脩善、玉城、屈產。隰川，中。蒲，中。武德二年以縣置昌州，并置仵城、常安、昌原三縣。貞觀元年州廢，省昌原、仵城、常安，以蒲來屬。西南有常安原。大寧，中。本仵城，武德二年更名，是年置中州，并置大義、白龍二縣。貞觀元年州廢，省大義、白龍，以大寧來屬。有孔山。西有馬鬭關。永和，中。武德二年置東和州，六年析置樓山縣。貞觀二年州廢，省樓山，以永和來屬。西北有永和關。

石樓，中。武德二年以縣置西德州，并置長壽、臨河二縣。貞觀元年州廢，省長壽、臨河，以石樓隸東和州，州廢來屬。北有上平津。温泉。中。武德三年置北溫州，并置新城、高唐二縣。貞觀元年州廢，省新城、高唐，以溫泉來屬。有鐵。

北都，天授元年置，神龍元年罷，開元十一年復置，天寶元年曰北京，上元二年罷，肅宗元年復爲北都。晉陽宮在都之西北，宮城周二千五百二十步，崇四丈八尺。都城左汾右晉，潛丘在中，長四千三百二十一步，廣三千一百二十二步，周萬五千一百五十三步，其崇四丈。汾東曰東城，貞觀十一年長史李勣築。兩城之間有中城，武后時築，以合東城。宮南有大明城，故宮城也。宮城東有起義堂。倉城中有受瑞壇。唐初高祖使子元吉留守，獲瑞石，有文曰「李淵萬吉」，築壇，祠以少牢。

太原府太原郡，本并州，開元十一年爲府。土貢：銅鏡、鐵鏡、馬葦、梨、蒲萄酒及煎玉粉屑、龍骨、柏實人、黃石鉚、甘草、人葠、礬石、礜石。戶十二萬八千九百五，口七十七萬八千二百七十八。縣十三。有府十八，曰興政、復化、寧靜、洞渦、五泉、昌寧、志節、汾陽、靜智、信童、晉原、聞陽、清定、豐川、竹馬、懷胡、西胡、文谷。城中有天兵軍，開元十一年廢。太原，赤。井苦不可飲，貞觀中，長史李勣架汾引晉水入東城，以甘民食，謂之晉渠。晉陽，赤。有號令堂，高祖誓義師於此。西北十五里有講武臺、飛閣，顯慶五年築。有龍山。太谷，畿。武德三年以太谷、祁置太州，六年州廢，二縣來屬。東南八十里馬嶺上有長城，自平城至于魯口三百里，貞觀元年廢。祁，畿。文水，畿。武德三年隸汾州，六年來屬，七年又隸汾州，貞觀元年復舊，天授元年更名武興，神龍元年復故名。西北二十里有柵城渠，貞觀三年，民相率引文谷水，溉田數百頃。西十里有常渠，武德二年，汾州刺史蕭顗引文水南流入汾州。東北五十里有甘泉渠，二十五里有蕩沙渠，二十里有靈長渠，有千畝渠，俱引文谷水，傳溉田數千頃，皆開元二年令戴謙所鑿。榆次，畿。盂，畿。武德三年以盂、受陽置受州，貞觀元年省并州之烏河縣入焉。有銅，有鐵。東北有白馬故關。壽陽，畿。本受陽。武德六年徙受州來治，又以遼州之石艾、樂平隸之。貞觀八年州廢，縣皆來屬，十一年更名。有方山。樂平，畿。廣陽，畿。本石艾，天寶元年更名。東有井陘故關。東北有盤石故關、葦澤故關。清源，畿。武德元年置。交城，畿。先天二年析置靈川縣，開元二年省。有鐵。陽曲。畿。本陽直。武德三年析置汾陽縣，七年省陽直，更汾陽曰陽曲，仍析置羅陰縣。貞觀元年省，六年以蘇農部落置燕然縣，隸順州，八年僑治陽曲，十七年省。有赤塘關、天門關。

汾州西河郡，望。本浩州，武德三年更名。土貢：羺面氈、龍鬚席、石膏、消石。戶五萬九千四百五十，口三十二萬二百三十。縣五。有府十二，曰嘉善、六壁、崇德、華夏、靈扶、五柳、京陵、介休、賈胡、寧固、開遠、淸勝。西河，望。本隰城，肅宗上元元年更名。孝義，望。本永安，貞觀元年更名。有隱泉山。介休，望。義寧元年以介休、平遙置介休郡，武德元年曰介州，貞觀元年州廢，以二縣來屬。有雀鼠谷。有介山。平遙，望。靈石。上。有賈胡堡，宋金剛拒唐兵，高祖所攻。西南有陰地關，又有長寧關。

沁州陽城郡，下。本義寧郡，義寧元年置，天寶元年更郡名。土貢：龍鬚席、弦麻。戶六千三百八，口三萬四千九百六十三。縣三。有府二，曰延嬰、安樂。沁源，中。武德二年析置招遠縣，三年省。有柴店關。和川，中。義寧元年析沁源置。綿上。中。有鐵。

遼州樂平郡，下。武德三年析并州之樂平、遼山、平城、石艾置，六年徙治遼山，八年曰箕州。先天元年避玄宗名曰儀州。中和三年復曰遼州。土貢：人葠、蠟。戶九千八百八十二，口五萬四千五百八十。縣四。有府三，曰遼城、淸谷、龍城。遼山，中。榆社，中。本隸太原郡，義寧元年析上黨之鄉置。武德元年隸韓州。三年以縣及并州之平城置榆州，又析置偃武縣。六年州廢，省偃武，以榆社、平城來屬。平城，中。和順。中。武德三年析置義興縣，六年省。

嵐州樓煩郡，下。本東會州，武德六年更名。土貢：熊鞹、麝香。戶萬六千七百四十八，口八萬四千六。縣四。有府一，曰嵐山。有守捉兵。宜芳，中。本嵐城，武德四年更名，析置豐閏、合會二縣，五年省豐閏，六年省合會。靜樂，中。武德四年置管州，仍析置汾陽、六度二縣。五年曰北管州。六年州廢，省汾陽、六度，以靜樂來屬。有天池祠。有管涔山。北有樓煩關，有隋故汾陽宮。合河，中。本臨泉。武德三年曰臨津，四年隸東會州，九年省太和縣入焉。貞觀元年更名，三年復置太和，八年又省。北有合河關。東有蔚汾關。嵐谷。中。長安三年析宜芳置，神龍二年省，開元十二年復置。有岢嵐軍，永淳二年以岢嵐鎭爲柵，長安三年爲軍，景龍中，張仁亶徙其軍於朔方，留者號岢嵐守捉，隸大同。

憲州，下。本樓煩監牧，嵐州刺史領之。貞元十五年別置監牧使。龍紀元年，李克用表置州，領縣三。樓煩，下。玄池，下。有鐵。天池。下。有鴈門關。

石州昌化郡，下。本離石郡，天寶元年更名。土貢：胡女布、龍鬚席、蜜、蠟燭、菘荑。戶萬四千二百九十四，口六萬六千九百三十五。縣五。有府二，曰離石、昌化。離石，中。平夷，中。有孝文山。定胡，中。武德三年置西定州。貞觀二年州廢，來屬，又析置孟門縣，七年省。西有孟門關。臨泉，中。本太和。武德三年更名，置北和州，別析置太和縣，四年以太和隸東會州。貞觀三年州廢，以臨泉來屬。方山。中。武德二年以縣置方州，三年州廢，來屬。

忻州定襄郡，下。本新興郡，義寧元年以樓煩郡之秀容置。土貢：麝香、豹尾。戶萬四千八百六，口八萬二千三十二。縣二。有府四，曰秀容、高城、漳源、定襄。有守捉兵。秀容，上。貞觀五年以思結部落於縣境置懷化縣，隸順州。十二年以懷化隸代州，後省。有繫舟山，有鐵。定襄。上。武德四年析秀容置。有石嶺關。

代州鴈門郡，中都督府。土貢：蜜、青碌彩、麝香、豹尾、白鵰羽。戶二萬一千二百八十，口十萬三百五十。縣五。有府三，曰五臺、東冶、鴈門。有守捉兵。其北有大同軍，本大武軍，調露二年曰神武軍，天授二年曰平狄軍，大足元年復更名。其西有天安軍〔四〕，天寶十二載置。又有代北軍，永泰元年置。鴈門，上。有東陘關、西陘關。五臺，中。柏谷有銀，有銅，有鐵。有五臺山。繁畤，中。崞，中。有石門關。唐林。中。本武延，證聖元年析五臺、崞置，唐隆元年更名。

雲州雲中郡，下都督府。貞觀十四年自朔州北定襄城徙治定襄縣。永淳元年爲默啜所破，徙其民于朔州。開元十八年復置。土貢：氂牛尾、鵰羽。戶三千一百六十九，口七千九百三十。縣一。有雲中、樓煩二守捉。城東有牛皮關。雲中。中。本馬邑郡雲內之恒安鎮。武德六年置北恒州〔五〕，七年廢。貞觀十四年復置，曰定襄縣。永淳元年廢。開元十八年復置，更名。有陰山道、青坡道，皆出兵路。

朔州馬邑郡，下。本治善陽，建中中，節度使馬燧徙治馬邑，後復故治。土貢：白鵰羽、豹尾、甘草。戶五千四百九十三，口二萬四千五百三十三。縣二。善陽，中。武德四年省常寧縣入焉。馬邑。中。開元五年析善陽於大同軍城置。

蔚州興唐郡，下。本安邊郡。隋鴈門郡之靈丘、上谷郡之飛狐縣地。唐初沒突厥。武德六年置州，并置靈丘、飛狐二縣，僑治陽曲。七年僑治繁畤。八年僑治秀容故北恒州城。貞觀五年破突厥，復故地，還治靈丘。開元初徙治安邊。至德二載更郡名，復故治。土貢：熊鞹、豹尾、松實。戶五千五十二，口二萬九百五十八。縣三。東北有橫野軍，乾元元年徙天成軍合之，而廢橫野軍 西有清塞軍，本清塞守捉城，貞元十五年置。靈丘，中。有直谷關。其北有孔嶺關，有大安鎮。飛狐，中。初僑治易州之遂城，遙隸蔚州，貞觀五年復故地。有三河銅冶，有錢官。興唐。中。本安邊，開元十二年置，治橫野軍，至德二載更名。

武州。闕。領縣一。文德。

新州。闕。領縣四。永興，礬山，龍門，懷安。

潞州上黨郡，大都督府。土貢：貲布、人葠、石蜜、墨。戶六萬八千三百九十一，口三十八萬八千六百六十一。縣十。有府一，曰巇黎。上黨，望。有啓聖宮，本飛龍，玄宗故第，開元十一年置，後又更名。有瑞閣。有五龍山、馬駒山。壺關，上。武德四年析上黨置。長子，緊。屯留，上。有三嵕山。潞城，上。天祐二年更曰潞子。襄垣，上。武德元年以襄垣、黎城、涉、銅鞮、鄉置韓州，貞觀十七年州廢，縣皆來屬。東有井谷故關。黎城，上。天祐二年更曰黎亭。有銅山。東有壺口故關。涉，中。有鐵。銅鞮，上。武德三年析置甲水縣，隸韓州，九年省。永徽六年隸沁州。顯慶四年來屬。武鄉，中。本鄉，武后更名武鄉，神龍元年復故名，尋又曰武鄉。北有昂車關。

澤州高平郡，上。本長平郡，治濩澤，武德八年徙治端氏，貞觀元年徙治晉城，天寶元年更郡名。土貢：人葠、石英、野雞。戶二萬七千八百二十二，口十五萬七千九十。縣六。有府五，曰丹川、永固、安平、沁水、白澗。晉城，上。本丹川，武德元年置建州。三年析丹川置晉城以隸之。六年州廢，隸蓋州，徙蓋州來治。九年省丹川、蓋城入晉城。貞觀元年州廢，以晉城、高平、陵川來屬。天祐二年更曰丹川。南有天井關，一名太行關。端氏，中。有隗山。陵川，中。陽城，中。本濩澤，天寶元年更名，天祐二年更曰濩澤。有銅，有錫，有鐵。沁水，中。高平。上。本隋長平郡，武德元年曰蓋州，領高平、丹川、陵川三縣，并析置蓋城縣以隸之。有泫水，一曰丹水，貞元元年，令明濟引入城，號甘泉。有省冤谷，本殺谷，玄宗幸潞州，過之，因更名。北有長平關。

右河東採訪使，治蒲州。

河北道，蓋古幽、冀二州之境，漢河內、魏、勃海、淸河、平原、常山、上谷、涿、漁陽、右北平、遼西、眞定、中山、信都、河間、廣陽等郡國，又參有東郡、河東、上黨、鉅鹿之地。孟、懷、澶、衞及魏、博、相之南境爲娵訾分，邢、洺、惠、貝、冀、深、趙、鎭、定及魏、博、相之北境爲大梁分，滄、景、德爲玄枵分，瀛、莫、幽、易、涿、平、嬀、檀、薊、營、安東爲析木津分。爲州二十九，都護府一，縣百七十四。其名山：林慮、白鹿、封龍、井陘、碣石、常岳。其大川：漳、淇、呼沱。厥賦：絲、絹、綿。厥貢：羅、綾、紬、紗、鳳翮葦席。

孟州，望。建中二年，以河南府之河陽、河淸、濟源、温租賦入河陽三城使，又以汜水租賦益之。會昌三年遂以五縣爲州。土貢：黃魚鮓。縣五。有河陽軍，建中四年置。河陽，望。武德四年，析懷州之河陽、集城、溫於河陽宮置盟州。八年州廢，省集城入河陽，溫隸懷州。顯慶二年隸洛州。有河陽關。有回洛故城。有池，永徽四年引濟水漲之，開元中以畜黃魚。汜水，望。本隸鄭州，武德四年析置成皐縣，貞觀元年省，顯慶二年隸洛州，垂拱四年曰廣武，神龍元年復故名。有虎牢關。東南有成皐故關。西南有旋門故關。有牛口渚。西一里伏龜山有昭武廟，會昌五年置。河陰，望。開元二十二年析汜水、滎澤、武陟置，隸河南府，領河陰倉，會昌三年來屬。有梁公堰，在河、汴間，開元二年，河南尹李傑因故渠濬之，以便漕運。溫，望。武德四年，隋令周仲隱以縣去王世充，來降，置平州，名縣城曰李城；是年州廢，隸懷州。顯慶二年隸洛州。濟源。望。武德二年，王世充將丁伯德以縣來降，置西濟州，又析置湨陽、蒸川、邵原三縣。四年州廢，省湨陽、蒸川、邵原，以濟源隸懷州。貞觀元年省懷州之軹縣入焉。顯慶二年隸洛州。有枋口堰，大和五年，節度使溫造浚古渠，溉濟源、河內、溫、武陟田五千頃。有濟瀆祠、北海祠。西有故軹關。

懷州河內郡，雄。武德二年沒王世充，僑治濟源之柏崖城。四年，世充平，還舊治。土貢：平紗、平紬、枳殼、茶、牛膝。戶五萬五千三百四十九，口三十一萬八千一百二十六。縣五。有府二，曰丹水、吳澤。河內，望。武德三年析置太行、忠義、紫陵三縣，析河陽置穀旦縣。四年皆省。有太行山。有丹水，開元十一年更名懷水。武德，望。本安昌，武德二年更名，是年，置北義州。四年州廢，來屬。北百里有大斛故關在太行山。獲嘉，望。武德四年以獲嘉、武陟、脩武、新鄉、共城置殷州，并置博望縣。貞觀元年州廢，以獲嘉、武陟、脩武來屬，新鄉、共城、博望隸衞州。武陟，望。貞觀元年省懷縣入焉。脩武。緊。武德二年，河內民李厚德以濁鹿城來降，置陟州，并置脩武縣。四年徙縣治故脩武，更脩武曰武陟，別置脩武縣；是年州廢，隸殷州。西北二十里有新河，自六眞山下合黃丹泉水南流入吳澤陂，大中年，令杜某開。

魏州魏郡，大都督府，雄。本武陽郡，龍朔二年更名冀州，咸亨三年復曰魏州，天寶元年更郡名。土貢：花紬、綿紬、平紬、絁、絹、紫草。戶十五萬一千五百九十六，口百一十萬九千八百七十三。縣十四。貴鄉，望。有西渠，開元二十八年，刺史盧暉徙永濟渠，自石灰窠引流至城西注魏橋，以通江、淮之貨。元城，望。貞觀十七年省入貴鄉，聖曆二年復置。魏，望。武德四年置漳陰縣，貞觀元年省入焉。館陶，望。武德五年，以館陶、冠氏及博州之堂邑，貝州之臨清、清水置毛州，并析臨清置沙丘縣。貞觀元年州廢，省清水入冠氏，省沙丘入臨清，餘縣皆還故屬。冠氏，望。莘，上。武德五年以莘、臨黃、武陽、博州之武水置莘州，貞觀元年州廢，縣還故屬。朝城，緊。本武陽，貞觀十七年省入臨黃、莘。永昌元年復置，曰武聖。開元七年更名。元和中隸澶州，後復來屬。天祐三年更曰武陽，又以武陽、莘河外地入鄆州。昌樂，望。武德五年置，貞觀十八年省繁水入焉。臨河，上。武德二年隸黎州，貞觀十七年省澶水縣入焉。澶水，本澶淵，避高祖名更。州廢，隸相州，天祐三年來屬。洹水，上。本隸相州，天祐三年來屬。成安，上。本隸相州，天祐二年更名斥丘，三年來屬。內黃，緊。本隸相州，武德四年析置繁陽縣，隸黎州，貞觀元年省，天祐三年來屬。宗城，望。本隸貝州。武德四年，以宗城、經城及冀州之南宮、斌彊置宗州，析經城置府城縣。九年州廢，省府城入經城，省斌彊入清河，餘縣皆還故屬。天祐三年曰廣宗，是歲來屬。永濟。上。本隸貝州，大曆七年，田承嗣析魏州之臨清置。天祐三年來屬。

博州博平郡，上。武德四年以魏州之聊城、武水、堂邑、高唐置。土貢：綾、平紬。戶五萬二千六百三十一，口四十萬八千二百五十二。縣六。聊城，緊。武德四年析置茌平縣，又析魏州之莘置莘亭縣。貞觀元年皆省。天祐三年更曰聊邑，又以聊邑、博平、高唐、武水之河外地入鄆州。東南有四口故關。

博平，上。武德三年析置靈泉縣，四年省。貞觀十七年省博平入聊城，天授二年復置。武水，上。清平，上。武德四年置。堂邑，上。高唐。上。長壽二年曰崇武，神龍元年復故名。

相州鄴郡，望。本魏郡，天寶元年更名。土貢：紗、絹、隔布、鳳翮席、花口瓢、知母、胡粉。戶十萬一千一百四十二，口五十九萬一百九十六。縣六。有昭義軍，大曆元年置。安陽，緊。武德四年省零泉縣，五年省相縣入焉。西二十里有高平渠，刺史李景引安陽水東流溉田，入廣潤陂，咸亨三年開。鄴，緊。南五里有金鳳渠，引天平渠下流溉田，咸亨三年開。有鐵。湯陰，上。本蕩陰。武德四年析安陽置蕩源縣，隸衞州，六年來屬。貞觀元年更蕩源曰湯陰〔六〕。林慮，上。武德二年以縣置巖州，五年州廢，來屬。有鐵。有林慮山。堯城，上。天祐三年更曰永定。北四十五里有萬金渠，引漳水入故齊都領渠以溉田，咸亨三年開。臨漳。上。南有菊花渠，自鄴引天平渠水溉田，屈曲經三十里。又北三十里有利物渠，自滏陽下入成安，并取天平渠水以溉田，皆咸亨四年令李仁綽開。

衞州汲郡，望。本治衞，貞觀元年徙治汲。土貢：綾、絹、綿、胡粉。戶四萬八千五十六，口二十八萬四千六百三十。縣五。汲，緊。武德元年以汲、新鄉置義州。四年州廢，以汲來屬，新鄉隸殷州。衞，緊。貞觀十七年省清淇縣入焉。長安三年復置清淇縣。神龍元年又省。御水有石堰一，貞觀十七年築。有蘇門山。共城，上。武德元年以縣置共州，并析置凡城縣。四年州廢，省凡城，以共城隸殷州。六年省博望縣入焉。有白鹿山。新鄉，望。東北有故臨清關。東南有故延津關。黎陽。上。武德二年以縣置黎州，尋沒竇建德。四年，建德平，復以黎陽、臨河、內黃、澶水，魏州觀城、頓丘，相州之蕩源置；是年，以頓丘、觀城還隸魏州，蕩源還隸相州。貞觀十七年州廢，省澶水，以黎陽來屬，內黃、臨河隸相州。有白馬津，一名黎陽關。有大伾山，一名黎陽山。有新河，元和八年，觀察使田弘正及鄭滑節度使薛平開，長十四里，闊六十步，深丈有七尺，決河注故道，滑州遂無水患。

貝州清河郡，望。本治清河，武德六年徙治歷亭，八年復故治。土貢：絹、氈、覆鞌氈。戶十萬一十五，口八十三萬四千七百五十七。縣八。清河，緊。清陽，緊。武德四年析置夏津縣，九年省。武城，上。經城，望。西南四十里有張甲河，神龍三年，姜師度因故瀆開。臨清，望。大曆七年隸瀛州，貞元末來屬。漳南，上。歷亭，上。夏津。上。本鄃，天寶元年更名。

澶州，上。武德四年析黎州之澶水，魏州之頓丘、觀城置。貞觀元年州廢，縣還故屬。大曆七年，田承嗣表以魏州之頓丘、臨黃復置。土貢：角弓、鳳翮席、胡粉。縣四。頓丘，望。清豐，上。大曆七年析頓丘、昌樂置，以孝子張清豐名。觀城，緊。貞觀十七年省入昌樂、臨黃，大曆七年復置。臨黃。緊。東南有盧津關，一名高陵津。

邢州鉅鹿郡，上。本襄國郡，天寶元年更名。土貢：絲布、磁器、刀、文石。戶七萬一百八十九，口三十八萬二千七百九十八。縣八。龍岡，上。武德元年析龍岡、內丘置青山縣，開成五年省入焉。沙河，上。武德元年置溫州，四年州廢，來屬。有鐵。南和，緊。武德元年置和州，四年州廢，來屬。鉅鹿，上。武德元年置起州，并析置白起縣。四年州廢，省白起，以鉅鹿隸趙州。貞觀元年來屬。有大陸澤。有鹹泉，煮而成鹽。平鄉，上。武德元年置封州，四年州廢，來屬。貞元中，刺史元誼徙漳水，自州東二十里出，至鉅鹿北十里入故河。任，中。武德四年置。堯山，上。本柏仁。武德元年置東龍州，四年州廢，隸趙州，五年來屬。天寶元年更名。內丘。上。武德四年隸趙州，五年來屬。有鐵。

洛州廣平郡，望。本武安郡，天寶元年更名。土貢：絁、綿、紬、油衣。戶九萬一千六百六十六，口六十八萬三千二百八十。縣六。永年，望。平恩，上。臨洺，緊。武德元年以臨洺、武安、肥鄉、邯鄲置紫州，四年州廢，縣皆隸磁州，六年以臨洺、肥鄉來屬。狗山有太宗故壘，討劉黑闥于此。雞澤，上。武德四年置。有普樂縣，武德初置，後陷竇建德，遂廢。有漳、洺南隄二，沙河南隄一，永徽五年築。肥鄉，上。州又領清漳、池水二縣。會昌三年省清漳入肥鄉，池水入曲周。曲周。上。武德四年置。

惠州，上。本磁州，武德元年以相州之滏陽、臨水、成安置。貞觀元年州廢，滏陽、成安還隸相州。永泰元年，昭義節度使薛嵩表復以相州之滏陽，洺州之邯鄲、武安置。天祐三年以「磁」「慈」聲一，更名。土貢：紗、磁石。縣四。滏陽，望。邯鄲，上。貞觀元年隸洺州。武安，上。武德六年隸洺州。有錫。昭義。上。本臨水，武德六年省，永泰元年復置，更名。有鐵。

鎭州常山郡，大都督府。本恆州恆山郡，治石邑，義寧元年析隋高陽郡置。武德四年徙治眞定。天寶元年更郡名，十五載曰平山，尋復爲恆山。元和十五年避穆宗名更。土貢：孔雀羅、瓜子羅、春羅、梨。戶五萬四千六百三十三，口三十四萬二千一百三十四。縣十一。有恆陽軍，開元中置。眞定，望。武德六年析置恆山縣，貞觀元年省。載初元年曰中山，神龍元年復故名。槀城，緊。義寧元年置鉅鹿郡，并析置柏肆、新豐、宜安三縣。武德元年曰廉州。四年，以趙州之鼓城、定州之毋極、冀州之鹿城隸之，省柏肆、新豐、宜安入槀城。貞觀元年州廢，以鹿城隸深州，鼓城、毋極隸定州，槀城來屬。天祐二年更曰槀平。石邑，緊。九門，上。義寧元年置九門郡，并析置新市、信義二縣。武德元年曰觀州，五年州廢，省信義、新市，以九門來屬。行唐，中。武德四年置玉城縣，五年省滋陽縣入焉。長壽二年曰章武，神龍元年復故名。大曆三年以縣置泜州，又以靈壽及定州之恆陽隸之。九年州廢，縣還故屬。井陘，中。義寧元年置井陘郡，又析置葦澤縣。武德元年曰井州，後又領鹿泉及房山、蒲吾、靈壽。貞觀元年省蒲吾入房山，鹿泉、葦澤入井陘。十七年州廢，縣皆來屬。有鐵。有離隔山。平山，中。本房山。義寧元年置房山郡，又置蒲吾縣。武德元年曰嶽州，四年州廢，縣皆隸井州〔七〕。天寶十五載更名。有鐵。有白馬關。有房山。獲鹿，中。本鹿泉，天寶十五載更名。有故井陘關，一名土門關。東北十里有大唐渠，自平山至石邑，引太白渠溉田。有禮教渠，總章二年，自石邑西北引太白渠東流入眞定界以溉田。天寶二年，又自石邑引大唐渠東南流四十三里入太白渠。有抱犢山。靈壽，中。義寧元年以縣置燕州，四年州廢，隸井州〔八〕。鼓城，中。本隸定州，大曆三年來屬。欒城。中。本隸趙州，大曆二年來屬，天祐二年更名欒氏。

冀州信都郡，上。本治信都，武德六年徙治下博，貞觀元年復故治，龍朔二年更名魏州，咸亨三年復故名。土貢：絹、綿。戶十一萬三千八百八十五，口八十三萬五百二十。縣九。信都，望。天祐二年更曰堯都。東二里有葛榮陂，貞觀十一年，刺史李興公開，引趙照渠水以注之。南宮，望。

西五十九里有濁漳隄，顯慶元年築。有通利渠，延載元年開。堂陽，上。西南三十里有渠，自鉅鹿入縣境，下入南宮，景龍元年開。西十里有漳水隄，開元六年築。棗彊，上。武邑，上。武德四年析置昌亭縣，貞觀元年省。北三十里有衡漳右隄，顯慶元年築。衡水，上。南一里有羊令渠，載初中，令羊元珪引漳水北流，貫城注隍。阜城，望。天祐二年更曰漢阜。蓨，上。本隸德州，永泰元年來屬。武彊。望。貞觀元年隸深州，州廢來屬。後復隸深州，開元二年來屬。永泰元年復隸深州，唐末來屬。

深州饒陽郡，上。武德四年以定州之安平、瀛州之饒陽置，尋徙治饒陽。貞觀十七年州廢，縣還故屬。先天二年，以瀛州之饒陽、冀州之鹿城、下博、武彊，定州之安平復置。土貢：絹。戶萬八千八百二十五，口三十四萬六千四百七十二。縣七。陸澤，上。先天二年析饒陽、鹿城置。饒陽，望。武德四年析置無蔞縣，貞觀元年省。東鹿，上。本鹿城，天寶十五載更名。安平，上。博野，望。本隸瀛州。武德五年以博野、清苑、定州之義豐置蠡州，八年州廢，縣還故屬，九年復以博野、清苑置。貞觀元年州廢，以博野、清苑隸瀛州。永泰中以博野來屬。元和十年復隸瀛州，後又來屬。樂壽，緊。本隸瀛州，大曆中來屬，元和十年復隸瀛州，後又來屬。下博。上。本隸冀州，貞觀元年來屬。州廢，還隸冀州。後又來屬。開元二年隸冀州。永泰元年復來屬。有永寧軍，貞元十年置。

趙州趙郡，望。武德初治柏鄉，四年徙治平棘，五年更名欒州，貞觀初復故名。土貢：絹。戶六萬三千四百五十四，口三十九萬五千二百三十八。縣八。平棘，上。東二里有廣潤陂，引太白渠以注之，東南二十里有畢泓，皆永徽五年令弓志元開，以畜洩水利。寧晉，緊。本廮陶〔九〕，天寶元年更名。地旱鹵。西南有新渠，上元中，令程處默引洨水入城以溉田，經十餘里，地用豐潤，民食乃甘。昭慶，望。本大陸，武德四年曰象城，天寶元年更名。西南二十里有建初陵、啓運陵，二陵共塋。城下有澧水渠，儀鳳三年，令李玄開，以溉田通漕。柏鄉，上。西有千金渠、萬金堰，開元中，令王佐所浚築，以疏積潦。高邑，中。臨城，中。本房子，天寶元年更名，天祐二年更曰房子。贊皇，中。元氏。上。有靈山、封龍山。

滄州景城郡，上。本渤海郡，治清池，武德元年徙治饒安，六年徙治胡蘇，貞觀元年復治清池。土貢：絲布、柳箱、葦簟、糖蟹、鱧鮬。戶十二萬四千二十四，口八十二萬五千七百五。縣七。西南有橫海軍，開元十四年置，天寶後廢，大曆元年復置。清池，緊。西北五十五里有永濟隄二，永徽二年築。西四十五里有明溝河隄二，西五十里有李彪淀東隄及徒駭河西隄，皆三年築。西四十里有衡漳隄二，顯慶元年築。西北六十里有衡漳東隄，開元十年築。東南二十里有渠，注毛氏河，東南七十里有渠，注漳，並引浮水，皆刺史姜師度開。西南五十七里有無棣河，東南十五里有陽通河，皆開元十六年開。南十五里有浮河隄、陽通河隄，又南三十里有永濟北隄，亦是年築。有甘井二，十年，令毛某母老，苦水鹹無以養，縣舍穿地，泉湧而甘，民謂之毛公井。有鹽。鹽山，緊。武德四年置東鹽州，五年，以景州之清池幷析鹽山置浮水縣以隸之。貞觀元年州廢，省浮水，以清池、鹽山來屬。有鹽。長蘆，上。本隸瀛州。武德四年，以長蘆、平舒、魯城及滄州之清池置景州。貞觀元年州廢，以平舒還隸瀛州，長蘆、魯城來屬。樂陵，上。本隸棣州，武德八年來屬，大和二年又隸棣州，尋復來屬。饒安，上。武德四年析置鬲津縣，貞觀元年省入樂陵。無棣，上。貞觀元年省入陽信，八年復置，大和二年隸棣州，尋來屬。有無棣溝通海，隋末廢，永徽元年，刺史薛大鼎開。乾符。上。本魯城，乾符元年生野稻水穀二千餘頃，燕、魏飢民就食之，因更名。

景州，上。貞元三年析滄州之弓高、東光、臨津置。長慶元年州廢，縣還滄州，二年復以弓高、東光、臨津、南皮、景城置。大和四年，州又廢，縣還滄州。景福元年復置。土貢：葦簟。縣四。弓高，上。本隸德州，武德四年，以弓高及胡蘇、東光，冀州之阜城、蓨、安陵、觀津置觀州，并析東光置安陵縣，析蓨置觀津縣。六年以胡蘇隸滄州。貞觀元年省觀津，復以胡蘇隸觀州。十七年州廢，以弓高、東光、胡蘇隸滄州，蓨、安陵隸德州，阜城還隸冀州。東光，上。南二十里有靳河，自安陵入浮河，開元中開。臨津，上。本胡蘇，天寶元年更名。南皮。上。古毛河自臨津經縣入清池，開元十年開。有唐昌軍，貞元二十一年置。

德州平原郡，上。土貢：絹、綾。戶八萬三千二百一十一，口六十五萬九千八百五十五。縣六。安德，緊。長河，上。東南有張公故關。平原，上。大和二年隸齊州，三年來屬。平昌，上。貞觀十七年省般縣入焉，大和二年隸齊州，三年來屬。有馬頰河，久視元年開，號「新河」。將陵，望。安陵。望。景福元年隸景州，尋復來屬。

定州博陵郡，上。本高陽郡，天寶元年更名。土貢：羅、紬、細綾、瑞綾、兩窠綾、獨窠綾、二包綾、熟線綾。戶七萬八千九十，口四十九萬六千六百七十六。縣十。有義武軍，建中四年置。西有北平軍，開元中置。安喜，緊。本鮮虞，武德四年更名。義豐，緊。萬歲通天二年以拒契丹更名立節，神龍元年復故名。北平，上。萬歲通天二年以拒契丹更名徇忠，神龍元年復故名。西北有安陽故關。望都，上。武德四年置。曲陽，上。本恒陽，元和十五年更名，是年，又更恒岳曰鎮岳，有岳祠。陘邑，中。本隋昌，武德四年曰唐昌，天寶元年更名。唐，上。有銅，有鐵。西北有八度故關、倒馬故關。北有委粟故關。新樂，中。東南二十里有木刀溝，有民木刀居溝傍，因名之。無極，上。「無」本作「毋」，萬歲通天二年更。有無極山。景福二年，節度使王處存以縣及深澤表置祁州。深澤。中。

易州上谷郡，上。土貢：紬、綿、墨。戶四萬四千二百三十，口二十五萬八千七百七十九。縣六。有府九，曰遂城、安義、修武、德行、新安、古亭、武遂、長樂、龍水。有高陽軍。易，上。容城，上。本遒。武德五年，以容城及幽州之固安、歸義置北義州。貞觀元年州廢，縣還故屬。聖曆二年以拒契丹更名全忠，神龍二年復故名，天寶元年又更名。遂城，上。淶水，上。滿城，中。本永樂，天寶元年更名。有郎山。有永清軍，貞元十五年置。五回。中下。開元二十三年析易置，并置樓亭、板城二縣。天寶後省。

幽州范陽郡，大都督府。本涿郡，天寶元年更名。土貢：綾、綿、絹、角弓、人葠、栗。戶六萬七千二百四十三，口三十七萬一千三百一十二。縣九。有府十四，曰呂平、涿城、德聞、潞城、樂上、清化、洪源、良鄉、開福、政和、停驂、柘河、良杜、咸寧。城內有經略軍，又有納降軍，本納降守捉城，故丁零川也。西南有安塞軍，有赫連城。有宗王、乾澗、殄寇三鎮城，召堆、車坊、萬城、河旁四戍。薊，望。天寶元年析置廣寧縣，三載省。有鐵。有故隋臨朔宮。幽都，望。本薊縣地。隋於營州之境汝羅故城置遼西郡，以處粟末靺鞨降人。武德元年曰燕州，領縣三：遼西、瀘河、懷遠。土貢：豹尾。是年，省瀘河。六年自營州遷于幽州城中，以首領世襲刺史。貞觀元年省懷遠。開元二十五年徙治幽州北桃谷山。天寶元年曰歸德郡。戶二千四十五，口萬一千六百三。建中二年爲朱滔所滅，因廢爲縣。廣平，上。天寶元年析薊置，三載省，至德後復置。潞，上。武德二年自無終徙漁陽郡於此，置玄州，領潞、漁陽，幷置臨泃縣。貞觀元年州廢，省臨泃、無終，以潞、漁陽來屬。武清，上。本雍奴，天寶元年更名。永清，緊。本武隆，如意元年析安次置，景雲元年曰會昌，天寶元年更名。安次，上。良鄉，望。聖曆元年曰固節，神龍元年復故名。有大防山。昌平，望。北十五里有軍都陘。西北三十五里有納款關，卽居庸故關，亦謂之軍都關。其北有防禦軍，古夏陽川也。有狼山。

涿州，上。大曆四年，節度使朱希彩表析幽州之范陽、歸義、固安置。縣五。范陽，望。本涿，武德七年更名。歸義，上。武德五年置，貞觀元年省，八年復置。景雲二年隸鄚州，是年，還隸幽州。固安，上。新昌，上。大曆四年析固安置。新城。上。大和六年以故督亢地置。

瀛州河間郡，上。土貢：絹。戶九萬八千一十八，口六十六萬三千一百七十一。縣五。

河間，望。武德五年置武垣縣，貞觀元年省入焉。西北百里有長豐渠，二十一年，刺史朱潭開。又西南五里有長豐渠，開元二十五年，刺史盧暉自東城、平舒引滹沱東入淇通漕，溉田五百餘頃。高陽，上。武德四年以高陽、鄚、博野、清苑置滿州。五年以博野、清苑隸蠡州。貞觀元年州廢，以鄚、高陽來屬。平舒，上。束城，上。景城。上。本隸滄州，武德四年來屬，貞觀元年隸滄州，大曆七年復舊。後隸景州，尋又來屬。

莫州文安郡，上。本鄚州，景雲二年，以瀛州之鄚、任丘、文安、淸苑、唐興，幽州之歸義置。開元十三年以「鄚」「鄭」文相類，更名。土貢：絹、綿。戶五萬三千四百九十三，口三十三萬九千九百七十二。縣六。有唐興軍，開元十四年置。北又有渤海軍。莫，緊。本鄚，開元十三年更。有九十九淀。淸苑，上。文安，上。貞觀元年省豐利縣入焉。任丘，上。武德五年分鄚置。有通利渠，開元四年，令魚思賢開，以洩陂淀，自縣南五里至城西北入滱，得地二百餘頃。長豐，中。本利豐，開元十年析文安、任丘置，是年更名。唐興。上。本武興〔一〇〕，如意元年析河間置。長安四年隸易州，是年，還隸瀛州。神龍元年更名。

平州北平郡，下。初治臨渝，武德元年徙治盧龍。土貢：熊鞹、蔓荊實、人葠。戶三千一百一十三，口二萬五千八十六。縣三。有府一，曰盧龍。有盧龍軍，天寶二載置。又有柳城軍，永泰元年置。有溫溝、白望、西狹石、東狹石、綠疇、米磚、長楊、黃花、紫蒙、白狼、昌黎、遼西等十二戍，愛川、周夔二鎮城。東北有明垤關、鶻湖城、牛毛城。盧龍，中。本肥如，武德二年更名，又置撫寧縣，七年省。石城，中。本臨渝，武德七年省，貞觀十五年復置，萬歲通天二年更名。有臨渝關，一名臨閭關。有大海關。有碣石山。有溫昌鎮。馬城。中。古海陽城也，開元二十八年置，以通水運。東北有千金冶。城東有茂鄉鎮城。

嬀州嬀川郡，上。本北燕州，武德七年平高開道，以幽州之懷戎置。貞觀八年更名。土貢：樺皮、胡祿、甲榆、髇矢、麝香。戶二千二百六十三，口萬一千五百八十四。縣一。有府二，曰密雲、白檀。有淸夷軍，垂拱中置。有淮北、白陽度、雲治、廣邊四鎮兵。有橫河、柴城二戍。有陽門城。有永定、窯子二關。又有懷柔軍，在嬀、蔚二州之境。懷戎。上。天寶中析置嬀川縣，尋省。嬀水貫中。北九十里有長城，開元中張說築。東南五十里有居庸塞，東連盧龍、碣石，西屬太行、常山，實天下之險。有鐵門關。西有寧武軍。又北有廣邊軍，故白雲城也。

檀州密雲郡，本安樂郡，天寶元年更名。土貢：人葠、麝香。戶六千六十四，口三萬二百四十六。縣二。有威武軍，萬歲通天元年置，本漁陽，開元十九年更名。又有鎮遠軍，故黑城川也。有三叉城、橫山城、米城。有大王、北來、保要、鹿固、赤城、邀虜、石子𨺗七鎮。有臨河、黃崖二戍。密雲，中。有隗山。燕樂。中。東北百八十五里有東軍、北口二守捉。北口，長城口也。又北八百里有吐護眞河，奚王衙帳也。

薊州漁陽郡，下。開元十八年析幽州置。土貢：白膠。戶五千三百一十七，口萬八千五百二十一。縣三。有府二，曰漁陽、臨渠。南二百里有靜塞軍，本障塞軍，開元十九年更名。又有雄武軍，故廣漢川也。東北九十里有洪水守捉，又東北三十里有鹽城守捉，又東北渡灤河有古盧龍鎮，又有斗陘鎮。自古盧龍北經九荆嶺、受米城、張洪隘度石嶺至奚王帳六百里。又東北行傍吐護眞河五百里至奚、契丹衙帳。又北百里至室韋帳。漁陽，中。神龍元年隸營州，開元四年還隸幽州。有平虜渠傍海穿漕，以避海難，又其北漲水爲溝，以拒契丹，皆神龍中滄州刺史姜師度開。三河，中。開元四年析潞置。北十二里有渠河塘。西北六十里有孤山陂，溉田三千頃。玉田。中。本無終，武德二年置，貞觀元年省，乾封二年復置，萬歲通天元年更名，神龍元年隸營州，開元四年還隸幽州，八年隸營州，十一年又隸幽州。有壕門、米亭、三谷、礓石、方公、白楊等七戍。

營州柳城郡，上都督府。本遼西郡，萬歲通天元年爲契丹所陷，聖曆二年僑治漁陽，開元五年又還治柳城，天寶元年更名。土貢：人葠、麝香、豹尾、皮骨骴。戶九百九十七，口三千七百八十九。縣一。有平盧軍，開元初置。東有鎮安軍，本燕郡守捉城，貞元二年爲軍城。西四百八十里有渝關守捉城。又有汝羅、懷遠、巫閭、襄平四守捉城。柳城。中。西北接奚，北接契丹，有東北鎮醫巫閭山祠。又東有碣石山。

安東，上都護府。總章元年，李勣平高麗國，得城百七十六，分其地爲都督府九，州四十二，縣一百，置安東都護府於平壤城以統之，用其酋渠爲都督、刺史、縣令。上元三年徙遼東郡故城，儀鳳二年又徙新城。聖曆元年更名安東都督府，神龍元年復故名。開元二年徙于平州，天寶二年又徙于遼西故郡城。至德後廢。土貢：人葠。有安東守捉。有懷遠軍，天寶二載置。又有保定軍。

右河北採訪使，治魏州。

校勘記

〔一〕賜名寶應靈慶池　「靈慶」，各本原作「慶靈」，據金石萃編卷一〇三大唐河東鹽池靈慶公神祠碑及本書卷二二四下喬琳傳改。

〔二〕有府十五　按下文實有十六府。

〔三〕本楊　「楊」，各本原作「揚」。舊書卷三九地理志、隋書卷三〇地理志、元和志卷一二、寰宇記卷四三均作「楊」，據改。

〔四〕其西有天安軍　按本書卷三七地理志，豐州中受降城西有天安軍，與本州之天安軍同名又同時置，兩地相去不遠，考異卷四五疑爲重出。突厥集史卷一〇考證云：「錢氏所疑，絲毫不謬。地志何以重出？諒由代州有大同軍，而天安軍在大同川西，大同軍與大同川，名涉近似而牽混也。」唐書兵志箋正卷二據元和志卷四豐州天德軍條及舊書卷九玄宗紀、卷一二〇郭子儀傳，疑天寶年間安思順於大同川西所築之城爲大安城，後移橫塞軍理此，並改軍名爲天德，天安軍實爲大安城之訛。又謂其以大安爲城名者，蓋因襲北魏大安郡。據魏書卷一〇六上地形志，大安郡原在懷朔鎮附近（元和志豐州有懷朔鎮），孝昌後寄治并州界。冊府卷九九二、唐會要卷七八並稱「古代郡大安城」。唐判斷所謂「古代郡」乃指北魏之代郡，唐人不詳而誤羼入河東；故河東之天安，即朔方之天安，但同爲大安城之訛。

〔五〕武德六年置北恆州　「六」，各本原作「元」。按舊書卷三九地理志、寰宇記卷四九皆謂武德四年平劉武周，六年置北恆州。又據元和志卷一四，置北恆州亦在武德四年平劉武周後。作「元」顯誤，據改。

〔六〕貞觀元年更蕩源曰湯陰　「蕩源」，各本原作「蕩陰」；「元年」下有「省」字。按寰宇記卷五五載：漢蕩陰縣，後魏省，隋開皇六年復置湯陰縣，十年又省入安陽，武德四年又分安陽置蕩源縣，貞觀元年改爲湯陰，以從漢舊名。舊書卷三九地理志、元和志卷一六所記略同。可知此處「蕩陰」爲「蕩源」之訛，「貞觀元年」下「省」字衍，今改正。又本卷下文衞州黎陽下相州之「蕩源」各本亦誤作「蕩陰」，並改。

〔七〕縣皆隸井州　「井」，各本原作「幷」。按元和志卷一七房山縣作「武德四年又屬井州」；本卷上文井陘縣注文亦云武德元年改井陘郡爲井州，後領房山、蒲吾、靈壽等縣。明「幷」爲「井」之訛，據改。

〔八〕義寧元年以縣置燕州四年州廢隸井州　按義寧無四年，舊書卷三九地理志、寰宇記卷六一並作「武德四年州廢」，疑此「四年」上脫「武德」二字。又「井」，各本原作「幷」，據寰宇記卷六一及本卷上文井陘縣注文改。

〔九〕本癭陶　「癭」，舊書卷三九地理志、通典卷一七八同，漢書卷二八上地理志、後漢書志第二〇郡國、元和志卷一七、寰宇記卷六〇均作「廮」。按字本作「廮」，然諸書「癭」「廮」雜出，混用已久，不改。

〔一〇〕本武興　「興」，舊書卷三九地理志、唐會要卷七一、寰宇記卷六六均作「昌」。

唐書卷四十

志第三十

地理四

山南道，蓋古荆、梁二州之域，漢南郡、武陵、巴郡、漢中、南陽及江夏、弘農、廣漢、武都郡地。江陵、峽、歸、夔、澧、朗、復、郢、襄、房爲鶉尾分，鄧、隋、泌、均爲鶉火分，興元、金、洋、鳳、興、成、文、扶、利、集、壁、巴、蓬、通、開、忠、萬、涪、閬、果、渠爲鶉首分。爲府二，州三十三，縣百六十一。其名山：嶓冢、熊耳、銅梁、巫、荆、峴。其大川：巴、漢、沮、淯。厥賦：絹、布、綿紬。厥貢：金、絲、紵、漆。

江陵府江陵郡，本荆州南郡，天寶元年更郡名。肅宗上元元年號南都，爲府。二年罷都，是年又號南都。尋罷都。土貢：方紋綾、貲布、柑、橙、橘、椑、白魚、糖蟹、梔子、貝母、覆盆、烏梅、石龍芮。戶三萬三百九十二，口十四萬八千一百四十九。縣八。有府一，曰羅含。有永安軍，乾元二年置。江陵，次赤。貞觀十七年省安興縣入焉。貞元八年，節度使嗣曹王臯塞古堤，廣良田五千頃，畝收一鍾。又規江南廢洲爲廬舍，架江爲二橋。荆俗飲陂澤，乃教人鑿井，人以爲便。枝江，次畿。上元元年析江陵置長寧縣。二年省枝江入長寧。大曆六年復置枝江，省長寧。當陽，次畿。武德四年置平州，并析置臨沮縣。六年曰玉州。八年州廢，省臨沮，以當陽來屬。有南紫蓋山、北紫蓋山。長林，次畿。武德四年於東境置基州，并置章山縣。七年州廢，以章山隸郢州。郢州廢，來屬。八年省章山入長林。石首，次畿。武德四年置。松滋，次畿。公安，次畿。荆門。次畿。貞元二十一年析長林置。

峽州夷陵郡，中。本治下牢戍，貞觀九年徙治步闡壘。土貢：紵葛、箭竹、柑、茶、蠟、芒硝、五加、杜若、鬼臼。戶八千九十八，口四萬五千六百六。縣四。夷陵，上。西北二十八里有下牢鎮。有黃牛山。宜都，中下。本宜昌，隸南郡。武德二年更名，以宜都及峽州之夷道置江州，六年曰東松州。貞觀八年州廢，省入宜都，來屬。長陽，中下。本隸南郡。武德四年以縣置睦州，并置巴山、鹽水二縣。八年州廢，省鹽水，以長陽、巴山隸東松州。州廢，來屬。天寶八載省巴山入長陽。遠安。中下。有神馬山，本白馬山，天寶元年更名。

歸州巴東郡，下。武德二年析夔州之秭歸、巴東置。土貢：紵葛、茶、蜜、蠟。戶四千六百四十五，口二萬三千四百一十七。縣三。秭歸，中。有鹽。東南八十五里有太清鎮城。巴東，中下。有鹽，有鐵。興山。中下。武德三年析秭歸置。

夔州雲安郡，下都督府。本信州巴東郡，武德二年更州名，天寶元年更郡名。土貢：紵錫布、熊、羆、山雞、茶、柑、橘、蜜、蠟。戶萬五千六百二十，口七萬五千。縣四。有府一，曰東陽。奉節，上。本人復，貞觀二十三年更名。有鐵。有永安井鹽官。雲安，上。有鹽官。巫山，中。有巫山。大昌。下。有鹽官。

澧州澧陽郡，上。土貢：紋綾、紵練縛巾、犀角、竹簟、光粉、柑、橘、恆山、蜀漆。戶萬九千六百二十，口九萬三千三百四十九。縣四。澧陽，望。有關山。安鄉，中。貞觀元年省孱陵縣入焉。石門，中。有鐵。慈利。中下。武德中置崇義縣，麟德元年省入焉。本故崇州。

朗州武陵郡，下。土貢：葛、紵練簟、柑、犀角。戶九千三百六，口四萬三千七百六十。縣二。武陵，上。北有永泰渠，光宅中，刺史胡處立開，通澧，且爲火備。西北二十七里有北塔堰，開元二十七年，刺史李璡增修，接古專陂，由黃土堰注白馬湖，分入城隍及故永泰渠，溉田千餘頃。東北八十九里有考功堰，長慶元年，刺史李翺因故漢樊陂開，溉田千一百頃；又有右史堰，二年，刺史溫造增修，開後鄉渠，經九十七里，溉田二千頃。又北百一十九里有津石陂，本聖曆初，令崔嗣業開，翺、造亦從而增之，溉田九百頃。翺以尚書考功員外郎，造以起居舍人，出爲刺史，故以官名。東北八十里有崔陂。東北三十五里有槎陂，亦嗣業所修以溉田，後廢。大曆五年，刺史韋夏卿復治槎陂，溉田千餘頃。十三年以堰壞遂廢。有枉山。龍陽。中上。

忠州南賓郡，下。本臨州，義寧二年析巴東郡之臨江置，貞觀八年更名。土貢：生金、綿紬、蘇薰席、文刀。戶六千七百二十二，口四萬三千二十六。縣五。臨江，中下。有鹽。豐都，中下。義寧二年析臨江置。南賓，中下。武德二年析涪州之武寧置。有鐵。墊江，中下。桂溪。中下。本清水，武德二年析臨江置，天寶元年更名。

涪州涪陵郡，下。武德元年以渝州之涪陵鎮置。土貢：麩金、文刀、獠布、蠟。戶九千四百，口四萬四千七百二十二。縣五。涪陵，中下。武德二年置，幷置武龍縣。又析涪陵、巴縣地置永安縣。開元二十二年省永安入樂溫。賓化，下。本隆化，貞觀十一年置，先天元年更名。武龍，中下。樂溫，中下。武德二年析巴縣地置，隸南潾州，九年來屬。溫山。下。本隸南潾州，後來屬。

萬州南浦郡，下。本南浦州，武德二年析信州置。八年州廢，以南浦、梁山隸夔州，武寧隸臨州。九年復置，曰浦州。貞觀八年更名。土貢：麩金、藥子。戶五千一百七十九，口二萬五千七百四十六。縣三。南浦，中。有塗警監、漁陽監，鹽官二。武寧，中下。梁山。中下。

襄州襄陽郡，望。土貢：綸巾、漆器、庫路眞二品：十乘花文、五乘碎石文，柑，蔗，芋，薑。戶四萬七千七百八十，口二十五萬二千一。縣七。有府一，曰漢津。襄陽，望。貞觀八年省常平縣入焉。有峴山。鄧城，緊。本安養，天寶元年曰臨漢，貞元二十一年更名。穀城，上。武德四年以穀城、陰城置酇州，五年州廢，二縣來屬。貞觀八年省陰城入焉。有薤山。義清，中。貞觀八年省南漳入焉。南漳，本臨沮。南漳，中下。本荆山，武德二年析南漳置，以縣置重州，幷置重陽、平陽、渠陽、土門、歸義五縣。七年省渠陽入荆山，省平陽入重陽，省土門、歸義入房州之永清。貞觀元年州廢，以荆山來屬，徙重陽于故重州，隸遷州。八年省重陽入荆山。開元十八年徙于故南漳，因更名。有荆山。樂鄉，中下。本隸竟陵郡，武德四年以樂鄉及襄州之率道、上洪置鄀州。貞觀元年又領長壽，省上洪。八年州廢，以長壽隸溫州，樂鄉、率道來屬。宜城。上。本率道，貞觀八年省漢南縣入焉，天寶七載更名。有石梁山、陰山。

泌州淮安郡，上。本昌州春陵郡，治棗陽。武德五年以唐城山更名唐州，九年徙治比陽。天寶元年更郡名。天祐三年，朱全忠徙治泌陽，表更名。土貢：絹、布。戶四萬二千六百四十三，口十八萬二千三百六十四。縣七。泌陽，中。本上馬，貞觀元年省入湖陽，開元十三年復置，天寶元年更名。比陽，上。本淮安郡治，武德四年曰顯州，領比陽、慈丘、平氏、顯岡、桐柏五縣。二年省顯岡〔一〕。九年州廢，縣皆來屬。慈丘，上。桐柏，中。武德初置純州，貞觀元年州廢，來屬。有桐柏山。有淮瀆祠。平氏，中。有祈中山。湖陽，中。武德四年以縣置湖州，貞觀元年州廢，來屬。有蓼山。方城。上。本淯陽郡治。武德二年曰北澧州，領方城、眞昌二縣。貞觀元年省眞昌。八年曰魯州，九年州廢，以方城來屬。

隋州漢東郡，上。土貢：合羅、綾、葛、覆盆。戶二萬三千九百一十七，口十萬五千七百二十二。縣四。隋，上。武德四年省安貴縣入焉。五年省平林、順義縣入焉。光化，上。棗陽，上。本隸唐州。武德五年省唐州之清潭縣入焉。貞觀元年又省唐州之舂陵縣入焉。十年以棗陽來屬。有光武山。唐城。上。開元二十六年以客戶析棗陽地置。

鄧州南陽郡，上。土貢：絲布、茅菊。戶四萬三千五十五，口十六萬五千二百五十七。

縣六。穰，望。武德四年析置平晉縣，以新野置新州，尋廢新州，以新野來屬。六年省平晉縣〔二〕。又領淉陽縣〔三〕，貞觀元年省，乾元元年省新野，皆入焉。南陽，緊。武德三年以南陽及舂陵郡之上馬置宛州，幷置云陽、上宛、安固三縣。八年州廢，以上馬隸唐州，省云陽、上宛，以安固入南陽，來屬。聖曆元年曰武臺。神龍初復故名。有銅。向城，上。武德三年以縣置淯州。八年州廢，隸北澧州，州廢，來屬。聖曆元年曰武淸。神龍初復故名。北八十里有魯陽關。臨湍，上。本新城。武德二年以縣置酈州，八年州廢，來屬。貞觀元年省冠軍縣入焉。天寶元年更名。又有順陽縣，武德二年析冠軍置，六年省。內鄉，上。本淅陽郡治。武德二年曰淅州，幷置默水縣。貞觀八年州廢，省默水入內鄉，來屬。有岵山。菊潭。中。開元二十四年析新城置。

均州武當郡，下。義寧二年析淅陽郡之武當、均陽置。貞觀元年州廢，二縣隸淅州。八年以武當、鄖鄉復置。土貢：山雞尾、麝香。戶九千六百九十八，口五萬八百九。縣三。有府一，曰至誠。武當，上。義寧二年析置平陵縣，武德七年省，八年省均陽入焉。東南百里有鹽池。有武當山。鄖鄉，上。本隸淅陽郡。武德元年以鄖鄉、安福置南豐州，幷置堵陽、黃沙、白沙、固城四縣。八年省黃沙、白沙、固城，是年州廢，以鄖鄉、安福、堵陽隸淅州。貞觀元年省安福、堵陽入焉。有精舍山，本獨山，天寶中更名。豐利。上。有伏龍山。有錫義山，一名天心山。

房州房陵郡，上。武德元年析遷州之竹山、上庸置。貞觀十年徙治房陵。土貢：蠟、蒼礬、麝香、鍾乳、雷丸、石膏、竹鼺。戶萬四千四百二十二，口七萬一千七百八。縣四。房陵，上。本光遷，房陵郡治。武德元年曰遷州，并析置受陽、淅川、房陵三縣。五年省淅川。七年省房陵、受陽。貞觀十年州廢，來屬，更光遷曰房陵。永清，中下。本隸遷州，州廢，來屬。有房山。竹山，中下。武德元年析置武陵縣，貞觀十年省。上庸。上。

復州竟陵郡，上。本沔陽郡，治竟陵。貞觀七年徙治沔陽。天寶元年更名。寶應二年復故治。土貢：白紵、白蜜。戶八千二百一十，口四萬四千八百八十五。縣三。沔陽，上。竟陵，上。有五花山。有石堰渠，咸通中，刺史董元素開。監利。中下。

郢州富水郡，上。本竟陵郡，治長壽。貞觀元年州廢，以長壽隸鄀州，十七年復置，治京山，後還治長壽。土貢：紵布、葛、蕉、春酒麴、棗、節米。戶萬二千四十六，口五萬七千三百七十五。縣三。長壽，上。貞觀元年省藍水縣入焉。京山，上。本隸安州。武德四年以京山、富水二縣置溫州，貞觀十七年州廢，縣皆來屬。富水。上。有白沙山。

金州漢陰郡(四)，上。本西城郡，天寶元年曰安康郡，至德二載更名。土貢：麩金、茶牙、椒、乾漆、椒實、白膠香、麝香、杜仲、雷丸、枳殼、枳實、黃蘗。有橘官。戶萬四千九十一，口五萬七千九百二十九。縣六。有府一，曰洪義。西城，上。本金川，義寧二年更名。有牛山。漢水有金。洵陽，中下。武德元年以縣置洵州，并置洵城、驢川二縣，七年州廢，縣皆來屬。貞觀二年省驢川，八年省洵城。東有申口鎮城。淯陽，上。本黃土，天寶元年更名，大曆六年省入洵陽，長慶初復置。石泉，中下。聖曆元年曰武安，神龍元年復故名，大曆六年省入漢陰，永貞元年復置。漢陰，中下。本安康。武德元年以縣置西安州，并置寧都、廣德二縣。二年曰直州。貞觀元年州廢，省寧都，以廣德入安康，來屬。至德二載更名。西有方山關，貞觀十二年置。月川水有金。平利。中下。武德元年以故吉安置，大曆六年省入西城，長慶初復置。有女媧山。

右東道採訪使，治襄州。

興元府漢中郡，赤。本梁州漢川郡，開元十三年以「梁」「涼」聲相近，更名褒州，二十年復曰梁州，天寶元年更郡名，興元元年爲府。土貢：穀、蠟、紅藍、燕脂、夏蒜、冬筍、糟瓜、柑、枇杷、茶。戶三萬七千四百七十，口十五萬三千七百一十七。縣五。有府一，曰麗水。南鄭，次赤。有旱山、玉女山、中梁山。褒城，次畿。義寧二年更名褒中。貞觀三年復故名。有牛頭山。北有甘寧關。城固，次畿。武德二年更名唐固，三年析置白雲縣，九年省。貞觀二年復故名。西，次畿。武德三年以縣置褒州，析利州之綿谷置金牛縣，八年州廢，二縣來屬。寶曆元年省金牛縣入焉。西南有百牢關。有錫，有鐵。三泉。次畿。武德四年析利州之綿谷置，以縣置南安州，并置嘉牟縣。八年州廢，省嘉牟，以三泉隸利州。天寶元年來屬。

洋州洋川郡，雄。武德元年析梁州之西鄉、黃金、興勢置，天寶十五載徙治興道。土貢：白交梭、火麻布、野苧麻、蠟、白膠香、麝香。戶二萬三千八百四十九，口八萬八千三百二十七。縣四。興道，緊。本興勢，貞觀二十三年更名。有駱谷路，南口曰儻谷，北口曰駱谷。西鄉，上。武德四年析置洋源縣，寶曆元年省。有雲亭山。黃金，中。有子午谷路。眞符。中。本華陽，開元十八年析興道置。天寶三載省。八載開清水谷路，復置，因鑿山得玉册，更名，隸京兆府。十一載來屬。有太白山、金星洞。

利州益昌郡，下都督府。本義城郡，天寶元年更名。土貢：金、絲布、粱米、蠟燭、鮇魚、天門冬、芎藭、麝香。戶萬三千九百一十，口四萬四千六百。縣六。綿谷，上。有鐵。葭萌，上。益昌，中下。嘉川，中下。胤山，中下。本義城，義寧二年曰義清。武德七年以義清、岐坪、隆州之奉國置西平州。貞觀二年州廢，以義清來屬，岐坪、奉國隸閬州。天寶元年更名。景谷。中下。武德四年以景谷及龍州之方維置沙州。貞觀元年州廢，省方維爲鎭，以景谷來屬。寶曆元年省，尋復置。西有石門關。西北有白垻、魚老二鎭城。

鳳州河池郡，下。土貢：布、蠟燭、麝香。戶五千九百一十八，口二萬七千八百七十七。縣三。有府一，曰歸昌。梁泉，中下。武德元年析置黃花縣，寶曆元年省。有銀，有鐵。兩當，中下。有銀。河池。中下。

興州順政郡，下。土貢：蠟、漆、丹沙、蜜、筍。戶二千二百二十四，口萬一千四百四十六。縣二。順政，中。有鐵。南有興城關。長舉。中下。元和中，節度使嚴礪自縣而西疏嘉陵江二百里，焚巨石，沃醯以碎之，通漕以饋成州戍兵。州又領鳴水縣，長慶元年省入焉。有鐵。

成州同谷郡，下。本漢陽郡，治上祿，天寶元年更名，寶應元年沒吐蕃，貞元五年，於同谷之西境泥公山權置行州，咸通七年復置，徙治寶井堡，後徙治同谷。土貢：蠟燭、麝香、鹿茸、防葵、狼毒。戶四千七百二十七，口二萬一千五百八。縣三。有府一，曰平陰。有靜戎軍，寶應元年，徙馬邑州于鹽井城置。同谷，中下。武德元年以縣置西康州，貞觀元年州廢，來屬，咸通十三年復置。上祿，中。沒蕃後廢。有仇池山。有鹽。漢源。中下。沒蕃後廢。

文州陰平郡，下。義寧二年析武都郡之曲水、正西、長松置。土貢：麩金、紬、綿、麝香、白蜜、蠟燭、柑。戶千九百八，口九千二百五。縣一。曲水。中下。貞觀元年省正西縣，貞元六年省長松縣，皆來屬。

扶州同昌郡，下。乾元後沒吐蕃，大中二年，節度使鄭涯收復。土貢：麝香、當歸、芎藭。戶二千四百一十八，口萬四千二百八十五。縣四。有府二，曰安川、會川。同昌，中下。帖夷，中下。萬歲通天二年曰武進，神龍元年復故名。萬全，中下。本尙安，至德二年更名。鉗川。中下。

集州符陽郡，下。武德元年，析梁州之難江，巴州之符陽、長池、白石置。土貢：蠟燭、藥子。戶四千三百五十三，口二萬五千七百二十六。縣三。難江，上。武德元年析置平桑縣，貞觀元年省，二年復置，六年省，又省長池縣入焉。大牟，下。武德二年徙靜州治狄平，更狄平曰地平。十七年廢靜州，以大牟、清化隸巴州，地平來屬。永泰元年以大牟隸集州，更地平曰通平，寶曆元年省。嘉川。下。本隸利州，貞觀二年隸靜州，州廢，還隸利州，永泰元年來屬。

壁州始寧郡，下。武德八年析巴州之始寧縣地置。土貢：紬、綿、馬策。戶萬三千三百六十八，口五萬四千七百五十七。縣五。通江，上。本諾水，隸萬州。武德中省，八年又析巴州之始寧復置，天寶元年更名。廣納，中。武德三年析始寧、歸仁置，寶曆元年省，大中初復置。符陽，中。本隸清化郡，武德元年隸集州，八年來屬，貞觀八年復隸集州，長安三年來屬，景雲二年又隸集州，永泰元年來屬。白石，中。本隸清化郡，武德元年隸集州，八年來屬。東巴。中。本太平，開元二十三年置，天寶元年更名。

巴州清化郡，中。土貢：麩金、綿、紬、貲布、花油、橙、石蜜。戶三萬二百一十，口九萬一千五十七。縣九。化城，上。盤道，中下。寶曆元年省入恩陽，長慶中復置。清化，上。武德元年置靜州，又析置大牟、狄平二縣。曾口，中。歸仁，中。始寧，中。其章，中。寶曆元年省，大中元年復置。恩陽，中。貞觀十七年省，萬歲通天元年復置。七盤。上。久視元年置。

蓬州蓬山郡，下。本咸安郡，武德元年，以巴州之安固、伏虞，隆州之儀隴、大寅，渠州之宕渠、咸安置，開元二十九年徙治大寅，至德二載更郡名。土貢：綿、紬。戶萬五千五百七十六，口五萬三千三百五十三。縣七。蓬池，中。本大寅，廣德元年更名，後省，開成元年復置。良山，中。本安固，天寶元年更名，寶曆元年省入蓬池，大中中復置。儀隴，中。武德三年以縣置方州。八年州廢，還隸蓬州。伏虞，中。宕渠，中下。寶曆元年省入蓬山，大中中復置。蓬山，上。本咸安，至德二載更名。朗池。中。武德四年析果州之相如縣置，隸果州，寶應元年來屬。寶曆元年省，開成二年復置。

通州通川郡，上。土貢：紬、綿、蜜、蠟、麝香、楓香、白藥實。戶四萬七百四十三，口十一萬八百四。縣九。通川，上。武德二年置思來縣，貞觀元年省入焉。永穆，上。本隸巴州。武德二年以永穆及歸仁置萬州，又置諸水、廣納、太平、恆豐四縣，七年省諸水。貞觀元年州廢，以歸仁還隸巴州，廣納隸壁州，省太平、恆豐入永穆，來屬。三岡，中。寶曆元年省，大中五年復置。石鼓，中。寶曆元年省，大中元年復置。東鄉，中。武德三年置南石州，又置下蒲、昌樂二縣。八年州廢，省昌樂入石鼓，下蒲入東鄉，來屬。宣漢，中下。武德元年置南井州，并析置東關縣。貞觀元年州廢，省東關，以宣漢來屬。有鹽，有金。新寧，中下。武德二年析通川置。大和三年隸開州，四年來屬。巴渠，中。永泰元年析石鼓置，大和三年隸開州，四年來屬。閬英，中。天寶九載置。

開州盛山郡，下。本萬世郡，義寧二年，析巴東郡之盛山、新浦，通川郡之萬世、西流置，天寶元年更名。土貢：白紵布、柑、茱萸實。戶五千六百六十，口三萬四百二十一。縣三。開江，上。本盛山，貞觀元年省西流縣入焉，廣德元年更名。新浦，中下。萬歲。中下。本萬世，貞觀二十三年更名，寶曆元年省，尋復置。有鹽。東南五里有靈洞，貞元九年雷雨震開。

閬州閬中郡，上。本隆州巴西郡，先天二年避玄宗名更州名，天寶元年更郡名。土貢：蓮綾、綿、絹、紬、穀。戶二萬九千五百八十八，口十三萬二千一百九十二。縣九。閬中，緊。本閬內，武德元年更名，是年析置思恭縣，七年省。有靈山。有鹽。晉安，中。本晉城，武德中避隱太子名更。南部，上。有鹽。蒼溪，中下。有雲臺山、紫陽山。西水，中下。奉國，上。武德七年隸西平州，貞觀元年州廢，還隸隆州。新井，中。武德元年析南部、晉安置。有鹽。新政，中。本新城，武德四年析南部、相如置，避隱太子名更。有鹽。岐坪。中。本隸利州，開元二十三年來屬，寶曆元年省入奉國、蒼溪，天復中，王建表置。

果州南充郡，中。武德四年析隆州之南充、相如置，大曆六年更名充州，十年復故名。土貢：絹、絲布。戶三萬三千六百四，口八萬九千二百二十五。縣五。南充，上。有鹽。相如，中。有鹽。流溪，中。開耀元年析南充置。西充，上。武德四年析南充置。有鹽。岳池。中。萬歲通天二年析南充、相如置。有龍扶速山。

渠州潾山郡，下。本宕渠郡，天寶元年更名。土貢：紬、綿、藥實、買子本實。戶九千九百五十七，口二萬六千五百二十四。縣三。流江，上。武德元年析置義興縣，別置賨城縣，八年皆省。渠江，中。本賨城，武德元年曰始安，又析置豐樂縣，八年省。天寶元年更名。潾山。中下。武德元年析潾水置，以縣置潾州，并置鹽泉縣及渠州之潾水、墊江以隸之。三年以潾水來屬。八年州廢，以墊江隸忠州，潾山來屬。久視元年分蓬州之宕渠置大竹縣，隸蓬州。至德二載來屬。寶曆元年省潾水、大竹入潾山。有鐵。

右西道採訪使，治梁州。

隴右道，蓋古雍、梁二州之境，漢天水、武都、隴西、金城、武威、張掖、酒泉、燉煌等郡，總爲鶉首分。爲州十九，都護府二，縣六十。其名山：秦嶺、隴坻、鳥鼠同穴、朱圉、西傾、積石、合黎、崆峒、三危。其大川：河、洮、弱、羌、休屠之澤。厥賦：布、麻。厥貢：金屑、礪石、鳥獸、革角。自祿山之亂，河右暨西平、武都、合川、懷道等郡皆沒于吐蕃，寶應元年又陷秦、渭、洮、臨，廣德元年復陷河、蘭、岷、廓，貞元三年陷安西、北廷，隴右州縣盡矣。大中後，吐蕃微弱，秦、武二州漸復故地，置官守。五年，張義潮以瓜、沙、伊、肅、鄯、甘、河、西、蘭、岷、廓十一州來歸，而宣、懿德微，不暇疆理，惟名存有司而已。

秦州天水郡，中都督府。本治上邽，開元二十二年以地震徙治成紀之敬親川，天寶元年還治上邽，大中三年復徙治成紀。土貢：龍鬚席、芎藭。戶二萬四千八百二十七，口十萬九千七百四十。縣六。有府六，曰成紀、脩德、清德、清水、三度、長川。成紀，上。有銀，有銅，有鐵。上邽，上。有嶓冢山。伏羌，中。本冀城。武德二年更名，是年，以伏羌及渭州之隴西置伏州，八年州廢，縣還故屬。九年析置鹽泉縣，貞觀元年更名夷賓，三年省。有石臼山、朱圉山。隴城，下。武德二年以縣置文州，八年州廢，來屬。貞觀三年置長川縣，六年省入焉。有銀。清水，下。武德四年以縣置邽州，六年州廢來屬。又有秦嶺縣，貞觀十七年省。大中二年先收復，權隸鳳翔府，三年來屬。東五十里有大震關。有銀。長道。中下。本隸成州，天寶末廢，咸通十三年復置，來屬。有鹽。

河州安昌郡〔五〕，下。本枹罕郡，天寶元年更名。土貢：麝香。戶五千七百八十二，口三萬六千八十六。縣三。西百八十里有鎮西軍，開元二十六年置。西八十里索恭川有天成軍，西百餘里鵰窠城有振威軍，皆天寶十三載置。西南四十里有平夷守捉城。枹罕，中下。有可藍關。大夏，中下。貞觀元年省入枹罕，五年復置。鳳林。中下。本烏州，貞觀七年置，十一年州廢，更置安昌縣，來屬，天寶元年更名。北有鳳林關，有積石山。

渭州隴西郡，中都督府。土貢：龍鬚席、麝香、秦艽。戶六千四百二十五，口二萬四千五百二十。縣四。有府四，曰渭源、平樂、臨源、萬年。襄武，上。隴西，上。鄣，下。天授二年曰武陽，神龍元年復故名。南二里有鹽井。渭源。上。高宗上元二年更名首陽，於渭源故縣別置渭源縣。儀鳳三年省首陽入渭源。有鳥鼠同穴山，一名青雀山。

鄯州西平郡，下都督府。土貢：牸犀角。戶五千三百八十九，口二萬七千一十九。縣三。星宿川西有安人軍。西北三百五十里有威戎軍。西南二百五十里有綏和守捉城。南百八十里有合川守捉城。湟水，中。龍支，中。肅宗上元二年，州沒吐蕃，以龍支、鄯城隸河州。鄯城。中。儀鳳三年置。有土樓山。有河源軍，西六十里有臨蕃城，又西六十里有白水軍、綏戎城，又西南六十里有定戎城。又南隔澗七里有天威軍，軍故石堡城，開元十七年置，初曰振武軍，二十九年沒吐蕃，天寶八載克之，更名。又西二十里至赤嶺，其西吐蕃，有開元中分界碑。自振武經尉遲川、苦拔海、王孝傑米栅，九十里至莫離驛。又經公主佛堂、大非川二百八十里至那錄驛，吐渾界也。又經暖泉、烈謨海，四百四十里渡黃河，又四百七十里至衆龍驛。又渡西月河，二百一十里至多彌國西界。又經犛牛河度藤橋，百里至列驛。又經食堂、吐蕃村、截支橋，兩石南北相當，又經截支川，四百四十里至婆驛。乃度大月河羅橋，經潭池、魚池，五百三十里至悉諾羅驛。又經乞量寧水橋，又經大速水橋，三百二十里至鶻莽驛，唐使入蕃，公主每使人迎勞于此。又經鶻莽峽十餘里，兩山相崟，上有小橋，三瀑水注如瀉缶，其下如煙霧，百里至野馬驛。經吐蕃墾田，又經樂橋湯，四百里至閤川驛。又經恕諶海，百三十里至蛤不爛驛，旁有三羅骨山，積雪不消。又六十里至突錄濟驛，唐使至，贊普每遣使慰勞于此。又經柳谷莽布支莊，有溫湯，涌高二丈，氣如煙雲，可以熟米。又經湯羅葉遺山及贊普祭神所，二百五十里至農歌驛。邏些在東南，距農歌二百里，唐使至，吐蕃宰相每遣使迎候于此。又經鹽池、暖泉、江布靈河，百一十里渡姜濟河，經吐蕃墾田，二百六十里至卒歌驛。乃渡臧河，經佛堂，百八十里至勃令驛鴻臚館，至贊普牙帳，其西南拔布海。

蘭州金城郡，下。以皋蘭山名州。土貢：麩金、麝香、鼶鼠。戶二千八百八十九，口萬四千二百二十六。縣二。有府二，曰金城、廣武。又有榆林軍。五泉，下。咸亨二年更名金城，天寶元年復故名。北有金城關。金城。下。本廣武縣，乾元二年更名。

臨州狄道郡，下都督府。天寶三載析金城郡之狄道縣置。縣二。有臨洮軍，久視元年置，寶應元年沒吐蕃。狄道，下。長樂。下。本安樂，天寶後置，乾元後更名。

階州武都郡，下。本武州，因沒吐蕃，廢，大曆二年復置爲行州，咸通中始得故地，龍紀初遣使招葺之，景福元年更名，治皋蘭鎮。土貢：麝香、蜜、蠟燭、山雞尾、羚羊角。戶二千九百二十三，口萬五千三百一十三。縣三。將利，中下。州又領建威縣，貞觀元年省入焉。福津，中下。

本覆津，景福元年更名。盤隄。中下。沒蕃後不復置。

洮州臨洮郡，下。本治美相，貞觀八年徙治臨潭。開元十七年州廢，以縣隸岷州，二十年復置，更名臨州，二十七年復故名。土貢：甘草、麝香。戶二千七百，口萬五千六十。縣一。有府一，曰安西。有莫門軍，儀鳳二年置。西八十里磨禪川有神策軍，天寶十三載置。臨潭。中。本美相。貞觀四年徙治洪和城，以故地置旭州。五年又置臨潭縣。八年州廢，以臨潭來屬，徙州來治，遷于洮陽城。十二年省博陵縣，天寶中省美相縣，皆入臨潭。西百六十里有廣恩鎮。有西傾山。

岷州和政郡，下。義寧二年析臨洮郡之臨洮、和政置。土貢：龍鬚席、甘草。戶四千三百二十五，口二萬三千四百四十一。縣三。有府三，曰祐川、臨洮、和政。溢樂，中下。本臨洮，義寧二年更名，貞觀二年析置當夷縣，神龍元年省。有岷山。西有崆峒山。祐川，中下。本基城，義寧二年置，先天元年更名。和政。中。有闊博山。

廓州寧塞郡，下。本澆河郡，天寶元年更名。土貢：麩金、酥、大黃、戎鹽、麝香。戶四千二百六十一，口二萬四千四百。縣三。西有寧邊軍，本寧塞軍。西八十里宛秀城有威勝軍。西南百四十里洪濟橋有金天軍，其東南八十里百谷城有武寧軍。南二百里黑峽川有曜武軍。皆天寶十三載置。廣威，下。本化隆，先天元年曰化成，天寶元年又更名。達化，下。西有積石軍，本靜邊鎮，儀鳳二年爲軍。東有黃沙戍。米川。下。貞觀五年置，又以縣置米州，十年州廢，隸河州。永徽六年來屬。

疊州合川郡，下。武德二年析洮州之合川、樂川、疊川置。土貢：麝香。戶千二百七十五，口七千六百七十四。縣二。有府一，曰長利。合川，下。武德五年以党項戶置安化、和同二縣，尋省。貞觀二年省樂川、疊川入焉。有涓礱山。常芬。下。武德元年以縣置芳州，幷置丹嶺縣。四年以丹嶺隸洮州。貞觀二年置恆香縣，僑治恆香戍，復以丹嶺隸芳州。高宗上元二年陷吐蕃，神龍元年州廢，省丹嶺、恆香，以常芬來屬。

宕州懷道郡，下。本宕昌郡，天寶元年更名。土貢：麩金、散金、麝香。戶千一百九十，口七千一百九十九。縣二。有府二，曰同歸、常吉。懷道，下。貞觀三年省和戎縣入焉。西百八十三里有蘇董戍。有同均山。良恭。下。貞觀元年以成州之潭水來屬，後省入焉。

涼州武威郡，中都督府。土貢：白麦〔六〕、龍鬚席、毯、野馬革、芎藭。戶二萬二千四百六十二，口十二萬二百八十一。縣五。有府六，曰明威、洪池、番禾、武安、麗水、姑臧。又有赤水軍，本赤烏鎭，有赤青泉，因名之，幅員五千一百八十里，軍之最大也。西二百里有大斗軍，本赤水守捉，開元十六年爲軍，因大斗拔谷爲名。東南二百里有烏城守捉。南二百里有張掖守捉。西二百里有交城守捉。西北五百里有白亭軍，本白亭守捉，天寶十四載爲軍。姑臧，中下。北百八十里有明威戍。西北百六十里有武安戍。有武興鹽池、黛眉鹽池。神烏，下。武德三年置，貞觀元年省，總章元年復置，曰武威，神龍元年復故名。昌松，中。東北百五十里有白山戍。天寶，中下。本番禾，咸亨元年以縣置雄州，調露元年州廢，來屬，天寶三載以山出醴泉，更名。有通化鎭。有焉支山。嘉麟。神龍二年於故漢鸞鳥縣城置，景龍元年省，先天二年復置。

沙州燉煌郡，下都督府。本瓜州，武德五年曰西沙州，貞觀七年曰沙州。土貢：碁子、黃礬、石膏。戶四千二百六十五，口萬六千二百五十。縣二。有府三，曰龍勒、効穀、懸泉。有豆盧軍神龍元年置。燉煌，下。東四十七里有鹽池。有三危山。壽昌。下。武德二年析燉煌置，永徽元年省，乾封二年復置，開元二十六年又省，後復置，治漢龍勒城。西有陽關，西北有玉門關。有雲雨山。

瓜州晉昌郡，下都督府。武德五年析沙州之常樂置。土貢：野馬革、緊鞓、草豉、黃礬、絳礬、胡桐律。戶四百七十七，口四千九百八十七。縣二。有府一，曰大黃。西北千里有墨離軍。晉昌，中下。本常樂，武德四年更名。東北有合河鎭，又百二十里有百帳守捉，又東百五十里有豹文山守捉，又七里至寧寇軍，與甘州路合。常樂。中下。武德五年別置。有拔河帝山。

甘州張掖郡，下。土貢：麝香，野馬革，冬柰，枸杞實、葉。戶六千二百八十四，口二萬二千九十二。縣二。西北百九十里祁連山北有建康軍，證聖元年，王孝傑以甘、肅二州相距回遠，置軍。西百二十里有蓼泉守捉城。張掖，上。有祁連山、合黎山。北九百里有鹽池。西有鞏笓驛。删丹。中下。北渡張掖河，西北行出合黎山峽口，傍河東壖屈曲東北行千里，有寧寇軍，故同城守捉也，天寶二載爲軍。軍東北有居延海，又北三百里有花門山堡，又東北千里至迴鶻衙帳。

肅州酒泉郡，下。武德二年析甘州之福祿、瓜州之玉門置。土貢：麩金、野馬革、蓯蓉、柏脈根。戶二千二百三十，口八千四百七十六。縣三。有酒泉、威遠二守捉城。酒泉，中下。本福祿，唐初更名。西十五里有興聖皇帝陵，七十里有洞庭山，出金。有崑崙山。福祿，下。武德二年別置。東南百二十里有祁連戍。東北八十里有鹽池。玉門。中下。貞觀元年省，後復置。開元中沒吐蕃，因其地置玉門軍。天寶十四載廢軍爲縣。北有獨登山，出鹽，以充貢。有神雨山。

伊州伊吾郡，下。本西伊州，貞觀六年更名。土貢：香棗、陰牙角、胡桐律。戶二千四百六十七，口萬一百五十七。縣三。西北三百里甘露川有伊吾軍，景龍四年置。伊吾，下。貞觀四年置，并置柔遠縣，神功元年省入焉。在大磧外，南去玉門關八百里，東去陽關二千七百三十里。有折羅漫山，亦曰天山。南二里有鹹池海。納職，下。貞觀四年以鄯善故城置，開元六年省，十五年復置。南六十里有陸鹽池。自縣西經獨泉、東華、西華駝泉，渡茨萁水，過神泉，三百九十里有羅護守捉；又西南經達匪草堆，百九十里至赤亭守捉，與伊西路合。別自羅護守捉西北上乏驢嶺，百二十里至赤谷；又出谷口，經長泉、龍泉，百八十里有獨山守捉；又經蒲類，百六十里至北庭都護府。柔遠。下。

西州交河郡，中都督府。貞觀十四年平高昌，以其地置。開元中曰金山都督府。天寶元年爲郡。土貢：絲、氎布、氈、刺蜜、蒲萄五物酒漿煎皺乾。戶萬九千一十六，口四萬九千四百七十六。縣五。有天山軍，開元二年置。自州西南有南平、安昌兩城，百二十里至天山西南入谷，經礌石磧，二百二十里至銀山磧，又四十里至焉耆界呂光館。又經盤石百里，有張三城守捉。又西南百四十五里經新城館，渡淡河，至焉耆鎮城。前庭，下。本高昌，寶應元年更名。柳中，下。交河，中下。自縣北八十里有龍泉館，又北入谷百三十里，經柳谷，渡金沙嶺，百六十里，經石會漢戍，至北庭都護府城。蒲昌，中。本隸庭州，後來屬。西有七屯城〔七〕、弩支城，有石城鎮、播仙鎮。天山。下。有天山。

北庭大都護府，本庭州，貞觀十四年平高昌，以西突厥泥伏沙鉢羅葉護阿史那賀魯部落置，并置蒲昌縣，尋廢，顯慶三年復置，長安二年爲北庭都護府。土貢：陰牙角、速霍角、阿魏截根。戶二千二百二十六，口九千九百六十四。縣四。有瀚海軍，本燭龍軍，長安二年置，三年更名，開元中蓋嘉運增築。西七百里有清海軍，本清海鎮，天寶中爲軍。南有神山鎮。自庭州西延城西六十里有沙鉢城守捉，又有馮洛守捉，又八十里有耶勒城守捉，又八十里有俱六城守捉，又百里至輪臺縣，又百五十里有張堡城守捉，又渡里移得建河，七十里有烏宰守捉，又渡白楊河，七十里有清鎮軍城，又渡葉葉河，七十里有葉河守捉，又渡黑水，七十里有黑水守捉，又七十里有東林守捉，又七十里有西林守捉。又經黃草泊、大漠、小磧，渡石漆河，踰車嶺，至弓月城。過思渾川、蟄失蜜城，渡伊麗河，一名帝帝河，至碎葉界。又西行千里至碎葉城，水皆北流入磧及入夷播海。金滿，下。輪臺，下。有靜塞軍，大曆六年置。後庭，下。本蒲類，隸西州，後來屬，寶應元年更名〔八〕。有蒲類、郝遮、鹹泉三鎮，特羅堡。西海。下。寶應元年置。

安西大都護府，初治西州。顯慶二年平賀魯，析其地置濛池、崑陵二都護府，分種落列置州縣，西盡波斯國，皆隸安西，又徙治高昌故地。三年徙治龜茲都督府，而故府復爲西州。咸亨元年，吐蕃陷都護府。長壽二年收復安西四鎮。至德元載更名鎮西。後復爲安西。土貢：硇砂、緋氈、偏桃人。吐蕃既侵河、隴，惟李元忠守北庭，郭昕守安西，與沙陀、迴紇相依，吐蕃攻之久不下。建中二年，元忠、昕遣使間道入奏，詔各以爲大都護，並爲節度。貞元三年，吐蕃攻沙陀、迴紇，北庭、安西無援，遂陷。有保大軍，屯碎葉城。于闐東界有蘭城、坎城二守捉城。西有葱嶺守捉城，有胡弩、固城、吉良三鎮。東有且末鎮。西南有皮山鎮。焉耆西有于術、楡林、龍泉、東夷僻、西夷僻、赤岸六守捉城。

右隴右採訪使，治鄯州。

校勘記

〔一〕二年省顯岡　按省顯岡，舊書卷三九地理志在貞觀三年，寰宇記卷一四二在貞觀二年。此處「二年」上當脫「貞觀」二字。

〔二〕省平晉縣　「縣」，各本原作「州」。按上文云「武德四年置平晉縣」，則六年所省當是平晉縣。舊書卷三九地理志、寰宇記卷一四二並謂武德六年「省平晉入穰縣」。據改。

〔三〕又領淉陽縣　「淉」，衲、十行、汲本同，殿、局本及舊書卷三九地理志、寰宇記卷一四二作「深」，隋書卷三〇地理志作「課」。

〔四〕金州漢陰郡　「陰」，舊書卷三九地理志、寰宇記卷一四一作「南」。

〔五〕河州安昌郡　「昌」，舊書卷四〇地理志、通典卷一七四、寰宇記卷一五四均作「鄉」。

〔六〕白芆　「芆」，衲、十行、汲、局本同，殿本作「綾」。按通典卷六、元和志卷四〇，涼州貢有「白麥」，無「白芆」。「芆」疑爲「麥」之訛。

〔七〕西有七屯城　樓蘭鄯善問題（載輔仁學誌三卷二期）據敦煌所得沙州圖經，謂「七屯城」乃「古屯城」之訛。

〔八〕後庭下本蒲類隸西州後來屬寶應元年更名　寰宇記卷一五六云：後庭縣「即車師後王庭之地，唐貞觀十四年置爲金滿縣，貞元中改爲後庭縣」。高昌城鎭與唐代蒲昌（中央亞細亞一卷一期）謂唐人多誤「金滿」爲「金蒲」，如元和志卷四〇、後漢書卷四九耿恭傳李賢注。又云本書襲元和志之誤，「始由金滿訛爲金蒲，復因蒲昌、蒲類首一字同，又誤以金蒲爲蒲昌。庭州既有蒲昌，於是不得不將蒲類位置在西州。終以與事實不符，乃以蒲類本隸西州，後屬庭州，蒲昌本隸庭州，後屬西州，而自圓其說」。

唐書卷四十一

志第三十一

地理五

淮南道，蓋古揚州之域，漢九江、廬江、江夏等郡，廣陵、六安國及南陽、汝南、臨淮之境。揚、楚、滁、和、廬、壽、舒爲星紀分，安、黃、申、光、蘄爲鶉尾分。爲州十二，縣五十三。其名山：灊、天柱、羅、塗、八公。其大川：滁、肥、巢湖。厥賦：絁、絹、綿、布。厥貢：絲、布、紵、葛。

揚州廣陵郡，大都督府。本南兗州江都郡，武德七年曰邗州，以邗溝爲名，九年更置揚州，天寶元年更郡名。土貢：金、銀、銅器、青銅鏡、綿、蕃客袍錦、被錦、半臂錦、獨窠綾、殿額莞席、水兕甲、黃稑米、烏節米、魚臍、魚鮬、糖蟹、蜜薑、藕、鐵精、空青、白芒、兔絲、蛇粟、括蔞粉。有丹楊監、廣陵監錢官二。戶七萬七千一百五，口四十六萬七千八百五十七。縣七。有府四，曰江平、新林、方山、邗江。江都，望。東十一里有雷塘，貞觀十八年，長史李襲譽引渠，又築勾城塘，以溉田八百頃。有愛敬陂水門，貞元四年，節度使杜亞自江都西循蜀岡之右，引陂趨城隅以通漕，溉夾陂田。寶曆二年，漕渠淺，輸不及期，鹽鐵使王播自七里港引渠東注官河，以便漕運。有銅。江陽，望。貞觀十八年析江都置。有康令祠，咸通中大旱，令以身禱雨赴水死，天即大雨，民為立祠。六合，緊。武德七年析置石梁縣，以石梁、六合二縣置方州。貞觀元年州廢，省石梁，以六合來屬。有銅，有鐵。海陵，望。武德三年更名吳陵，以縣置吳州。七年州廢，復故名，來屬。景龍二年析置海安縣，開元十年省。有鹽官。高郵，上。有隄塘，溉田數千頃，元和中，節度使李吉甫築。揚子，望。永淳元年析江都置。天長，望。本千秋，天寶元年析江都、六合、高郵置，七載更名。有銅。

楚州淮陰郡，緊。本江都郡之山陽、安宜縣地，臧君相據之，號東楚州。武德四年，君相降，因之，八年更名。土貢：貲布、紵布。戶二萬六千六十二，口十五萬三千。縣四。山陽，上。有常豐堰，大曆中，黜陟使李承置以溉田。鹽城，上。本故漢鹽瀆縣地。隋末，盜韋徹據其地，置射州及射陽、安樂、新安三縣。武德四年來歸，因之。七年州廢，省射陽、安樂、新安，置鹽城縣。有鹽亭百二十三，有監。寶應，望。本安宜。武德四年以縣置倉州，七年州廢，來屬。上元三年以獲定國寶更名。西南八十里有白水塘、羨塘，證聖中開，置屯田。西南四十里有徐州涇、青州涇，西南五十里有大府涇，長慶中興白水塘屯田，發青、徐、揚州之民以鑿之，大府即揚州。北四里有竹子涇，亦長慶中開。淮陰，中。武德七年省，乾封二年析山陽復置。南九十五里有棠梨涇，長慶二年開。

滁州永陽郡，上。武德三年析揚州置。土貢：貲布、絲布、紵、練、麻。有銅坑二。戶一萬六千四百八十六，口十五萬二千三百七十四。縣三。清流，上。全椒，緊。永陽。上。景龍三年析清流置。

和州歷陽郡，上。土貢：紵布。戶二萬四千七百九十四，口十二萬二千一十三。縣三。有府一，曰新川。歷陽，上。有齊應山，本白石山，有棲隱山，本梅山，皆天寶六載更名。烏江，上。東南二里有韋游溝，引江至郭十五里，溉田五百頃，開元中，丞韋尹開，貞元十六年，令游重彥又治之，民享其利，以姓名溝。含山。上。武德六年析歷陽之故龍亢縣地置，八年省，長安四年復置，更名武壽，神龍元年復故名。

壽州壽春郡，中都督府。本淮南郡，天寶元年更名。土貢：絲布、絁、茶、生石斛。戶三萬五千五百八十一，口十八萬七千五百八十七。縣五。壽春，上。有八公山。安豐，緊。武德七年省小黃、肥陵二縣入焉。東北十里有永樂渠，溉高原田，廣德二年，宰相元載置，大曆十三年廢。盛唐，上。本霍山。武德四年以霍山、應城、灊城三縣置霍州。貞觀元年州廢，省應城、灊城，以霍山來屬。神功元年曰武昌，神龍元年復故名，開元二十七年更名。有開化縣，武德四年置，有潛縣，五年置，貞觀中皆省。霍丘，緊。武德四年以松滋、霍丘二縣置蓼州，七年州廢，省松滋，以霍丘來屬。神功元年曰武昌〔一〕。景雲元年復故名。霍山。上。天寶初析盛唐別置。有大別山、霍山。

廬州廬江郡，上。土貢：花紗、交梭絲布、茶、蠟、酥、鹿脯、生石斛。戶四萬三千三百二十三，口二十萬五千三百九十六。縣五。合肥，緊。愼，緊。巢，上。本襄安。武德三年置巢州，并析置開成、扶陽二縣。七年州廢，省開成、扶陽，以巢來屬。東南四十里有故東關。廬江，緊。有擂山、白茅山。有銅。舒城。上。開元二十三年析合肥、廬江置。

舒州同安郡，上。至德二載更名盛唐郡，後復故名。土貢：紵布、酒器、鐵器、石斛、蠟。戶三萬五千三百五十三，口十八萬六千三百九十八。縣五。懷寧，上。武德五年析置皖城、安樂、梅城、皖陽四縣，是年省安樂，七年省皖城、梅城、皖陽。有皖山。宿松，上。武德四年以縣置嚴州，七年以望江隸之，八年州廢，縣皆來屬。有嚴恭山。望江，中。武德四年以縣置高州，尋更名智州。七年州廢，以望江隸嚴州。太湖，上。武德四年析置青城、荆陽二縣，七年省青城入荆陽，八年省荆陽入太湖。桐城。緊。本同安，至德二載更名。自開元中徙治山城，地多猛虎、毒虺，元和八年，令韓震焚薙草木，其害遂除。

光州弋陽郡，上。本治光山，太極元年徙治定城。土貢：葛布、石斛。戶三萬一千四百七十三，口十九萬八千五百八十。縣五。定城，上。武德三年置弦州，貞觀元年州廢，來屬。光山，上。南有木陵故關。西南八里有雨施陂，永徽四年，刺史裴大覺積水以溉田百餘頃。仙居，上。本樂安。武德三年析置宋安縣，以宋安置谷州。貞觀元年州廢，省宋安。天寶元年更名。殷城，中。武德元年置義州，貞觀元年州廢，來屬。西有定城故關。固始。上。

蘄州蘄春郡，上。土貢：白紵，簟，鹿毛筆，茶，白花蛇、烏蛇脯。戶二萬六千八百九，口十八萬六千八百四十九。縣四。蘄春，上。武德四年省蘄水縣入焉。有鼓吹山。黃梅，上。武德四年置，以縣置南晉州，析置義豐、長吉、塘陽、新蔡四縣。八年州廢，省義豐、長吉、塘陽、新蔡，以黃梅來屬。廣濟，中。本永寧，武德四年析蘄春置，天寶元年更名。有鐵。蘄水。上。本浠水。武德四年更名蘭溪，省羅田縣入焉。天寶元年又更名。有鐵。

安州安陸郡，中都督府。土貢：青紵布、糟筍瓜。戶二萬二千二百二十一，口十七萬一千二百二。縣六。有府一，曰義安。安陸，上。雲夢，中。有神山。孝昌，中。武德四年以縣置澴州，并置澴陽縣。八年州廢，省澴陽，以孝昌來屬。寶應二年隸沔州，後復來屬。元和三年省入雲夢。咸通中復置。應城，中。本應陽，武德四年更名。元和三年省入雲夢，大和二年復置。天祐二年復曰應陽。吉陽，中。元和三年省入應山，後復置。有白兆山。應山。中。武德四年以縣置應州，并析置禮山縣。八年州廢，省禮山，以應山來屬。有故黃峴、武陽、百鴈、平靖四關。

黃州齊安郡，下。本永安郡，天寶元年更名。土貢：白紵布、貲布、連翹、松蘿、䗪蟲。戶萬五千五百一十二，口九萬六千三百六十八。縣三。黃岡，上。武德三年省木蘭縣入焉；又析置堡城縣，七年省。有木蘭山。黃陂，中。武德三年以縣置南司州，七年州廢，來屬。北有大活關，有白沙關。麻城。中。武德三年以縣置亭州，又析置陽城縣。八年州廢，省陽城，以麻城來屬。元和三年省入黃岡，建中三年復置。西北有木陵關，在木陵山上。東北有陰山關。

申州義陽郡，中。土貢：緋葛、紵布、貲布、茶、䗪蟲。戶二萬五千八百六十四，口十四萬七千七百五十六。縣三。義陽，上。南有故平靖關。鍾山，上。羅山。上。武德四年以縣置南羅州，八年州廢，來屬。

右淮南採訪使，治揚州。

江南道，蓋古揚州南境，漢丹楊、會稽、豫章、廬江、零陵、桂陽等郡，長沙國及牂柯、江夏、南郡地。潤、昇、常、蘇、湖、杭、睦、越、明、衢、處、婺、温、台、宣、歙、池、洪、江、饒、虔、吉、袁、信、撫、福、建、泉、汀、漳爲星紀分，岳、鄂、潭、衡、永、道、郴、邵、黔、辰、錦、施、敍、獎、夷、播、思、費、南、溪、溱爲鶉尾分。爲州五十一，縣二百四十七。其名山：衡、廬、茅、蔣、天目、天台、會稽、四明、括蒼、縉雲、金華、大庾、武夷。其大川：湘、灨、沅、澧、浙江、洞庭、彭蠡、太湖。厥賦：麻、紵。厥貢：金、銀、紗、綾、蕉、葛、綿、練、鮫革、藤紙、丹沙。

潤州丹楊郡，望。武德三年以江都郡之延陵縣地置，取潤浦爲州名。土貢：衫羅，水紋、方紋、魚口、繡葉、花紋等綾，火麻布，竹根、黃粟，伏牛山銅器，鱘，鮓。戶十萬二千二十三，口六十六萬二千七百六。縣四。有丹楊軍，乾元二年置，元和二年廢。丹徒，望。本延陵縣地，武德三年置。開元二十二年，刺史齊澣以州北隔江，舟行繞瓜步，回遠六十里，多風濤，乃於京口埭下直趨渡江二十里，開伊婁河二十五里，渡揚子，立埭，歲利百億，舟不漂溺。有勾驪山。丹楊，望。本曲阿。武德二年以縣置雲州。五年曰簡州，以縣南有簡瀆取名。八年州廢，來屬。天寶元年更名。有練塘，周八十里，永泰中，刺史韋損因廢塘復置，以溉丹楊、金壇、延陵之田，民刻石頌之。金壇，緊。本曲阿縣地。隋末，土人保聚，因爲金山縣。隋亡，沈法興又置琅邪縣，李子通以琅邪置茅州，以金山隸之。賊平，因之，後隸蔣州。武德八年省入延陵。垂拱四年復置，來屬，更名。東南三十里有南、北謝塘，武德二年，刺史謝元超因故塘復置以溉田。延陵。緊。故治丹徒，武德三年別置，隸茅州，後隸蔣州，九年來屬。有茅山。

昇州江寧郡，至德二載以潤州之江寧縣置，上元二年廢，光啓三年復以上元、句容、溧水、溧陽四縣置。土貢：筆、甘棠。縣四。有江寧軍，乾元二年置。有石頭鎮兵。有下蜀、淮山二戍。上元，望。本江寧，隸潤州。武德三年以江寧、溧水二縣置揚州，析置丹楊、溧陽、安業三縣，更江寧曰歸化。七年平輔公祏，更名蔣州。八年，復爲揚州，又以延陵、句容隸之，省安業入歸化，更歸化曰金陵。九年州廢，都督徙治江都，更名金陵曰白下，以白下、延陵、句容隸潤州，丹楊、溧水、溧陽隸宣州。貞觀九年更白下曰江寧，肅宗上元二年又更名。有銅，有鐵。有蔣山。句容，望。武德三年以句容、延陵二縣置茅州，七年州廢，隸蔣州，九年隸潤州。乾元元年來屬。西南三十里有絳巖湖，麟德中，令楊延嘉因梁故隄置，後廢，大曆十二年，令王昕復置，周百里爲塘，立二斗門以節旱暵，開田萬頃。絳巖，故赤山，天寶中更名。有銅，有礬。溧水，上。乾元元年隸昇州，州廢，還隸宣州。有銅。溧陽。緊。上元元年隸昇州，州廢，還隸宣州。有湖山。有銅，有鐵。

常州晉陵郡，望。本毗陵郡，天寶元年更名。土貢：紬、絹、布、紵、紅紫綿巾、緊紗、兔褐、皂布、大小香秔、龍鳳席、紫筍茶、署預。戶十萬二千六百三十三，口六十九萬六百七十三。縣五。晉陵，望。武德三年以故蘭陵縣地置，貞觀八年省入晉陵，垂拱二年復置。西四十里有孟瀆，引江水南注通漕，溉田四千頃，元和八年，刺史孟簡因故渠開。江陰，望。武德三年以縣置暨州，并析置暨陽、利城二縣。九年州廢，省暨陽、利城，以江陰來屬。義興，緊。武德七年以縣置南興州，并析置臨津、陽羨二縣。八年州廢，省陽羨、臨津，以義興來屬。有張公山。無錫，望。南五里有泰伯瀆，東連蠡湖，亦元和八年孟簡所開。

蘇州吳郡，雄。土貢：絲葛，絲綿，八蠶絲，緋綾，布，白角簟，草席，鞵，大小香秔、柑、橘、藕、鯔皮、魬、鯖、鴨胞、肚魚、魚子、白石脂、蛇粟。戶七萬六千四百二十一，口六十三萬二千六百五十。縣七。有長洲軍，乾元二年置，大曆十二年廢。吳，望。有包山。有銅。長洲，望。萬歲通天元年析吳置。嘉興，望。武德七年置，八年省入吳，貞觀八年復置。有鹽官。崑山，望。常熟，緊。海鹽，緊。貞觀元年省，景雲二年復置。有古涇三百一，長慶中令李諤開，以禦水旱。又西北六十里有漢塘，大和七年開。有故縣山。華亭。上。天寶十載析嘉興置。

湖州吳興郡，上。武德四年，以吳郡之烏程縣置。土貢：御服、烏眼綾〔三〕、折皂布、綿紬、布、紵、糯米、黃糙、紫筍茶、木瓜、杬子、乳柑、蜜、金沙泉。戶七萬三千三百六，口四十七萬七千六百九十八。縣五。烏程，望。東百二十三里有官池，元和中刺史范傳正開。東南二十五里有陵波塘，寶曆中刺史崔玄亮開。北二里有蒲帆塘，刺史楊漢公開，開而得蒲帆，因名。有卞山。有太湖，占湖、宣、常、蘇四州境。武康，上。李子通置安州，又曰武州。武德四年平子通，因之，七年州廢，縣隸湖州。有封山。有銅。長城，望。大業末沈法興置長州。武德四年更置綏州，因古綏安縣名之，又更名雉州，并置原鄉縣。七年州廢，省原鄉，以長城來屬。有西湖，溉田三千頃，其後堙廢，貞元十三年，刺史于頔復之，人賴其利。顧山有茶，以供貢。有銅。安吉，緊。義寧二年沈法興置。武德四年賊平，因之，以縣隸桃州。七年，省入長城。麟德元年復置。北三十里有邸閣池，北十七里有石鼓堰，引天目山水溉田百頃，皆聖曆初令鉗耳知命置。有銅，有錫。德清。上。本武源，天授二年析武康置，景雲二年曰臨溪，天寶元年更名。

杭州餘杭郡，上。土貢：白編綾、緋綾、藤紙、木瓜、橘、蜜薑、乾薑、芑、牛膝。有臨平監、新亭監鹽官二。戶八萬六千二百五十八，口五十八萬五千九百六十三。縣八。有餘杭軍，乾元二年置。有鎮海軍，建中二年置于潤州，元和六年廢，大和九年復置，景福二年徙屯。又有烏山戍。錢塘，望。南五里有沙河塘，咸通二年刺史崔彥曾開。有臯亭山。鹽官，緊。武德四年隸東武州，七年省入錢塘，貞觀四年復置。有鹽官。有捍海塘隄，長百二十四里，開元元年重築。餘杭，望。南五里有上湖，西二里有下湖，寶曆中，令歸珧因漢令陳渾故迹置。北三里有北湖，亦珧所開，溉田千餘頃。珧又築甬道，通西北大路，高廣徑直百餘里，行旅無山水之患。有銅。富陽，緊。北十四里有陽陂湖，貞觀十二年令郝某開。南六十步有堤，登封元年令李濬時築，東自海，西至于莧浦，以捍水患。貞元七年，令鄭早又增脩之。王洲有橘，以供貢。於潛，緊。武德七年以縣置潛州，并置臨水縣。八年州廢，省臨水，以於潛來屬。南三十里有紫溪水溉田，貞元十八年令杜泳開，又鑿渠三十里，以通舟檝。有天目山。臨安，緊。垂拱四年析餘杭、於潛地以故臨水城置。有石鏡山。新城，上。武德七年省入富陽，永淳元年復置。北五里有官塘，堰水溉田，有九澳，永淳元年開。唐山，中。垂拱二年析於潛置紫溪縣。萬歲通天元年曰武隆，其年復爲紫溪，又析紫溪別置武隆縣。聖曆三年省武隆入紫溪，長安四年復置。神龍元年更武隆爲唐山。大曆二年皆省。長慶初復置唐山。

睦州新定郡，上。本遂安郡，治雉山。武德七年曰東睦州，八年復舊名。萬歲通天二年徙治建德。天寶元年更郡名。土貢：文綾、簟、白石英、銀花、細茶。有銅坑二。戶五萬四千九百六十一，口三十八萬二千五百六十三。縣六。有三河戍。建德，上。武德四年置，七年省入桐廬、雉山。永淳二年復置。有銅。青溪〔三〕，上。本雉山，文明元年曰新安，開元二十年曰還淳，永貞元年更名。壽昌，上。永昌元年析雉山置，載初元年省，神龍元年復置。桐廬，緊。武德四年以桐廬、分水、建德置嚴州。七年州廢，以桐廬來屬。分水，上。武德七年省入桐廬，如意元年復置，更名武盛，神龍元年復故名。寶應二年析置昭德縣，大曆六年省。遂安。上。石英山有白石英，以供貢。有銅。

越州會稽郡，中都督府。土貢：寶花、花紋等羅，白編、交梭、十樣花紋等綾，輕容、生縠、花紗，吳絹，丹沙，石蜜，橘，葛粉，瓷器，紙，筆。有蘭亭監鹽官。戶九萬二百七十九，口五十二萬九千五百八十九。縣七。有府一，曰浦陽。有義勝軍、靜海軍，寶應元年置。大曆二年廢靜海軍，元和六年廢義勝軍。中和二年復置義勝軍，乾寧三年曰鎮東。會稽，望。有南鎮會稽山，有祠。東北四十里有防海塘，自上虞江抵山陰百餘里，以畜水溉田，開元十年令李俊之增脩，大曆十年觀察使皇甫溫、大和六年令李左次又增脩之。有錫。山陰，緊。武德七年析會稽置，八年省，垂拱二年復置，大曆二年省，七年復置，元和七年省，十年復置。北三十里有越王山堰，貞元元年，觀察使皇甫政鑿山以畜洩水利，又東北二十里作朱儲斗門。北五里有新河，西北十里有運道塘，皆元和十年觀察使孟簡開。西北四十六里有新逕斗門，大和七年觀察使陸亘置。有鐵。諸暨，望。有銀冶。東二里有湖塘，天寶中令郭密之築，溉田二十餘頃。餘姚，緊。武德四年析故句章縣置，以縣置姚州，七年州廢，來屬。有風山、四明山。剡，望。武德四年以縣置嵊州，并析置剡城縣，八年州廢，省剡城，以剡來屬。蕭山，緊。本永興，儀鳳二年置，天寶元年更名。上虞。上。貞元中析會稽置。西北二十七里有任嶼湖，寶曆二年令金堯恭置，溉田二百頃。北二十里有黎湖，亦堯恭所置。

明州餘姚郡，上。開元二十六年，採訪使齊澣奏以越州之鄮縣置，以境有四明山爲名。土貢：吳綾、交梭綾、海味、署預、附子。戶四萬二千二百七，口二十萬七千三十二。縣四。鄮，上。武德四年析故句章縣置鄞州，八年州廢，更置鄮縣，隸越州。開元二十六年析置翁山縣，大曆六年省。有鹽。南二里有小江湖，溉田八百頃，開元中令王元緯置，民立祠祀之。東二十五里有西湖，溉田五百頃，天寶二年令陸南金開廣之。西十二里有廣德湖，溉田四百頃，貞元九年，刺史任侗因故迹增脩。西南四十里有仲夏堰，溉田數千頃，大和六年刺史于季友築。奉化，上。開元二十六年析鄮置。有銅。慈溪，上。開元二十六年析鄮置。象山。中。本隸台州，神龍元年析寧海及鄮置，廣德二年來屬。

衢州信安郡，上。武德四年析婺州之信安縣置，六年沒輔公祏，因廢州，垂拱二年析婺州之信安、龍丘、常山復置。土貢：綿紙、竹扇。戶六萬八千四百七十二，口四十四萬四百一十一。縣四。西安，望。本信安，武德四年析置定陽縣，六年省，咸通中更信安曰西安。東五十五里有神塘，開元五年，因風雷摧山，偃澗成塘，溉田二百頃。有銀。龍丘，緊。本太末，武德四年置，以縣置穀州，幷置白石縣，八年州廢，省太末、白石入信安。貞觀八年析信安、金華復置，更名龍丘，隸婺州。如意元年析置盈川縣。證聖二年置武安縣，後省武安。元和七年省盈川入信安。有岑山。須江，上。武德四年析信安置，八年省，永昌元年復置。常山。上。咸亨五年析信安置，隸婺州，垂拱二年來屬，乾元元年隸信州，後復故。

處州縉雲郡，上。本括州永嘉郡，天寶元年更郡名，大曆十四年更州名。土貢：綿、蠟、黃連。戶四萬二千九百三十六，口二十五萬八千二百四十八。縣六。麗水，上。本括蒼，武德八年省麗水縣入焉，大曆十四年更名。有銅，出豫章、孝義二山。東十里有惡溪，多水怪，宣宗時刺史段成式有善政，水怪潛去，民謂之好溪。有括蒼山。松陽，上。武德中以縣置松州，八年州廢，來屬。有銀，出馬鞍山。縉雲，上。聖曆元年析括蒼及婺州之永康置。有縉雲山。青田，中。景雲二年析括蒼置。遂昌，上。武德八年省入松陽，景雲二年復置。龍泉。中。乾元二年析遂昌、松陽置。

婺州東陽郡，上。土貢：綿、葛、紵布、藤紙、漆、赤松澗米、香秔、葛粉、黃連。戶十四萬四千八十六，口七十萬七千一百五十二。縣七。金華，望。武德八年省長山縣入焉。垂拱四年曰金山，神龍元年復故名。有百沙山、金華山。有銅。義烏，緊。本烏傷，武德四年以縣置綢州，因綢巖爲名，幷析置華川縣。七年州廢，省華川入烏傷，更名，來屬。永康，望。本縉雲，武德四年置麗州，八年州廢，更名，來屬。東陽，望。垂拱二年析義烏置。有歌山。蘭溪，緊。咸亨五年析金華置。有望雲山、大家山。武成，上。本武義，天授二年析永康置，更名，天祐中復曰武義。浦陽。上。天寶十三載析義烏、蘭溪及杭州之富陽置。

温州永嘉郡，上。高宗上元元年析括州之永嘉、安固置。土貢：布、柑、橘、蔗、蛟革。有永嘉監鹽官。戶四萬二千八百一十四，口二十四萬一千六百九十。縣四。永嘉，上。武德五年以縣置東嘉州，幷析置永寧、安固、橫陽、樂成四縣。貞觀元年州廢，省橫陽、永寧，以永嘉、安固隸括州。安固，上。有銅。橫陽，上。大足元年析安固復置。樂成。上。武德七年省入永嘉，載初元年復置。

台州臨海郡，上。本海州，武德四年以永嘉郡之臨海置。土貢：金漆、乳柑、乾薑、甲香、蛟革、飛生鳥。戶八萬三千八百六十八，口四十八萬九千一十五。縣五。臨海，望。武德四年析置章安縣，八年省。有鐵。唐興，上。本始豐，武德四年析臨海置，八年省，貞觀八年復置，高宗上元二年更名。有土墻山、鼻山、天台山。黃巖，上。本永寧，高宗上元二年析臨海置，天授元年更名。有鐵，有鹽。樂安，上。武德四年析臨海置，八年省，高宗上元二年復置。寧海。上。武德四年析臨海置，七年省入章安，永昌元年復置。有鐵，有鹽。

福州長樂郡，中都督府。本泉州建安郡治，武德六年別置，景雲二年曰閩州，開元十三年更州名，天寶元年更郡名。土貢：蕉布、海蛤、文扇、茶、橄欖。戶三萬四千八十四，口七萬五千八百七十六。縣十。有經略軍，有寧海軍，至德二載置，元和六年廢。閩，望。東五里有海隄，大和二年令李茸築。先是，每六月潮水鹹鹵，禾苗多死，隄成，瀦溪水殖稻，其地三百戶皆良田。候官，緊。武德六年置，八年省，長安二年析閩復置，元和三年省，五年復置。有鹽官。西南七里有洪塘浦，自石岊江而東，經甓瀆至柳橋，以通舟檝；貞元十一年觀察使王翃開。長樂，上。本新寧，武德六年析閩置，尋更名。元和三年省入福唐，五年復置。有鹽。東十里有海隄，大和七年令李茸築，立十斗門以禦潮，旱則瀦水，雨則洩水，遂成良田。福唐，上。本萬安，聖曆二年析長樂置，天寶元年更名。有鐵。連江，上。本溫麻，武德六年析閩置，尋更名。有鹽。東北十八里有材塘，貞觀元年築。長溪，中下。武德六年置，尋省入連江，長安二年復置。有鹽。古田，中下。永泰二年析候官、尤溪置〔四〕。梅溪，中。貞元元年析候官置〔五〕。永泰，中。咸通二年析連江及閩置〔六〕。尤溪，中下。開元二十九年開山洞置。有銀，有銅，有鐵。

建州建安郡，上。武德四年置。土貢：蕉、花練、竹練。戶二萬二千七百七十，口十四萬二千七百七十四。縣五。建安，上。有銀，有銅。邵武，中下。本隸撫州，武德四年析置綏城縣，隸建州，七年以邵武來屬。貞觀三年省綏城入焉。有銅，有鐵。浦城，緊。本吳興，武德四年更名唐興，後廢入建安，載初元年復置，天授二年曰武寧，神龍元年復曰唐興，天寶元年更名。建陽，上。武德四年置，八年省入建安，垂拱四年復置。有武夷山。將樂。中下。武德五年析邵武置，隸撫州，七年省，垂拱四年析邵武及故綏城縣地復置，元和三年省，五年復置。金泉有金。又有銀，有鐵。

泉州清源郡，上。本武榮州，聖曆二年析泉州之南安、莆田、龍溪置，治南安，後治晉江。三年，州廢，縣還隸泉州。久視元年復置。景雲二年更名。土貢：綿、絲、蕉、葛。戶二萬三千八百六，口十六萬二百九十五。縣四。自州正東海行二日至高華嶼，又二日至黿鼊嶼，又一日至流求國。晉江，上。開元八年析南安置。北一里有晉江，開元二十九年，別駕趙頤貞鑿溝通舟檝至城下。東一里有尙書塘，溉田三百餘頃，貞元五年刺史趙昌置，名常稔塘，後昌爲尙書，民思之，因更名。西南一里有天水淮，灌田百八十頃，大和三年刺史趙棨開。有鹽。南安，緊。武德五年以縣置豐州，幷析置莆田縣，貞觀元年州廢，二縣來屬。有鹽，有鐵。莆田，上。武德五年析南安置。西一里有諸泉塘，南五里有瀝嶠塘，西南二里有永豐塘，南二十里有橫塘，東北四十里有頡洋塘，東南二十里有國清塘，溉田總千二百頃，並貞觀中置。北七里有延壽陂，溉田四百餘頃，建中年置。仙遊。中。本清源，聖曆二年析莆田置，天寶元年更名。

汀州臨汀郡，下。開元二十四年開福、撫二州山洞置，治新羅〔七〕，大曆四年徙治白石，皆長汀縣地。土貢：蠟燭。戶四千六百八十，口萬三千七百二。縣三。長汀，中下。有銅，有鐵。寧化，中下。本黃連，天寶元年更名。有銀，有鐵。沙。中下。本隸建州，武德四年置，後省入建安，永徽六年復置，大曆十二年來屬。有銅，有鐵。

漳州漳浦郡，下。垂拱二年析福州西南境置，以南有漳水爲名，并置漳浦、懷恩二縣，初治漳浦，開元四年徙治李澳川，乾元二年徙治龍溪。土貢：甲香、鮫革。戶五千八百四十六，口萬七千九百四十。縣三。龍溪，中下。本隸泉州，後隸武榮州，開元二十九年來屬。龍巖，中下。開元二十四年置，隸汀州，大曆十二年來屬。漳浦。中下。開元二十九年省懷恩縣入焉。有梁山。

右東道採訪使，治蘇州。

宣州宣城郡，望。土貢：銀、銅器、綺、白紵、絲頭紅毯、兔褐、簟、紙、筆、署預、黃連、碌青。有鉛坑一。戶十二萬一千二百四，口八十八萬四千九百八十五。縣八。有采石軍，乾元二年置，元和六年廢。宣城，望。武德三年析置懷安縣，六年省。東十六里有德政陂，引渠溉田二百頃，大曆二年觀察使陳少遊置。有敬亭山。當塗，緊。武德三年以縣置南豫州，八年州廢，來屬。貞觀元年省丹楊縣入焉。乾元元年隸昇州，上元二年復來屬。有神武山。有采石戍。有銅，有鐵。涇，緊。武德三年以縣置南徐州，尋更名猷州，并置南陽、安吳二縣。八年州廢，省南陽、安吳，以涇來屬。廣德，緊。本綏安。武德三年以縣置桃州，并置桐陳、懷德二縣。七年州廢，省桐陳、懷德，以綏安來屬。至德二載更名。有橫山。南陵，望。武德四年隸池州，州廢來屬。後析置義安縣，又廢義安爲銅官冶。利國山有銅，有鐵。鳳凰山有銀。有大農陂，溉田千頃，元和四年，寧國令范某因廢陂置，爲石堰三百步，水所及者六十里。有永豐陂，在青弋江中，咸通五年置。有鵲頭鎭兵。有梅根、宛陵二監錢官。太平，上。

天寶十一載析當塗、涇置，大曆中省，永泰中復置。寧國，緊。武德三年析宣城置，六年省，天寶三載析宣城、當塗復置。有銀。旌德。上。寶應二年析太平置。

歙州新安郡，上。土貢：白紵、簟、紙、黃連。戶三萬八千三百二十，口二十六萬九千一百九。縣六。歙，緊。東南十二里有呂公灘，本車輪灘，湍悍善覆舟，刺史呂季重以俸募工鑿之，遂成安流。有主簿山。休寧，上。永泰元年，盜方清陷州，州民拒賊，保于山險，二年賊平，因析置歸德縣，大曆四年省。黟，上。績溪，中下。本北野，永徽五年析歙置，後更名。有銀，有鉛。婺源，上。開元二十八年析休寧置。祁門。中下。永泰二年平方清，因其壘析黟及饒州之浮梁置。西四十里有武陵嶺，元和中令路旻鑿石爲盤道。西南十三里有閶門灘，善覆舟，旻開斗門以平其隘，號路公溪，後斗門廢。咸通三年，令陳甘節以俸募民穴石積木爲橫梁，因山派渠，餘波入于乾溪，舟行乃安。

池州，上。武德四年以宣州之秋浦、南陵二縣置，貞觀元年州廢，縣還隸宣州，永泰元年復析宣州之秋浦、青陽，饒州之至德置。土貢：紙、鐵。有鉛坑一。縣四。秋浦，緊。有烏石山，廣德初盜陳莊、方清所據。有銀，有銅。青陽，上。天寶元年析涇、南陵、秋浦置。有銅，有銀。至德，中。至德二載析鄱陽、秋浦置，隸鄱陽郡，乾元元年隸饒州。石埭。中。永泰二年析青陽、秋浦置。

洪州豫章郡，上都督府。土貢：葛、絲布、梅煎、乳柑。有銅坑一。戶五萬五千五百三十，口三十五萬三千二百三十一。縣七。有南昌軍，乾元二年置，元和六年廢。南昌，望。本豫章。武德五年析置鍾陵縣，又置南昌縣，以南昌置孫州，八年州廢，又省南昌、鍾陵。寶應元年更豫章曰鍾陵。貞元中又更名。縣南有東湖，元和三年，刺史韋丹開南塘斗門以節江水，開陂塘以溉田。豐城，上。天祐中曰吳皋。高安，望。本建城，武德五年更名，以縣置靖州，又置望蔡、華陽、宜豐、陽樂四縣。七年曰米州，又更名筠州。八年州廢，省華陽、望蔡、宜豐、陽樂，以高安來屬。有米山。建昌，緊。武德五年置南昌州，又析置龍安、永脩、新吳三縣。八年州廢，省永脩、龍安、新吳，以建昌來屬。南一里有捍水隄，會昌六年攝令何易于築。西二里又有隄，咸通三年令孫永築。新吳，上。永淳二年析建昌復置。武寧，上。長安四年析建昌置，景雲元年曰豫寧，寶應元年復故名。分寧。上。貞元十五年析武寧置。

江州潯陽郡，上。本九江郡，天寶元年更名。土貢：葛、紙、碌、生石斛。戶萬九千二十五，口十萬五千七百四十四。縣三。有湖口、湓城二戍。潯陽，緊。本湓城，武德四年更名，又別析置湓城縣，五年析湓城置楚城縣，八年省湓城，貞觀八年省楚城。南有甘棠湖，長慶二年刺史李渤築，立斗門以蓄洩水勢。東有秋水隄，大和三年刺史韋珩築，西有斷洪隄，會昌二年刺史張又新築，以窒水害。有銀，有銅。有廬山。有彭蠡湖，一名宮亭湖。彭澤，上。武德五年置浩州，又析置都昌、樂城二縣。八年州廢，省樂城，以彭澤、都昌隸江州。有銅。都昌。上。南一里有陳令塘，咸通元年令陳可夫築，以阻潦水。

鄂州江夏郡，緊。土貢：銀、碌、貲布。有鳳山監錢官。戶萬九千一百九十，口八萬四千五百六十三。縣七。有武昌軍，元和元年置。江夏，望。有鐵。永興，緊。有銅，有鐵。北有長樂堰，貞元十三年築。武昌，緊。有樊山，有銀，有銅，有鐵。蒲圻，上。唐年，上。天寶二年開山洞置。漢陽，中。本沔州漢陽郡，武德四年以沔陽郡之漢陽、汊川二縣置。寶應二年以安州之孝昌隸之。建中二年州廢，四年復置。元和三年省孝昌。寶曆二年州又廢，二縣來屬。汊川。中。武德四年析漢陽置。

岳州巴陵郡，中。本巴州，武德六年更名。土貢：紵布、鼈甲。戶萬一千七百四十，口五萬二千二百九十八。縣五。巴陵，上。有鐵。有洞庭山，在洞庭湖中。華容，上。垂拱二年更名容城，神龍元年復故名。橘江，中。本沅江，乾寧中更名。湘陰，中下。武德八年省羅縣入焉。昌江。中下。神龍三年析湘陰置。

饒州鄱陽郡，上。土貢：麩金、銀、簟、茶。有永平監錢官。有銅坑三。戶四萬八百九十九，口二十四萬四千三百五十。縣四。鄱陽，上。武德五年析置廣晉縣，隸浩州，八年州廢，省縣入焉。縣東有邵父堤，東北三里有李公堤，建中元年刺史李復築，以捍江水。東北四里有馬塘，北六里有土湖，皆刺史馬植築。餘干，上。武德四年置玉亭、長城二縣，七年省玉亭入長城，八年省長城入餘干。有神山。樂平，上。武德四年置，九年省，後復置。有金，有銀，有銅，有鐵。浮梁。上。本新平，武德四年析鄱陽置，八年省，開元四年復置，曰新昌，天寶元年更名。

虔州南康郡，上。土貢：絲布、紵布、竹練、石蜜、梅、桂子、斑竹。戶三萬七千六百四十七，口二十七萬五千四百一十。縣七。有猪口鎮兵，有百丈戍。灨，上。虔化，上。有梅嶺山。南康，上。有錫。有大庾山。雩都，上。有金，天祐元年置瑞金監。有君山，有殷固山。信豐，上。本南安，永淳元年析南康置，天寶元年更名。大庾，中。神龍元年析南康置。有鉛、錫。有橫浦關。安遠，中。貞元四年析雩都置。有鐵，有錫。

吉州廬陵郡，上。土貢：絲葛、紵布、陟釐、斑竹。戶三萬七千七百五十二，口三十三萬七千三十二。縣五。廬陵，緊。太和，上。武德五年置南平州，并置永新、廣興、東昌三縣。八年州廢，省永新、廣興、東昌入太和，來屬。有王山〔六〕。安福，上。武德五年以縣置潁州，七年州廢，來屬。新淦，上。永新，上。顯慶二年析太和置。

袁州宜春郡，上。土貢：白紵。有銅坑一。戶二萬七千九十三，口十四萬四千九十六。縣三。宜春，上。有宜春泉，醞酒入貢。西南十里有李渠，引仰山水入城，刺史李將順鑿。有鐵。萍鄉，上。新喻。上。本作「渝」，天寶後相承作「喻」。

信州，上。乾元元年析饒州之弋陽，衢州之常山、玉山及建、撫之地置。土貢：葛粉。有玉山監錢官。有銅坑一，鉛坑一。縣四。上饒，緊。武德四年置，隸饒州，七年省入弋陽，乾元元年復置，并置永豐縣，元和七年省永豐入焉。有金，有銅，有鐵，有鉛。弋陽，上。有銀。貴溪，中。永泰元年析弋陽置。玉山。上。證聖二年析常山、須江及弋陽置。有銀。

撫州臨川郡，上。土貢：金絲布、葛、竹箭、朱橘。戶三萬六百五，口十七萬六千三百九十四。縣四。臨川，上。有金，有銀。南城，上。武德五年析置永城、東興二縣，七年省。崇仁，上。武德五年析置宜黃縣，八年省。南豐。上。景雲二年析南城置，先天二年省，開元八年復置。

潭州長沙郡，中都督府。土貢：絲葛、絲布、木瓜。戶三萬二千二百七十二，口十九萬二千六百五十七。縣六。有府一，曰長沙。有淥口、花石二戍。有橋口鎮兵。長沙，望。有金。湘潭，緊。本隸衡州，元和後來屬。有衡山。湘鄉，緊。武德四年析衡山置。益陽，上。武德四年析置新康縣，七年省。永泰元年，都督翟灌自望浮驛開新道，經浮丘至湘鄉。醴陵，中。武德四年析長沙置。有王喬山。瀏陽。中。景龍二年析長沙置。

衡州衡陽郡，上。本衡山郡，天寶元年更名。土貢：麩金、綿紙。戶三萬三千六百八十八，口十九萬九千二百二十八。縣六。有戎分、洞口、平陽三戍。衡陽，緊。本臨烝，武德四年置，七年省重安、新城二縣入焉。開元二十年更名。有西母山。衡山，上。本隸潭州，神龍三年來屬。有南岳衡山祠。常寧，中下。本新寧，天寶元年更名。攸，中。武德四年置南雲州，又析置茶陵、安樂、陰山、新興、建寧五縣。貞觀元年州廢，省茶陵、安樂、陰山、新興、建寧，以攸來屬。茶陵，中。聖曆元年析攸因故縣復置。耒陽。上。本耒陰，武德四年更名。

永州零陵郡，中。土貢：葛、笥、零陵香、石蜜、石鷰。戶二萬七千四百九十四，口十七萬六千一百六十八。縣四。有麻田鎮兵。有雷石、盧洪二戍。零陵，上。祁陽，上。武德四年析零陵置，貞觀元年省，四年復置。有鐵。湘源，上。有金，有鐵。灌陽。中。蕭銑析湘源置，武德七年省，上元二年復置。

道州江華郡，中。本營州，武德四年以零陵郡之營道、永陽二縣置，五年曰南營州，貞觀八年更名，十七年，州廢入永州，上元二年復置。土貢：白紵、零陵香、犀角。戶二萬二千五百五十一，口十三萬九千六十三。縣五。弘道，上。本營道，天寶元年更名。延唐，上。本梁興，蕭銑析營道置，銑平，更名唐興，長壽二年曰武盛，神龍元年復曰唐興，天寶元年又更名。有鐵。江華，中。武德四年析賀州之馮乘縣置，文明元年曰雲漢〔九〕，神龍元年更名。有錫。永明，中。本永陽，貞觀八年省入營道，天授二年復置，天寶元年更名。有銀，有鐵。大曆。中。大曆二年析延唐置。

郴州桂陽郡，上。土貢：赤錢、紵布、絲布。有桂陽監錢官。戶三萬三千一百七十五。縣八。郴，上。有馬嶺山。義章，中下。蕭銑析郴置，武德七年省，八年復置。有銀，有銅，有鉛。平陽，上。資興，上。本晉興，貞觀八年省，咸亨三年復置，更名。高亭，中下。本安陵，開元十三年析郴置，天寶元年更名。義昌，中下。臨武，中下。如意元年曰隆武，神龍元年復故名。藍山。上。本南平，咸亨二年置，天寶元年更名。

邵州邵陽郡，下。本南梁州，武德四年析潭州之邵陽置，并置邵陵、建興二縣，貞觀十年更名。土貢：銀、犀角。戶萬七千七十三，口七萬一千六百四十四。縣二。邵陽，上。武德七年省邵陵縣入焉。有文斤山。武岡。中。本武攸，武德四年更名，七年省建興縣入焉。

右西道採訪使，治洪州。

黔州黔中郡，下都督府。本黔安郡，天寶元年更名。土貢：犀角、光明丹沙、蠟。戶四千二百七十，口二萬四千二百四。縣六。彭水，上。武德元年析置都上、石城二縣，二年又析置盈隆、洪杜、相永、萬資四縣。貞觀四年以相永、萬資置費州，都上置夷州，十年以思州之高富來屬，十一年以高富隸夷州。有鹽。黔江，中下。本石城，天寶元年更名。洪杜，中下。洋水，中下。本盈隆，先天元年曰盈川，天寶元年更名。信寧，中下。本信安，武德二年更名，隸義州，貞觀十一年州廢，來屬。都濡。中下。貞觀二十年析盈隆置。

辰州盧溪郡，中都督府。本沅陵郡，天寶元年更名。土貢：光明丹沙、犀角、黃連、黃牙。戶四千二百四十一，口二萬八千五百五十四。縣五。沅陵，上。盧溪，中下。武德三年析沅陵置。有武山。漵浦，上。武德五年析辰溪置。麻陽，中下。武德三年析沅陵、辰溪置。垂拱四年析置龍門縣，尋省。有丹穴。辰溪。中。

錦州盧陽郡，下。垂拱二年以辰州麻陽縣地及開山洞置。土貢：光明丹砂、犀角。戶二千八百七十二，口萬四千三百七十四。縣五。盧陽，中下。招諭，中下。渭陽，中下。常豐，中下。本萬安，天寶元年更名。洛浦。中下。本隸溪州，天授二年析辰州之大鄉置，長安四年來屬。

施州清化郡，下。本清江郡，天寶元年更名。土貢：麩金、犀角、黃連、蠟、藥實。戶三千七百二，口萬六千四百四十四。縣二。清江，中下。義寧元年置開夷縣，麟德元年省入焉。建始。中下。義寧二年置業州，貞觀八年州廢，來屬。

敍州潭陽郡，下。本巫州，貞觀八年以辰州之龍標縣置，天授二年曰沅州，開元十三年以「沅」「原」聲相近，復爲巫州，大曆五年更名。土貢：麩金、犀角。戶五千三百六十八，口二萬二千七百三十八。縣三。龍標，上。武德七年置，貞觀八年析置夜郎、朗溪、思微三縣，九年省思微。朗溪，中下。潭陽。中下。先天二年析龍標置。

奬州龍溪郡〔10〕，下。本舞州，長安四年以沅州之夜郎、渭溪二縣置，開元十三年以「舞」「武」聲相近，更名鶴州，二十年曰業州，大曆五年又更名。土貢：麩金、犀角、蠟。戶千六百七十二，口七千二百八十四。縣三。峨山，中下。本夜郎，天寶元年更名。渭溪，中下。天授二年析夜郎置。梓薑。中下。本隸充州，天寶三載廢爲羈縻州，以縣來屬。

夷州義泉郡，下。本隋明陽郡地，武德四年以思州之寧夷縣置，貞觀元年州廢，四年復以黔州之都上縣開南蠻置，十一年徙治綏陽。土貢：犀角、蠟燭。戶千二百八十四，口一千一十三。縣五。綏陽，中下。有綏陽山。都上，中下。義泉，中下。本隸明陽郡。武德二年以信安、義泉、綏陽三縣置義州，幷置都牢、洋川二縣，五年曰智州。貞觀四年省都牢。五年，以廢邪州之樂安、宜林、芙蓉、琊川四縣隸之，後又領廢夷州之綏養。十一年曰牢州，徙治義泉。十六年州廢，省綏養、樂安、宜林，以綏陽、義泉、洋川來屬，芙蓉、琊川隸播州。洋川，中下。寧夷。中下。武德四年，析置夜郎、神泉、豐樂、綏養、雞翁、伏遠、明陽、高富、思義、丹川、宜慈、慈岳十二縣。六年省雞翁。及州廢，省夜郎、神泉、豐樂，以寧夷、伏遠、明陽、高富、思義、丹川隸務州，宜慈、慈岳隸涪州〔二〕，綏養隸智州。貞觀六年復置雞翁縣，來屬。十一年又以高富來屬。永徽後省雞翁、高富。開元二十五年復以寧夷來屬。

播州播川郡，下。本郎州，貞觀九年以隋牂柯郡之牂柯縣置，十一年廢，十三年復置，更名。土貢：斑竹。戶四百九十，口二千一百六十八。縣三。遵義，中下。本恭水，貞觀元年以牂柯地置，并置高山、貢山、柯盈、邪施、釋蔫五縣。及郎州廢，縣亦省。十三年復置州，亦復置縣。十四年，更恭水曰羅蒙，高山曰舍月，貢山曰湖江〔三〕，柯盈曰帶水，邪施曰羅爲，釋蔫曰胡刀。十六年更羅蒙曰遵義。顯慶五年省舍月、湖江、羅爲。芙蓉，中下。貞觀五年置，隸邘州，十一年并琊川，隸牢州。開元二十六年省琊川、胡刀入焉。帶水。中下。

思州寧夷郡，下。本務州，武德四年以隋巴東郡之務川、扶陽置，貞觀四年更名。土貢：蠟。戶千五百九十九，口萬二千二十一。縣三。務川，中下。武德元年置。貞觀元年，以廢夷州之寧夷、伏遠、思義、明陽、高富、丹川及廢思州之丹陽、城樂、感化、思王、多田隸務州，尋省思義、明陽、丹川，二年省丹陽，八年省感化，十年以高富隸黔州，十一年省伏遠。思王，中下。武德三年置。思邛。中下。開元四年開生獠置。

費州涪川郡，下。貞觀四年析思州之涪川、扶陽，開南蠻置。土貢：蠟。戶四百二十九，口二千六百九。縣四。涪川，中下。武德四年析務川置。貞觀四年以黔州之相永、萬資隸費州，十一年省。扶陽，中下。多田，中下。武德四年置，隸思州，貞觀元年隸務州，八年來屬。城樂。中下。武德四年招慰生獠置，隸思州，貞觀元年隸務州，八年來屬。

南州南川郡，下。武德二年開南蠻置，三年更名僰州，四年復故名。土貢：班布。戶四百四十三，口二千四十三。縣二。南川，中下。本隆陽，武德二年置，幷置扶化、隆巫、丹溪、靈水四縣。貞觀十一年省扶化、隆巫、靈水。先天元年更隆陽曰南川〔三〕。三溪。中下。貞觀五年置，七年又置當山、嵐山、歸德、汶溪四縣，八年皆省。

溪州靈溪郡，下。天授二年析辰州置。土貢：丹沙、犀角、茶牙。戶二千一百八十四，口萬五千二百八十二。縣二。大鄉，上。三亭。中下。貞觀九年析大鄉置。有大酉山。

溱州溱溪郡，下。貞觀十六年開山洞置。土貢：文龜、斑布、丹沙。戶八百七十九，口五千四十五。縣五。榮懿，中下。貞觀十六年置，幷置扶歡、樂來二縣。咸亨元年省樂來。扶歡，中下。夜郎，中下。貞觀十六年開山洞置珍州，幷置夜郎、麗皐、樂源三縣，後爲夜郎郡。元和三年州廢，縣皆來屬。麗皐，中下。樂源。中下。

右黔中採訪使，治黔州。

校勘記

〔一〕神功元年曰武昌　按上文盛唐下云「神功元年曰武昌」，與舊書卷四〇地理志、唐會要卷七一合。霍丘不應於同年亦改名武昌，疑有衍誤。

〔二〕鳥眼綾　「鳥」，十行、汲、殿、局本均作「烏」，衲本作「鳥」。

〔三〕青溪　「青」，舊書卷四〇地理志、元和志卷二五、唐會要卷七一、寰宇記卷九五均作「清」。

〔四〕古田中下永泰二年析候官尤溪置　舊書卷四〇地理志、元和志卷二九、寰宇記卷一〇〇均作「開元二十九年開山洞置」。

〔五〕梅溪中貞元元年析候官置　寰宇記卷一〇〇閩清縣云：「唐貞觀元年割候官一十里爲梅溪場，至梁乾化元年改爲縣。」按元和志卷二九福州領縣無梅溪，似以寰宇記說爲是。

〔六〕永泰中咸通二年析連江及閩置　寰宇記卷一〇〇永泰縣云：「圖經：唐永泰二年置，以年號爲縣名。」舊書卷四〇地理志、元和志卷二九略同。此疑誤。

〔七〕新羅　「新」，寰宇記卷一〇二作「雜羅」，謂「天寶元年改爲龍巖」。元和志卷二九龍巖縣亦云天寶元年由雜羅改名。

〔八〕王山　『王』，各本原作「玉」，寰宇記卷一〇九作「王」，謂「昔王子喬曾控鶴於此山，因以『王』爲名」。據改。

〔九〕文明元年曰雲漢　「漢」，舊書卷四〇地理志作「溪」，唐會要卷七一作「谿」。

〔一〇〕獎州龍溪郡　「溪」，元和志卷三〇、寰宇記卷一二二同，通典卷一八三、舊書卷四〇地理志作「標」。

〔一一〕涪州　「涪」，舊書卷四〇地理志、寰宇記卷一二一夷州敍作「溪」。

〔一二〕貢山曰湖江　「湖」，舊書卷四〇地理志、元和志卷三〇、寰宇記卷一二一均作「胡」。

〔一三〕先天元年更隆陽曰南川　「隆」，各本原作「龍」，舊書卷四〇地理志、元和志卷三〇、寰宇記卷一二二均作「隆」，本卷上文亦作「隆」。據改。

唐書卷四十二

志第三十二

地理六

劍南道，蓋古梁州之域，漢蜀郡、廣漢、犍爲、越巂、益州、牂柯、巴郡之地，總爲鶉首分。爲府一，都護府一，州三十八，縣百八十九。其名山：岷、峨、青城、鶴鳴。其大川：江、涪、雒、西漢。厥賦：絹、綿、葛、紵。厥貢：金、布、絲、葛、羅、綾、綿紬、羚角、犛尾。

成都府蜀郡，赤。至德二載曰南京，爲府，上元元年罷京。土貢：錦、單絲羅、高杼布、麻、蔗糖、梅煎、生春酒。戶十六萬九百五十，口九十二萬八千一百九十九。縣十。有府三，曰威遠、歸德、二江。有天征軍，本天威，乾元二年置，元和三年更名。成都，次赤。有江瀆祠。北十八里有萬歲池，天寶中，長史章仇兼瓊築隄，積水溉田。南百步有官源渠隄百餘里，天寶二載，令獨孤戒盈築。華陽，次赤。本蜀，貞觀十七年析成都置，乾元元年更名。新都，次畿。武德二年置。有繁陽山。犀浦，次畿。垂拱二年析成都置。新繁，次畿。雙流，次畿。廣都，次畿。龍朔二年析雙流置。郫，次畿。温江，次畿。本萬春，武德三年置，貞觀元年更名。有新源水，開元二十三年，長史章仇兼瓊因蜀王秀故渠開，通漕西山竹木。靈池。次畿。本東陽，久視元年置，天寶元年更名。

彭州濛陽郡，緊。垂拱二年析益州置。土貢：段羅、交梭。戶五萬五千九百二十二，口三十五萬七千三百八十七。縣四。有府二，曰天水、唐興。有威戎軍。有羊灌田、朋笮、繩橋三守捉城。有七盤、安遠、龍溪三城。有當風戍。有靜塞關。九隴，望。武德三年以九隴、綿竹、導江置濛州。貞觀二年州廢，縣皆來屬。武后時，長史劉易從決唐昌沲江，鑿川派流，合堋口埌歧水溉九隴、唐昌田，民爲立祠。有葛璝山、濛沅山、陽平山。導江，望。本盤龍，武德元年以故汶山置，尋更名。貞觀中曰灌寧，開元中復爲導江。有侍郎堰，其東百丈堰，引江水以溉彭、益田，龍朔中築。又有小堰，長安初築。西有蠶崖關；有岷山、玉壘山。有鎮靜軍，開元中置。有白沙守捉城。有木瓜戍、三奇戍。唐昌，望。儀鳳二年析九隴、導江、郫置。長壽二年曰周昌，神龍元年復故名。濛陽。緊。儀鳳二年析九隴、什邡、雒置。

蜀州唐安郡，緊。垂拱二年析益州置。土貢：錦、單絲羅、花紗、紅藍、馬策。戶五萬六千五百七十七，口三十九萬六百九十四。縣四。有府三，曰金堰、廣逢、灌口。有鎮靜軍，乾符二年，節度使高駢置。晉原，望。有天倉山。青城，望。「青」故作「清」，開元十八年更。有青城山。唐安，望。本唐隆，武德元年置。長壽二年曰武隆，神龍元年復爲唐隆，先天元年更名。新津。望。西南二里有遠濟堰〔一〕，分四筒穿渠，溉眉州通義、彭山之田，開元二十八年，採訪使章仇兼瓊開。有稠稉山、本竹山、天社山、主簿山。有鐵。

漢州德陽郡，上。垂拱二年析益州置。土貢：交梭，雙紃，彌牟、紵布，衫段，綾，紅藍，蜀馬。戶六萬九千五，口三十萬八千二百三。縣五。有府一，曰玉津。有威勝軍。雒，望。貞元末，刺史盧士瑝立隄堰，溉田四百餘頃。德陽，緊。武德三年析雒置。有鹿頭關。什邡，望。武德二年析雒置。有李冰祠山。綿竹，緊。有庚除山、萬安山、鹿堂山。金堂，上。咸亨二年析雒、新都置。有昌利山。

嘉州犍爲郡，中。本眉山郡，天寶元年更名。土貢：麩金、紫葛、麝香。戶三萬四千二百八十九，口九萬九千五百九十一。縣八。有犍爲、沐源、寺莊、牛徑、銅山、曲灘、陁和、平戎、依名、利雲、溶川、羅護、柘林、大池、雞心、龍溪、賴泥、可陽、婆籠、馬鞍、始塈、峨眉等二十二鎮兵。龍遊，緊。平羌，中下。有鐵。有鹽。峨眉，上。有金，有鐵。夾江，上。有鐵。玉津，中。綏山，中。久視元年析置樂都縣，尋省。有綏山。羅目，中。麟德二年開生獠置，以縣置沐州。高宗上元三年州廢，縣亦省，儀鳳三年復置，來屬。有峨眉山。犍爲。中。本隸戎州，高宗上元元年來屬。

眉州通義郡，上。武德二年析嘉州置。土貢：麩金、柑、石蜜、葛粉。戶四萬三千五百二十九，口十七萬五千二百五十六。縣五。通義，緊。彭山，緊。本隆山，隸陵州。貞觀元年省入通義，二年復置，來屬。先天元年更名。有通濟大堰一，小堰十，自新津邛江口引渠南下，百二十里至州西南入江，溉田千六百頃，開元中，益州長史章仇兼瓊開。有鹽。有彭女山。丹稜，上。有龍鵠山。洪雅，上。武德元年以縣置犍州，五年省南安入焉。貞觀元年州廢，來屬。開元七年置義州，并以獠戶置南安、平鄉二縣。八年州廢，省二縣，以洪雅來屬。青神。上。大和中，榮夷人張武等百餘家請田于青神，鑿山釃渠，漑田二百餘頃。

邛州臨邛郡，上。武德元年析雅州置，顯慶二年徙治臨邛。土貢：葛、絲布、酒杓。戶四萬二千一百七，口十九萬三百二十七。縣七。有府一，曰興化。有鎮南軍，寶應元年置。臨邛，緊。有銅，有鐵。依政，上。安仁，上。武德三年析臨邛、依政置。貞觀十七年省，咸亨元年復置。大邑，上。咸亨二年析益州之晉原置。有鶴鳴山〔三〕。蒲江，中下。有鹽。大和四年以蒲江、臨溪隸嶲州，後皆復來屬。臨溪，中下。有鐵。火井。中下。有鎮兵。有鹽。

簡州陽安郡，下。武德三年析益州置。土貢：麩金、葛、綿紬、柑。戶二萬三千六十六，口十四萬三千一百九。縣三。陽安，上。有銅，有鹽。有柏廟山、玉女靈山。金水，上。本金淵，武德元年更名。有銅。平泉。中。

資州資陽郡，上。本治盤石，咸通六年徙治內江，七年復治盤石。土貢：麩金、柑。戶二萬九千六百三十五，口十萬四千七百七十五。縣八。有安夷軍。盤石，中。有平岡山、崇靈山。有鹽。北七十里有百枝池，周六十里，貞觀六年，將軍薛萬徹決東使流。資陽，上。有鹽。清溪，下。本牛鞞，天寶元年更名。內江，中。有鹽。月山，下。義寧二年置。龍水，中。義寧二年置。有鹽。銀山，下。義寧二年置。丹山。中。貞觀四年置，六年省入內江，七年復置。

嶲州越嶲郡，中都督府。本治越嶲，至德二載沒吐蕃，貞元十三年收復。大和五年爲蠻寇所破，六年徙治臺登。土貢：蜀馬、絲布、花布、麩金、麝香、刀靶。戶四萬七百二十一，口十七萬五千二百八十。縣九。有清溪關，大和中，節度使李德裕徙于中城。西南有昆明軍，其西有寧遠軍，有新安、三阜、沙野、蘇祁、保塞、羅山、西瀘、蛇勇、遏戎九城。自清溪關南經大定城百一十里至達仕城，西南經菁口百二十里至永安城，城當滇、笮要衝。又南經水口西南度木瓜嶺二百二十里至臺登城。又九十里至蘇祁縣，又南八十里至嶲州。又經沙野二百六十里至羌浪驛。又經陽蓬嶺百餘里至俄準添館。陽蓬嶺北嶲州境，其南南詔境。又經菁口、會川四百三十里至河子鎮城，又三十里渡瀘水，又五百四十里至姚州，又南九十里至外沴蕩館。又百里至佉龍驛，與戎州往羊苴咩城路合。貞元十四年，內侍劉希昂使南詔由此。臺登，中。武德元年隸登州，貞觀二年來屬。有九子山。越嶲，中。邛部，中。蘇祁，中。西瀘，中。本可〔三〕，天寶元年更名。昆明，中。武德二年置。有鹽，有鐵。和集，中。貞觀八年置。昌明，中。貞觀二十二年開松外蠻，置牢州及松外、尋聲、林開三縣。永徽三年州廢，省三縣入昌明。會川。中。本邛都，高宗上元二年徙于會川，因更名。有瀘津關。

雅州盧山郡，下都督府。本臨邛郡，天寶元年更名。土貢：麩金、茶、石菖蒲、落鴈木。戶萬八百九十二，口五萬四千一十九。縣五。有和川、始陽、靈關、安國四鎮兵。又有晏山、邊臨、統塞、集重、伐謀、制勝、龍游、尼陽八城。嚴道，中。唐初，以州境析置濛陽、長松、靈關、陽啓、嘉良、火利六縣，武德六年皆省。盧山，中。儀鳳二年置大渡縣，長安二年省。有靈關。有鹽，有銅。名山，中下。有雞棟關。百丈，中。貞觀八年置。榮經。中下。武德三年置。有邛崍山，有關。有銅。有金湯軍，乾符二年置；并置靜寇軍，故延貢地也。

黎州洪源郡，下都督府。大足元年以雅州之漢源、飛越，巂州之陽山置。神龍三年州廢，縣還故屬。開元四年復置。土貢：升麻、椒、麝香、牛黃。戶千七百三十一，口七千六百七十。縣三。有洪源軍。有定蕃、飛越、和孤三鎮兵。又有武侯、廓清、銅山、肅寧、大定、要衝、潘倉、三碉、杖義、瑠璃、和孤十一城。漢源，中。武德元年以漢源、陽山二縣置登州，九年州廢，二縣來屬。貞觀二年隸巂州，永徽三年復故。飛越，中。儀鳳二年析漢源置；并置大渡縣，隸雅州，長安二年省。神龍中隸雅州，開元三年還屬。通望。中下。本陽山，隸登州，武德元年析臺登置。州廢，隸雅州，貞觀二年來屬。天寶元年更名。

茂州通化郡，下都督府。本汶山郡，武德元年曰會州，四年曰南會州，貞觀八年更州名，天寶元年更郡名。土貢：麩金、丹砂、麝香、狐尾、羌活、當歸、乾酪。戶二千五百一十，口萬三千二百四十二。縣四。有威戎軍。汶山，中。有龍泉山、岷山。汶川，中下。有古桃關。石泉，中下。貞觀八年置，永徽二年省北川縣入焉。有石紐山。通化。中下。

翼州臨翼郡，下。武德元年析會州之左封、翼針置。咸亨三年僑治悉州之悉唐，上元二年還治翼針。土貢：犛牛尾、麝香、白蜜。戶七百一十一，口三千六百一十八。縣三。有峨和、白岸、都護、祚鼎四城。有合江、穀堆、三谷三守捉城。有隴東、益登、清溪、禦蕃、吉超五鎮兵。衛山，中下。本翼針，天寶元年更名。翼水，下。峨和。下。

維州維川郡，下。武德七年以白狗羌戶於姜維故城置，并置金川、定廉二縣。貞觀元年以羌叛州廢，縣亦省，二年復置。麟德二年自羈縻州爲正州，儀鳳二年以羌叛，復降爲羈縻州，垂拱三年復爲正州。廣德元年沒吐蕃，大和五年收復，尋棄其地。大中三年首領以州內附。土貢：麝香、氂牛尾、羌活、當歸。戶二千一百四十二，口三千一百九十八。縣三。有通化軍。有乾溪、白望、暗桶、赤鼓溪、石梯、達節、鵶口、質臺、駱它九守捉城。西山南路有通耳、瓜平、乾溪、侏儒、箭上、谷口六守捉城。又有苻堅城。有寧塞、姜維二鎮兵。薛城，中下。貞觀二年置，又析置鹽溪縣，永徽元年省入定廉。有鹽。通化，中下。本小封，咸亨二年以生羌戶於故金川縣地置，後更名。歸化。下。

戎州南溪郡，中都督府。本犍爲郡，治南溪，貞觀中徙治僰道。天寶元年更名。長慶中復治南溪。土貢：葛纖、荔枝煎。戶四千三百五十九，口萬六千三百七十五。縣五。有石門、龍騰、和戎、馬湖、移風、伊祿、義賓、可封、泥溪、開邊、平寇十一鎮兵。有奮戎城，乾符二年置。南溪，中。有平蓋山。僰道，中。義賓，中下。本郁鄢，武德二年省，三年復置。天寶元年更名，又省撫夷縣入焉。開邊，中下。貞觀四年以石門、開邊、朱提三縣置南通州，五年析置鹽泉縣以隸之。八年曰賢州，是年州廢，以石門、朱提、鹽泉置撫夷縣及開邊，隸戎州。自縣南七十里至曲州。又四百八十里至石門鎮，隋開皇五年率益、漢二州兵所開。又經鄧枕山、馬鞍渡二百二十五里至阿傍部落。又經蒙夔山百九十里至阿夔部落。又百八十里至諭官川。又經薄唪川百五十里至界江山下。又經荆溪谷、激涤池三百二十里至湯麻頓。又二百五十里至柘東城。又經安寧井三百九十里至曲水。又經石鼓二百二十里渡石門至佉龍驛。又六十里至雲南城。又八十里至白崖城。又八十里至龍尾城。又四十里至羊苴咩城。貞元十年，詔祠部郎中袁滋與內給事劉貞諒使南詔，由此。歸順。中下。聖曆二年析郁鄢縣地，以生獠戶置。

姚州雲南郡，下。武德四年以漢雲南縣地置。土貢：麩金、麝香。戶三千七百。縣三。有澄川、南江二守捉城。自嶲州南至西瀘，經陽蓬、鹿谷、菁口、會川四百五十里至瀘州。乃南渡瀘水，經褒州、微州三百五十里至姚州。州西距羊苴咩城三百里，東南距安南水陸二千里。姚城，下。故漢弄棟縣地。瀘南，下。本長城，垂拱元年置，天寶初更名。有葱山。長明。下。

松州交川郡，下都督府。武德元年以扶州之嘉誠、會州之交川置，以地產甘松名。廣德元年沒吐蕃，其後松、當、悉、靜、柘、恭、保、眞、霸、乾、維、翼等爲行州，以部落首領世爲刺史、司馬。土貢：蠟、朴硝、麝香、狐尾、當歸、羌活。戶千七十六，口五千七百四十二。縣四。有松當軍，武后時置。嘉誠，下。交川，下。平康，下。本隸當州，垂拱元年析交川及當州之通軌、翼針置。天寶元年隸松州。鹽泉。下。

當州江源郡，下。貞觀二十一年，以羌首領董和那蓬固守松州功，析松州之通軌縣置，以地產當歸名。土貢：麩金、酥、麝香、當歸、羌活。戶二千一百四十六，口六千七百一十三。縣三。通軌，中下。貞觀三年置。利和〔四〕，下。顯慶二年析通軌置。谷和。下。文明元年開生羌置，并置平唐縣，後省。有常舊山。

悉州歸誠郡，下。顯慶元年以當州之左封置，并置悉唐、識臼二縣，治悉唐。咸亨元年徙治左封，儀鳳二年羌叛，僑治當州，俄徙治左封。土貢：麩金、麝香、犛牛尾、當歸、柑。戶八百一十六，口三千九百一十四。縣二。左封，中。本隸會州，武德元年隸翼州，二年省。貞觀四年復置，二十一年隸當州。歸誠。下。垂拱二年析左封置。

靜州靜川郡，下。本南和州，儀鳳元年以悉州之悉唐置，天授二年更名。土貢：麝香、犛牛尾、當歸、羌活。戶千五百七十七，口六千六百六十九。縣三。悉唐，中。靜居，中。清道。下。

柘州蓬山郡，下。顯慶三年開置。土貢：麝香、當歸、羌活。戶四百九十五，口二千一百二十。縣二。柘，下。喬珠。下。

恭州恭化郡，下。開元二十四年以靜州之廣平置。土貢：麝香、當歸、升麻、羌活。戶千一百八十九，口六千二百二十三。縣三。西南有平戎軍。和集，下。本廣平，天寶元年更名。博恭，下。開元二十四年析廣平置。烈山。下。開元二十四年析廣平置。

保州天保郡，下。本奉州雲山郡，開元二十八年以維州之定廉置。天寶八年徙治天保軍，更郡名。廣德元年沒吐蕃，乾元元年，嗣歸誠王董嘉俊以郡來歸，更州名。後又更名古州，其後復爲保州。土貢：麩金、麝香、犛牛尾。戶千二百四十五，口四千五百三十六。縣四。有天保軍。定廉，下。武德七年置，永徽元年省維州之鹽溪縣入焉。歸順，下。天寶八載析定廉置。雲山，下。天寶八載析定廉置。安居。下。

眞州昭德郡，下。天寶五載析臨翼郡置。土貢：麝香、大黃。戶六百七十六，口三千一百四十七。縣四。眞符，中下。天寶五載析雞川、昭德置。雞川，中下。先天元年析翼水縣地開生獠置，本隸悉州，天寶元年隸翼州。昭德，下。本識臼，顯慶元年開生獠置，隸悉州，天寶元年隸翼州。昭遠。中下。

霸州靜戎郡，下。天寶元年招附生羌置。戶五百七十一，口千八百六十一。縣四。安信，下。牙利，中。保寧，中。歸化。中。

乾州，下。大曆三年開西山置。縣二。招武，下。寧遠。下。

梓州梓潼郡，下。本新城郡，天寶元年更名。土貢：紅綾、絲布、柑、蔗糖、橘皮。戶六萬一千八百二十四，口二十四萬六千六百五十二。縣九。郪，望。有鹽。射洪，上。通泉，緊。大曆二年隸遂州，後復來屬。有鹽，有鐵。玄武，上。本隸益州，武德三年來屬。有鹽。鹽亭，上。有鹽。有負戴山。飛烏，上。有鹽。永泰，中。武德四年，析鹽亭及劍州之黃安、閬州之西水置。有鹽。有女徒山。銅山，中。南有象山，西北私鎔山，皆有銅。貞觀二十三年置鑄錢官，調露元年罷，析郪、飛烏置縣。有會軍堂山。涪城。緊。本隸綿州，大曆十三年來屬。有鹽。

遂州遂寧郡，中都督府。土貢：樗蒲綾、絲布、天門冬。戶三萬五千六百三十二，口十萬七千七百一十六。縣五。有靜戎軍。方義，望。有鹽。長江，中。有鹽。有廣山。蓬溪，中。本唐興，永淳元年析方義置。長壽二年曰武豐，神龍元年復故名。景龍二年析置唐安縣，先天二年省。天寶元年更唐興曰蓬溪。有化鹽池。青石，中。遂寧。中。景龍元年以故廣溪縣地置。

綿州巴西郡，上。本金山郡，天寶元年更名。土貢：鏤金銀器、麩金、輕容、雙紃、綾、錦、白藕、蔗。有橘官。戶六萬五千六十六，口二十六萬三千三百五十二。縣八。巴西，望。南六里有廣濟陂，引渠溉田百餘頃，垂拱四年，長史樊思孝、令夏侯奭因故渠開。有富樂山。有金，有銀，有鐵，有鹽。昌明，緊。本昌隆，武德三年析置顯武、文義二縣。貞觀元年省文義，神龍元年更顯武曰興聖，先天元年更昌隆曰昌明，開元二年省興聖入焉。尋又析巴西、涪城、萬安地復置興聖，二十七年省，地還故屬。有北芒山。有鹽，有鐵。魏城，上。北五里有洛水堰，貞觀六年引安西水入縣，民甚利之。有鐵，有鹽。羅江，中。本萬安，天寶元年更名。北五里有茫江堰，引射水溉田入城，永徽五年，令白大信置。北十四里有楊村堰，引折脚堰水溉田，貞元二十一年，令韋德築。有白馬關。有鹽。神泉，上。北二十里有折脚堰，引水溉田，貞觀元年開。有鐵。鹽泉，中。武德三年析魏城置。有鹽。龍安，上。本金山，武德三年更名。有松嶺關，開元十八年廢。東南二十三里有雲門堰，決茶川水溉田，貞觀元年築。西昌。中。永淳元年以隋益昌縣地置。有鐵。

劍州普安郡，上。本始州，先天二年更名。土貢：麩金、絲布、蘇薰席、葛粉。戶二萬三千五百一十，口十萬四百五十。縣八。普安，上。普城，緊。本黃安，唐末更名。永歸，中下。有停船山。梓潼，上。有亮山、神山。陰平，中。西北二里有利人渠，引馬閣水入縣溉田，龍朔三年，令劉鳳儀開，寶應中廢，後復開，景福二年又廢。有浮滄山。臨津，中上。武連，中。劍門。中下。聖曆二年析普安、永歸、陰平置。

合州巴川郡，中。本涪陵郡，天寶元年更名。土貢：麩金、葛、桃竹箸、雙陸子、書筒、橙、牡丹、藥實。戶六萬六千八百一十四，口七萬七千二百二十。縣六。石鏡，上。有鐵。有銅梁山。新明，中。武德三年析石鏡置。漢初，中。赤水，中。巴川，中。開元二十三年析石鏡、銅梁置。有鐵。銅梁。中。長安三年置。

龍州應靈郡，中都督府。本平武郡西龍州，義寧二年曰龍門郡，又曰西龍門郡，貞觀元年曰龍門州。初爲羈縻，屬茂州，垂拱中爲正州。天寶元年曰江油郡，至德二載更郡名，乾元元年更州名。土貢：麩金、酥、羚羊角、葛粉、厚朴、附子、天雄、側子、烏頭。戶二千九百九十二，口四千二百二十八。縣二。江油，望。貞觀八年省平武縣入焉。有涪水關。清川。中下。本馬盤〔五〕，天寶元年更名。

普州安岳郡，中。武德二年析資州置。土貢：雙紃、葛布、柑、天門冬煎。戶二萬五千六百九十三，口七萬四千六百九十二。縣六。安岳，上。有鹽。安居，中下。大曆二年隸遂州，後復來屬。有鹽。普慈，中。樂至，中。武德三年置。有鹽。普康，中下。本隆康，先天元年更名。有鹽。崇龕。中。本隆龕，武德三年置，先天元年更名。

渝州南平郡，下。本巴郡，天寶元年更名。土貢：葛、藥實。戶六千九百九十五，口二萬七千六百八十五。縣五。巴，中下。有鹽。江津，中下。萬壽，中下。本萬春，武德三年析江津置，五年更名。南平，中下。貞觀四年析巴縣置南平州，并置南平、清谷、周泉、昆川、和山、白溪、瀛山七縣。八年曰霸州，十三年州廢，省清谷、周泉、昆川、和山、白溪、瀛山，以南平來屬。璧山。中下。至德二載析巴、江津、萬壽置。有鹽。

陵州仁壽郡，本隆山郡，天寶元年更名。土貢：麩金、鵝溪絹、細葛、續隨、苦藥。戶三萬四千七百二十八，口十萬一百二十八。縣五。仁壽，望。有鹽。有高城山。貴平，中。有鹽。井研，中。有井鑊山。始建，中下。有鐵。籍。上。永徽四年析貴平置。東五里有漢陽堰，武德初引漢水溉田二百頃，後廢，文明元年，令陳充復置，後又廢。有鹽。

榮州和義郡，中。武德元年析資州置，治公井，六年徙治大牢，永徽二年徙治旭川。土貢：紬、班布、葛、利鐵、柑。戶五千六百三十九，口萬八千二十四。縣六。有威遠軍。旭川，中下。貞觀元年析大牢置。應靈，中下。本大牢，景龍二年省雲州及羅水、雲川、胡連三縣入焉。天寶元年更名。有鹽。公井，中下。武德元年置。有鹽。資官，中下。本隸嘉州，武德六年來屬。有鹽，有鐵。威遠，中下。貞觀元年析置婆日、至如二縣。二年以瀘州之隆越來屬。八年省婆日、至如、隆越入焉。有鹽。和義。中下。本隸瀘州，貞觀八年來屬。

昌州，下都督府。乾元二年析資、瀘、普、合四州之地置，治昌元。大曆六年州、縣廢，其地各還故屬，十年復置。光啓元年徙治大足。土貢：麩金、麝香。縣四。大足，下。本合州巴川地。靜南，中。昌元，上。永川。下。本渝州璧山縣地。有鐵。

瀘州瀘川郡，下都督府。土貢：麩金、利鐵、葛布、班布。戶萬六千五百九十四，口六萬五千七百一十一。縣五。瀘川，中。貞觀八年析置涇南縣，後省。富義，中。本富世，武德九年省來鳳縣入焉。貞觀二十三年更名。江安，中。貞觀元年以夷獠戶置思隸、思逢、施陽三縣。八年省施陽，十三年省思隸、思逢入焉。有鹽。合江，中。綿水。中。

保寧都護府，天寶八載以劍南之索磨川置，領牂柯、吐蕃。

右劍南採訪使，治益州。

校勘記

〔一〕遠濟堰　「遠」，下文眉州彭水縣下作「通」。

〔二〕鶴鳴山　「鶴鳴」，各本原作「鳴鶴」。元和志卷三一、寰宇記卷七五均作「鶴鳴」，本卷總序亦作「鶴鳴」，據改。

〔三〕西瀘中本可　「可」，舊書卷四一地理志、唐會要卷七一同。按隋書卷二九地理志越巂郡有可泉縣。寰宇記卷八〇云巂州武德元年領有可泉縣。元和志卷三二西瀘縣云：「周武帝天和二年於此置本可縣。」楊守敬隋書地理志考證附補遺謂「『本可』蓋『可泉』之誤」。

〔四〕利和　元和志卷三三同。舊書卷四一地理志、通典卷一七六、寰宇記卷八一均作「和利」。

〔五〕馬盤　「馬」，各本原作「烏」。據隋書卷二九地理志、元和志卷三三、寰宇記卷八四改。

唐書卷四十三上

志第三十三上

地理七上

嶺南道，蓋古揚州之南境，漢南海、鬱林、蒼梧、珠崖、儋耳、交趾、合浦、九眞、日南等郡。韶、廣、康、端、封、梧、藤、羅、雷、崖以東爲星紀分，桂、柳、鬱林、富、昭、蒙、龔、繡、容、白、羅而西及安南爲鶉尾分。爲州七十有三，都護府一，縣三百一十四。其名山：黃嶺、靈洲。其大川：桂、鬱。厥賦：蕉、紵、落麻。厥貢：金、銀、孔翠、犀、象、綵藤、竹布。

廣州南海郡，中都督府。土貢：銀、藤簟、竹席、荔支、鼊皮、鼈甲、蚺蛇膽、石斛、沈香、甲香、詹糖香。戶四萬二千二百三十五，口二十二萬一千五百。縣十三。有府二，曰綏南、番禺。有經略軍，屯門鎭兵。南海，上。有南海祠。山峻水深，民不井汲，都督劉巨鱗始鑿井四。有牛鼻鎭兵。有赤岸、紫石二戍。有靈洲山，在鬱水中。番禺，上。增城，中。四會，中。武德五年以四會、化蒙二縣置南綏州，并析置新招、化注、化穆三縣。貞觀元年省新招、化注，以廢威州之懷集、廢齊州之滽安隸之。八年更名湞州。十三年州廢，省化穆，以四會、化蒙、懷集、滽安來屬。化蒙，中。有鉛穴一。懷集，中。武德五年置威州，并析置興平、霍清、威成三縣。貞觀元年州廢，省興平、霍清、威成入懷集。開元二年省永固縣入焉。有驃山，有鐵。滽水，中。本滽安，武德五年置齊州，并析置宜樂、宋昌二縣。貞觀元年州廢，省宜樂、宋昌入滽安。至德二載更名。東莞，中。本寶安，至德二載更名。有鹽。有黃嶺山。清遠，中。武德六年省政賓縣入焉。浛洭，中。武德五年以浛洭、眞陽二縣置洭州，并析置翁源縣。貞觀元年州廢，以翁源隸韶州，浛洭、眞陽來屬。湞陽，中。本眞陽，貞觀元年更名。有鐵。西南有洭浦故關。新會，中。武德四年，以南海郡之新會、義寧二縣置岡州新會郡，以地有金岡以名州，并析置封平、封樂二縣。貞觀十三年州廢，省封平、封樂，以新會、義寧來屬。是年，復以新會、義寧置岡州，又析義寧置封樂縣。後省封樂。開元二十三年州廢〔一〕，以新會、義寧復來屬。有鹽。義寧。中。

韶州始興郡，下。本番州，武德四年析廣州之曲江、始興、樂昌、翁源置。尋更名東衡州，貞觀元年又更名。土貢：竹布、鍾乳、石斛。戶三萬一千，口十六萬八千九百四十八。縣六。曲江，上。武德四年置臨瀧、良化二縣，貞觀八年省。始興，下。有大庾嶺新路，開元十七年，詔張九齡開。東北有安遠鎮兵。樂昌，下。翁源，下。仁化，下。本隸廣州，垂拱四年析曲江置，後來屬。湞昌。下。光宅元年析始興置。

循州海豐郡，下。本龍川郡，天寶元年更名。土貢：布，五色藤盤、鏡匣，蚺蛇膽，甲煎；

鮫革，荃臺，綬草。戶九千五百二十五。縣六。歸善，中下。貞觀元年省龍川縣入焉。博羅，中下。貞觀元年省羅陽縣入焉。河源，中下。武德五年析置石城縣，貞觀元年省。海豐，中下。武德五年析置陸安縣，貞觀元年省。興寧，貞觀元年省齊昌縣入焉。雷鄉。中下。天授二年置。

潮州潮陽郡，下。本義安郡。土貢：蕉、鮫革、甲香、蚺蛇膽、龜、石井、銀石、水馬。戶四千四百二十，口二萬六千七百四十五。縣三。海陽，中下。有鹽。潮陽，中下。永徽初省，先天初復置。程鄉。中下。

康州晉康郡，下。本南康州，武德六年析端州之端溪置，九年州廢。貞觀元年復置，十一年又廢，十二年復置，更名康州。土貢：金、銀。戶萬五百一十，口萬七千二百一十九。縣四。端溪，下。武德五年析端州之博林置撫納縣，後省。晉康，下。本遂安〔三〕，至德二載更名。悅城，下。本樂城，隸端州，武德五年來屬，後更名。都城。下。

瀧州開陽郡，下。本永熙郡，天寶元年更名。土貢：銀、石斛。戶三千六百二十七，口九千四百三十九。縣四。瀧水，下。武德四年析置正義縣，并領懷德縣。後省正義，以懷德隸竇州。開陽，下。武德四年析瀧水置。鎮南，下。本安南，武德四年置南建州，以永熙郡之安遂、永熙、永業三縣隸之。五年析瀧水置安南縣。貞觀八年更南建州曰藥州。十八年州廢，省安遂、永業，以永寧、安南來屬。至德二載更名。建水。下。本永熙，武德五年曰永寧，天寶元年復更名，以建水在西也。

端州高要郡，下。本信安郡，天寶元年更名。土貢：銀、柑。戶九千五百，口二萬一千一百二十。縣二。高要，下。貞觀十三年省博林縣入焉。東有青岐鎮。平興。下。武德七年析置淸泰縣，貞觀十三年省。

新州新興郡，下。本新昌郡，武德四年以端州之新興置。土貢：金、銀、蕉。戶九千五百。縣二。新興，下。武德四年析置索盧、新昌、單牒、永順四縣。後省新昌、單牒，乾元後又省索盧。永順。下。

封州臨封郡，下。本廣信郡，天寶元年更名。土貢：銀、鮫革、石斛。戶三千九百，口萬一千八百二十七。縣二。封川，下。武德四年析置封興縣，後省。開建。下。武德四年置。

潘州南潘郡，下。本南宕州南巴郡，武德四年以合浦郡之南昌、定川置。本治南昌，貞觀元年徙治定川，八年更名，後徙治茂名。後廢，地入高州。永徽元年復以茂名、南巴、毛山三縣置。土貢：銀。戶四千三百，口八千九百六十七。縣三。茂名，下。本隸高州，以茂名水名，貞觀元年來屬。潘水，下。武德五年置，以潘水名，又析南昌、定川置陸川、思城、溫水、宕川四縣。貞觀八年省思成，後以定川、宕川隸牢州，陸川、溫水隸禺州，後省南昌。二十三年析潘水置毛山縣，以毛山名。其後省潘水縣。開元二年改毛山曰潘水。南有博畔鎮。南巴。下。本隸高州，武德五年置，永徽元年來屬。

春州南陵郡，下。本陽春郡，武德四年以高涼郡之陽春置，天寶元年更郡名。土貢：

銀、鍾乳、石斛。戶萬一千二百一十八。縣二。陽春，下。武德四年并置流南縣，五年又置西城縣，後皆省。有鉛。羅水。下。天寶後置。

勤州雲浮郡，下。本銅陵郡，武德四年析春州置，五年州廢。萬歲通天二年復置，長安中復廢。開元十八年平春、瀧等州，首領陳行範餘黨保銅陵北山，廣州都督耿仁忠奏復置州，治富林洞，因以爲縣。乾元元年徙治銅陵。土貢：金、銀、石斛。戶六百八十二，口千九百三十三。縣二。銅陵，下。本隸端州，武德五年隸春州，後來屬。有銅。富林。下。武德四年析銅陵置。州廢，隸春州，後縣亦廢，乾元元年復置。

羅州招義郡，下。本石城郡，武德五年以高涼郡之石龍、吳川置，六年徙治石城。土貢：銀、孔雀、鸚鵡。戶五千四百六十，口八千四十一。縣四。廉江，下。本石城，以石城水名。武德五年，析石龍、吳川置南河、石城、招義、零綠、石龍、陵羅、龍化、羅辯、慈廉、羅肥十縣。後以石龍而下六縣隸南石州。天寶元年更名。大曆八年以南河隸順州。吳川，下。幹水，下。本石龍，武德五年曰招義，天寶元年更名，以幹水名。零綠。下。以零綠水名。

辯州陵水郡，下。本南石州石龍郡，武德六年，以羅州之石龍、陵羅、龍化、羅辯、慈廉、羅肥置。貞觀九年更名。天祐元年，朱全忠以「辯」「汴」聲近，表更名勳州。土貢：銀、竹簟。戶四千八百五十八，口萬六千二百九。縣二。石龍，下。貞觀元年省慈廉、羅肥二縣入焉。陵羅。下。

高州高涼郡，下。武德六年分廣州之電白、連江置。本治高涼，貞觀二十三年徙治良德，大曆十一年徙治電白。土貢：銀、蚺蛇膽。戶萬二千四百。縣三。電白，下。良德，下。本隸瀧州，武德中來屬。保寧。下。本連江，開元五年曰保安，至德二載更名。

恩州恩平郡，下。本齊安郡，貞觀二十三年以高州之西平、齊安、杜陵置。大順二年徙治恩平。土貢：金、銀。戶九千。縣三。有清海軍。恩平，下。本海安，武德五年曰齊安，至德二載更名。有西平縣，本高涼，亦武德五年更名，後省。杜陵，下。本杜原，武德五年更名。陽江。下。有銀。

雷州海康郡，下。本南合州徐聞郡，武德四年以合浦郡之海康、隋康、鐵杷置。貞觀元年更名東合州，八年又更名。土貢：絲電、班竹、孔雀。戶四千三百二十，口二萬五百七十二。縣三。海康，中。遂溪，下。本鐵杷、椹川二縣，後併省，更名。徐聞。下。本隋康，貞觀二年更名。

崖州珠崖郡，下。土貢：金、銀、珠、玳瑁、高良薑。戶八百一十九。縣三。舍城，下。以舍城水名。西南有勤連鎮兵。有顏城縣，本顏盧，貞觀元年更名，開元後省。澄邁，下。文昌。下。本平昌，武德五年置，貞觀元年更名。

瓊州瓊山郡，下都督府。貞觀五年以崖州之瓊山置。自乾封後沒山洞蠻，貞元五年，嶺南節度使李復討復之。土貢：金。戶六百四十九。縣五。瓊山，下。貞觀十三年析置曾口、顏羅、容瓊三縣。貞元七年省容瓊。有鹽。臨高，下。本臨機，隸崖州，貞觀五年來屬，州沒隸崖州。開元元年更名。曾口，下。樂會，下。顯慶五年置。顏羅。下。

振州延德郡，下。本臨振郡，又曰寧遠郡，天寶元年更名。土貢：金、五色藤盤、班布、食單。戶八百一十九，口二千八百二十一。縣五。寧遠，下。以寧遠水名。有鹽。延德，下。以延德水名。吉陽，下。貞觀二年析延德置。臨川，下。落屯。下。天寶後置。

儋州昌化郡，下。本儋耳郡，隋珠崖郡治，天寶元年更名。土貢：金、糖香。戶三千三百九。縣五。義倫，下。有鹽。昌化，下。貞觀元年析置吉安縣，乾元後省。感恩，下。洛場，下。乾元後置。富羅。下。本毗善，武德五年更名。

萬安州萬安郡，下。龍朔二年以崖州之萬安置。開元九年徙治陵水。至德二載更名萬全郡。貞元元年復治萬全，後復故名。土貢：金、銀。戶二千九百九十七。縣四。萬安，下。本隸瓊州，貞觀五年析文昌置，并置富雲、博遼二縣。十三年隸崖州，後來屬。至德二載曰萬全，後復故名。陵水，下。本隸振州，後來屬。富雲，下。博遼。下。

邕州朗寧郡，下都督府。本南晉州，武德四年以隋鬱林郡之宣化置，貞觀八年更名。土貢：金、銀。有金坑。戶二千八百九十三，口七千三百二。縣七。有經略軍。宣化，中下。武德五年析置武緣、晉興、朗寧、橫山四縣。乾元後省橫山。鬱水自蠻境七源州流出，州民常苦之，景雲中，司馬呂仁引渠分流以殺水勢，自是無沒溺之害，民乃夾水而居。武緣，中下。西有都稜鎮。晉興，中下。朗寧，中下。思籠，中下。乾元後開山洞置。如和，中下。本隸欽州，武德五年析南賓、安京置，景龍二年來屬。封陵。中下。乾元後開山洞置。

澄州賀水郡，下。本南方州，武德四年以鬱林郡之嶺方地置，貞觀八年更名。土貢：金、銀。戶千三百六十八，口八千五百八十。縣四。上林，下。武德四年，析嶺方縣地置無虞、琅邪、思干、上林、止戈五縣。無虞，下。止戈，下。賀水。下。本隸柳州，武德四年析馬平置，八年來屬。

賓州嶺方郡，下。本安城郡，貞觀五年，析南方州之嶺方、思干、琅邪，南尹州之安城置。至德二載更名。土貢：藤器。戶千九百七十六，口八千五百八十。縣三。嶺方，中下。貞觀十二年省思干縣。琅邪，中下。保城。中下。本安城，至德二載更名。

橫州寧浦郡，下。本簡州，武德四年以鬱林郡之寧浦、樂山置。六年曰南簡州，貞觀八年更名。土貢：金、銀。戶千九百七十八，口八千三百四十二。縣三。寧浦，中下。武德四年析置蒙澤縣。五年以貴州之嶺山來屬。貞觀十二年省蒙澤入焉，後又省嶺山。從化，中下。本淳風，武德四年析寧浦置，永貞元年更名。樂山。下。

潯州潯江郡，下。貞觀七年以鷰州之桂平、大賓置。十三年州廢，縣隸龔州，後復置。土貢：金、銀。戶二千五百，口六千八百三十六。縣三。桂平，下。本隸貴州，武德五年隸鷰州。七年置陵江縣，十二年省入焉。皇化，下。本隸繡州，貞觀七年來屬。大賓。下。

巒州永定郡，下。本淳州，武德四年以故秦桂林郡地置，永貞元年更名。土貢：金、銀。戶七百七十，口三千八百三。縣三。永定，下。武羅，下。靈竹。下。

欽州寧越郡。土貢：金、銀、翠羽、高良薑。戶二千七百，口萬一百四十六。縣五。欽江，下。東南有西零戍。保京，下。本安京，至德二載更名。內亭，下。武德五年以內亭、遵化二縣置南亭州。貞觀二年州廢，二縣來屬。遵化，中下。靈山。下。本南賓，貞觀十年更名。

貴州懷澤郡，下。本南定州鬱林郡，武德四年曰南尹州，貞觀八年曰貴州，天寶元年更郡名。土貢：金、銀、鉛器、紵布。戶三千二十六，口九千三百。縣四。有府一，曰龍山。鬱林，中下。懷澤，下。武德四年置。潮水，下。武德四年析鬱林置。義山。下。武德四年更馬嶺縣曰馬度。貞觀後省，天寶後更置，曰義山。

龔州臨江郡，下。貞觀七年，以鷰州故治，析潯州之武林、鷰州之泰川置〔三〕，後徙治平南〔四〕。土貢：銀。戶九千，口二萬一千。縣五。平南，下。貞觀七年置，又置西平、歸政、大同三縣。十二年省泰川入平南，又省歸政、西平〔五〕。武林，下。本隸藤州，武德七年來屬〔六〕。隋建，下。本隸藤州，貞觀十三年來屬。大同，下。陽川。下。本陽建，後更名。

象州象郡，下。本桂林郡，武德四年以始安郡之陽壽、桂林置，以象山爲州名。貞觀十三年徙治武化，大曆十一年復治陽壽。土貢：銀、藤器。戶五千五百，口萬八百九十。縣三。陽壽，下。武德四年析桂林置武德、西寧、武仙三縣。貞觀十二年省西寧入武德，天寶元年省武德入陽壽。武仙，下。乾封元年省桂林縣入焉。武化。下。武德四年析桂州之建陵置，本隸封州，後隸晏州；又析陽壽置長風縣，隸晏州。州廢，縣皆來屬。大曆十一年省長風入焉。

藤州感義郡，下。本永平郡，天寶元年更名。土貢：銀。戶三千九百八十。縣四。鐔津，中下。初州治永平，無鐔津，又有隋安、賀川、寧人等縣，皆貞觀後省併更置，而寧人隸容州，永平隸昭州。有鉛。感義，下。本淳民，武德中更名。義昌，下。本安昌，至德二載更名。寧風。下。武德五年以縣置鷰州，以貴州之桂平隸之。貞觀三年又以藤州之大賓隸之，增領長恭、泰川、池陽、龍陽四縣，治長恭，五年置新樂、寧風、梁石、羅風四縣。七年更名泰州，徙治寧風，更池陽曰承恩，復以藤州之安基隸之；以梁石、羅風隸藤州；省長恭縣。八年徙治安基，復爲鷰州。十二年省龍陽、承恩二縣。十八年州廢，以寧風來屬。後省新樂、安基、梁石、羅風。

巖州常樂郡，下。調露二年析橫、貴二州置，以巖岡之北因爲名。天寶元年曰安樂郡，至德二載更名。土貢：金。戶千一百一十。縣四。常樂，下。本安樂，蕭銑分興德縣置。貞觀元年省，乾封元年復置，隸鬱林州，永隆元年來屬。至德二載更名。恩封，下。本伏龍洞，當牢、白二州之境，調露二年與高城、石巖同置。高城，下。以高城水名。石巖。下。

宜州龍水郡，下。唐開置，本粵州，乾封中更名。有銀、丹沙。戶千二百二十，口三千二百三十。縣四。龍水，下。崖山，下。東璽，下。天河。下。

邕管所領，又有顯州、武州、沈州，後皆廢省。

瀼州臨潭郡，下。貞觀十二年，清平公李弘節開夷獠置。戶千六百六十六。縣四。瀼江〔七〕，下。波零，下。鵠山，下。弘遠。下。貞元後州、縣名存而已。

籠州扶南郡，下。貞觀十二年，李弘節招慰生蠻置。戶三千六百六十七。縣七。武勤〔八〕，下。武禮，下。羅龍，下。扶南，下。龍額，下。武觀，下。武江。下。

田州橫山郡，下。開元中開蠻洞置，貞元二十一年廢，後復置。戶四千一百六十八。縣五。都救，下。惠佳，下。武龍，下。橫山，下。如賴。下。

環州整平郡，下。貞觀十二年，李弘節開拓生蠻置。縣八。正平，下。福零，下。龍源，下。饒勉，下。思恩，下。武石，下。歌良，下。都蒙〔九〕。下。

桂州始安郡，中都督府。至德二載更郡曰建陵，後復故名。土貢：銀、銅器、麖皮鞾、簟。戶萬七千五百，口七萬一千一十八。縣十一。有經略軍。臨桂，上。本始安，武德四年置福祿縣，貞觀八年省入焉，更名〔一〇〕。有相思埭，長壽元年築，分相思水使東西流。又東南有回濤堤，以捍桂水，貞元十四年築。有侯山。理定，中。本興安，武德四年置宜風縣，貞觀十二年省入焉。至德二載更名。西十里有靈渠，引灕水，故秦史祿所鑿，後廢。寶曆初，觀察使李渤立斗門十八以通漕，俄又廢。咸通九年，刺史魚孟威以石爲鏵隄，亙四十里，植大木爲斗門，至十八重，乃通巨舟。靈川，中。龍朔二年析始安置。陽朔，中下。武德四年置歸義縣，貞觀元年省入焉。荔浦，中下。武德四年，以始安郡之荔浦、建陵、隋化三縣置荔州，又析置崇仁、純義、東區三縣。五年以隋化、東區隸南恭州，貞觀元年以建陵隸晏州。十二年州廢，以荔浦、崇仁來屬。崇仁後省，純義隸蒙州。豐水，中下。本永豐，隸昭州，武德四年析陽朔置，後來屬。長慶三年更名。修仁，中下。本建陵，貞觀元年置晏州，并置武龍、武化、長風三縣。十二年州廢，省武龍，以武化、長風隸象州，建陵來屬。長慶三年更名。恭化〔二〕，中下。本純化，武德四年析始安置，永貞元年更名。永福，中下。武德四年析始安置。全義，中下。本臨源，武德四年析始安置，大曆三年更名。古。乾寧二年析慕化置。

梧州蒼梧郡，下。武德四年以靜州之蒼梧、豪靜、開江置。土貢：銀、白石英。戶千二百九。縣三。蒼梧，下。貞觀八年以賀州之綏越來屬。十二年省豪靜，其後又省綏越，而開江復隸富州。戎城，下。本隸藤州，永徽中來屬。光化四年，馬殷表以縣隸桂州。孟陵。下。本猛陵，隸藤州，蕭銑置。貞觀八年來屬，更名。光化中，馬殷表以縣隸桂州。

賀州臨賀郡，下。本綏越郡，武德四年，以始安郡之富川、熙平郡之桂嶺、零陵郡之馮乘、蒼梧郡之封陽置。土貢：銀。戶四千五百五十二，口二萬五百七十。縣六。臨賀，下。武德四年置。東有銅冶，在橋山。桂嶺，下。朝岡、程岡皆有鐵。馮乘，下。有荔平關。有錫冶三。封陽，下。貞觀元年省，九年復置。富川，下。有富水。天寶中更名富水，後復故名。有錫。有鍾乳穴三。蕩山。下。天寶後置。

連州連山郡，下。本熙平郡，天寶元年更名。土貢：赤錢、竹紵練、白紵細布、鍾乳、水銀、丹沙、白鑞。戶三萬二千二百一十，口十四萬三千五百三十三。縣三。桂陽，上。有桂陽山，本靈山，天寶八載更名。有銀，有鐵。陽山，中下。有鐵。有故秦湟溪關。連山。中。有金，有銅，有鐵。

柳州龍城郡，下。本昆州，武德四年以始安郡之馬平置，是年，更名南昆州，貞觀八年又以地當柳星更名。土貢：銀、蚺蛇膽。戶二千二百三十二，口萬一千五百五十。縣五。馬平，下。武德四年析置新平、文安、賀水、歸德四縣，尋更名歸德曰脩德，文安曰樂沙。八年以賀水隸澄州。貞觀七年省樂沙，九年置崖山縣，十二年省新平。其後又省崖山，以脩德隸嚴州。龍城，下。武德四年置龍州，幷置柳嶺縣。貞觀七年州廢，省柳嶺，以龍城來屬。象，下。本隸桂州，後來屬。洛曹，下。本洛封，元和十三年更名。洛容。下。貞觀中置。

富州開江郡，下。本靜州龍平郡，武德四年，以始安郡之龍平、豪靜，蒼梧郡之蒼梧置，貞觀八年更名。土貢：銀、班布。戶千四百六十，口八千五百八十六。縣三。龍平，下。武德四年析置博勞、歸化、安樂、開江四縣，尋以蒼梧、豪靜、開江隸梧州，九年省安樂、歸化、博勞。思勤，下。天寶後置。馬江。下。本開江，後隸梧州，又復隸柳州。長慶三年更名。

昭州平樂郡，下。本樂州，武德四年以始安郡之平樂置，貞觀八年更名。土貢：銀。戶四千九百一十八，口萬二千六百九十一。縣三。平樂，下。以平樂水名之。有鍾乳穴三。武德四年析置沙亭縣，貞觀七年省沙亭。恭城，下。蕭銑置。有鍾乳穴十二，在銀帳山。永平。下。本隸藤州，後來屬。

蒙州蒙山郡，下。本南恭州，武德五年析荔州之隋化置，貞觀八年更名。土貢：麩金、銀。戶千五十九，口五千九百三十三。縣三。立山，下。本隋化，武德五年更名；又析置欽政縣，貞觀十二年省。東區，下。武德五年析立山置。貞觀六年隸龔州，十年來屬。正義。下。本純義，隸龔州，十年來屬。永貞元年更名。

嚴州循德郡〔二〕，下。乾封二年招致生獠，以秦故桂林郡地置。土貢：銀。戶千八百五十九，口七千五十一。縣三。來賓，下。乾封二年置。循德，下。本隸柳州，後來屬。歸化。下。乾封二年置。

融州融水郡，下。武德四年析始安郡之義熙置。土貢：金、桂心。戶千二百三十二。縣二。融水，下。本義熙，武德四年析置臨牂、黃水、安脩三縣，六年更名。貞觀十三年省安脩入臨牂。武陽。下。天寶初併黃水、臨牂二縣更置。

思唐州武郎郡，下。永隆二年析龔、蒙、象三州置。開元二十四年爲羈縻州，建中元年爲正州。土貢：銀。戶百四十一。縣二。武郎，下。思和。下。本平原，長慶三年更名。

古州樂興郡〔三〕，下。貞觀十二年，李弘節開夷獠置。土貢：蠟。戶二百八十五。縣三。樂山〔四〕，本樂預，寶應元年更名。古書，下。樂興。下。

容州普寧郡，下都督府。本銅州，武德四年以合浦郡之北流、普寧置。貞觀八年更名。元和中徙治普寧。土貢：銀、丹沙、水銀。戶四千九百七十，口萬七千八十五。縣六。有經略軍。普寧，下。北流，下。武德四年析置豪石、宕昌、南流、陵城、新安五縣。貞觀十一年省新安，後又省豪石、宕昌。北三十里有鬼門關，兩石相對，中闊三十步。陵城，下。渭龍，下。武德四年析普寧置。欣道，下。本寧人，隸藤州。貞觀二十三年更名，來屬。陸川。下。本隸東峩州，唐末來屬。

牢州定川郡，下。本義州，武德二年以巴蜀徼外蠻夷地置。貞觀十一年以東北有牢石，因更名，徙治南流，後廢。乾封三年，將軍王杲平蠻獠復置。土貢：布、銀。戶千六百四十一，口萬一千七百五十六。縣三。南流，下。本隸容州，武德四年析北流置南流、定川、宕川三縣，以南百步有南流江名之，乾封三年皆來屬。定川，下。本隸潘州，定川水名之。宕川。下。本隸潘州，因瀘宕水名之。

白州南昌郡，下。本南州，武德四年以合浦郡之合浦地置，六年更名。土貢：金、銀、珠。戶二千五百七十四，口九千四百九十八。縣四。博白，下。武德四年置，并置朗平、周羅、龍豪、淳良、建寧五縣。貞觀六年以廉州之大都隸之。十二年省朗平、淳良，後又省大都。大曆八年以龍豪隸順州。西南百里有北戍灘，咸通中，安南都護高駢募人平其險石，以通舟檝。建寧，下。周羅，下。南昌。下。本隸潘州，後來屬。

順州順義郡，下。大曆八年，容管經略使王翃析禺、羅、辯、白四州置。土貢：銀。戶五百九。縣四。龍化，下。武德四年置，以西有龍化水名之，六年隸辯州。温水，下。本隸禺州。南河，下。武德五年析石龍置，隸羅州。龍豪。武德四年析合浦置，隸白州。

繡州常林郡，下。本林州，武德四年以鬱林郡之阿林縣及鬱平縣地置，六年更名。土貢：金。戶九千七百七十三。縣三。常林，中。武德四年置，又置羅繡、皇化、歸誠三縣。貞觀七年以皇化隸潯州，省歸誠。阿林，中下。羅繡。下。武德四年析置盧越縣，貞觀六年縣廢入焉。

鬱林州鬱林郡，下。本鬱州，麟德二年析貴州之石南、興德、鬱平置，乾封元年更名。土貢：布。戶千九百一十八，口九千六百九十九。縣四。鬱平，下。本隸貴州，後來屬。興業，下。麟德二年析石南置，建中二年省石南入焉。興德，下。蕭銑析石南置，尋廢。武德四年析鬱平復置。潭栗。下。

黨州寧仁郡，下。本鬱林州地，永淳元年開古黨洞置。土貢：金、銀。戶千一百四十九，口七千四百四。縣八。撫安，下。古西甌地。善勞，中下。善文，下。寧仁，下。容山，下。本安仁，永淳二年析黨州置平琴州平琴郡，領安仁、懷義、福陽、古符四縣。垂拱三年廢，神龍三年復置。至德中更安仁曰容山。建中二年州廢，縣皆來屬。懷義，下。福陽，下。古符。下。

竇州懷德郡，下。本南扶州，武德四年以永熙郡之懷德置。以獠叛，僑治瀧州，後徙治信義。貞觀元年州廢，以縣隸瀧州。二年復置，五年又廢，以縣隸瀧州。六年復置，八年更名。土貢：銀。戶千一十九，口七千三百三十九。縣四。信義，中下。武德四年置，并析置潭峩縣，五年又析置特亮縣。懷德，中下。潭峩，下。特亮。下。

禺州温水郡，下。本東峩州，乾封三年，將軍王杲奏析白、辯、竇、容四州置，總章二年更名。土貢：銀。戶三千一百八十。縣四。峩石，下。總章二年析白州之溫水置，以南有峩石名之。羅辯，下。本陸川，隸辯州，後更名。本羅辯洞地。扶萊，下。武德五年析信義縣置，隸竇州，以扶萊水名之。貞觀中省，後復置。宕昌。下。本隸容州。

廉州合浦郡，下。本合州，武德四年曰越州，貞觀八年更名，以本大廉洞地。土貢：銀。戶三千三十二，口萬三千二十九。縣四。合浦，中下。武德五年置安昌、高城、大廉、大都四縣。貞觀六年置珠池縣。後以大都隸白州。十二年省珠池、安昌入焉。封山，下。武德五年置姜州，并置東羅、蔡龍二縣。貞觀十年州廢，以封山、東羅、蔡龍來屬。後省東羅。蔡龍，下。以蔡龍洞名之。貞觀十二年省高城縣入焉。大廉〔一五〕。下。

義州連城郡，下。本南義州，武德五年以永熙郡之永業縣地置。貞觀元年州廢，以縣隸南建州。二年復置，五年又廢，以縣隸南建州。六年復置，後第名義州。土貢：銀。戶千一百一十，口七千三百三。縣三。岑溪，下。本龍城，武德五年置，并置安義、義城二縣。至德中更龍城曰岑溪。其後又省義城。有郡山。永業，下。本安義，至德中更名。連城。下。武德五年析瀧州之正義置。

安南中都護府，本交趾郡，武德五年曰交州，治交趾。調露元年曰安南都護府，至德二載曰鎭南都護府，大曆三年復爲安南。寶曆元年徙治宋平。土貢：蕉、檳榔、鮫革、蚺蛇膽、翠羽。戶二萬四千二百三十，口九萬九千六百五十二。縣八。有經略軍。宋平，上。武德四年置宋州，并置弘教、南定二縣。五年析置交趾、懷德二縣，隸交州。六年曰南宋州。貞觀元年州廢，省弘教、懷德，徙交趾于故南慈州，來屬。南定，本隸宋州，武德四年析宋平置，五年隸交州。大曆五年省，貞元八年復置。太平，中下。本隆平，武德四年置，以縣置隆州，并置義廉、封溪二縣，治義廉。六年曰南隆州。貞觀元年州廢，省義廉，以封溪隸峯州，隆平來屬。先天元年更名。交趾，中下。武德四年置慈州，并置慈廉、烏延、武立三縣，以慈廉水因名之。六年曰南慈州。貞觀元年州廢，省三縣更置。朱鳶，上。武德四年置鳶州，并置高陵、定安二縣。貞觀元年州廢，省高陵、定安，以朱鳶來屬。龍編，中下。武德四年置龍州，并置武寧、平樂二縣。貞觀元年州廢，省武寧、平樂，以龍編隸仙州，州廢來屬。平道，中下。武德四年置道州，并置昌國縣。六年曰南道州，是年更名仙州。貞觀十年州廢，省昌國，以平道來屬。武平。中下。本隸道州，武德五年來屬。

陸州玉山郡，下。本玉山州，武德五年以寧越郡之安海、玉山置。貞觀二年州廢，縣隸欽州。高宗上元二年復置，更名。土貢：銀、玳瑁、鼊皮、翠羽、甲香。戶四百九十四，口二千六百七十四。縣三。烏雷，下。華淸，下。本玉山，天寶中更名。寧海。下。本安海。武德四年又置海平縣，貞觀十二年省。至德二載更名。

峯州承化郡，下都督府。武德四年以交趾郡之嘉寧置。土貢：銀、藤器、白鑞、蚺蛇膽、豆蔻。戶千九百二十。縣五。嘉寧，下。武德四年置新昌、安仁、竹格、石堤四縣，又領封溪縣。貞觀元年省石堤、封溪入嘉寧，後又省安仁。承化，下。新昌，下。貞觀元年省竹格縣入焉。高山〔一七〕，元和後置。珠綠。元和後置。

愛州九眞郡，下。土貢：紗、絁、孔雀尾。戶萬四千七百。縣六。九眞，下。武德五年置松源、楊山、安預三縣。貞觀元年省楊山、安預，九年省松源。有金，有石磬。安順，下。武德五年置順州，幷析置東河、建昌、邊河三縣。貞觀元年州廢，省三縣入安順，來屬。崇平，下。本隆安。武德五年置安州，幷置教山、建道、都握三縣，又置山州，幷置岡山、眞潤、古安、西安、建初五縣。貞觀元年廢安州，省教山、建道、都握入隆安，來屬；又廢山州，省岡山、眞潤、古安、西安入建初，來屬。八年省建初。先天元年更隆安曰崇安，至德二載又更名。軍寧，下。本軍安，武德五年以縣置永州，七年曰都州。貞觀元年州廢，隸南陵州。至德二載更名。日南，下。武德五年置積州，又置積善、津梧、方載三縣；又以移風縣地置前眞州，幷置九皋、建正、眞寧三縣；又以胥浦縣置胥州，幷置攀龍、如侯、博犢、鎭星四縣。九年更積州曰南陵州，貞觀元年曰後眞州。是年廢前眞州，省九皋、建正、眞寧，以移風隸南陵州；又廢胥州，省攀龍、如侯、博犢、鎭星，以胥浦隸南陵州。十年州亦廢，以軍安、日南、移風、胥浦來屬，天寶中省移風、胥浦。長林。下。本無編。

驩州日南郡，下都督府。本南德州，武德八年曰德州，貞觀元年又更名。土貢：金、金薄、黃屑、象齒、犀角、沈香、班竹。戶九千六百一十九，口五萬八百一十八。縣四。九德，中下。武德五年置安遠、蠻羅、光安三縣。是年，以光安置源州，又置水源、安銀、河龍、長江四縣。貞觀八年更名阿州。十三年州廢，省水源、河龍、長江，以光安、安銀來屬。安遠、蠻羅、光安、安銀後皆省。湳陽，下。越裳，下。武德五年置明州，幷置萬安、明弘、明定三縣；又以日南郡之文谷、金寧二縣置智州，幷置新鎭、闍員二縣。貞觀元年更曰南智州，省新鎭、闍員。十三年廢明州，省萬安、明弘、明定入越裳，隸智州。後廢智州，省文谷、金寧入越裳，來屬。初以隋林邑郡置林州，比景郡置七州。又更名七州曰南景州，貞觀二年綏懷林邑，乃僑治驩州之南境，領比景、朱吾二縣，幷置由文縣。八年第名景州。九年置林州，亦寄治驩州之南境，領林邑、金龍、海界三縣。又置山州，領龍池、盆山二縣。有湳陽戍。戶千三百二十，口五千二百。後爲龍池郡。皆貞元末廢。懷驩。下。本咸歡，武德五年置驩州，幷置安人、扶演、相景、西源四縣，治安人。貞觀元年更名演州。十三年省相景。十六年州廢，省安人、扶演、西源，以咸驩來屬。後更咸驩曰懷驩。

長州文楊郡，下。唐置。土貢：金。戶六百四十八。縣四。文陽，下。銅蔡，下。長山，下。其常。下。

福祿州唐林郡，下。本福祿郡，總章二年，智州刺史謝法成招慰生獠昆明、北樓等七千餘落，以故唐林州地置。大足元年更名安武州，至德二載更郡曰唐林，乾元元年復州故名。土貢：白鑞、紫鉚。戶三百一十七。縣三。柔遠，本安遠，至德二載更名。唐林，唐初以唐林、安遠二縣置唐林州，後州、縣皆廢，更置。福祿。下。

湯州湯泉郡，下。唐以故秦象郡地置。土貢：金。縣三。湯泉，下。綠水，下。羅韶。下。

芝州忻城郡，下。唐置。戶千二百，口五千三百。縣七。忻城，下。富川，下。平西，下。樂光，下。樂豔，下。多雲，下。思龍。下。

武峩州武峩郡，下。唐置。戶千八百五十，口五千三百二十。縣七。武峩，下。如馬，下。武義，下。武夷，下。武緣，下。武勞，下。梁山。下。

演州龍池郡，下。本忠義郡，又曰演水郡。貞觀中廢，廣德二年析驩州復置。土貢：金。戶千四百五十。縣七。忠義，下。懷驩，下。龍池，下。思農，下。武郎，下。武容，下。武金。下。

武安州武曲郡，下。土貢：金、朝霞布。戶四百五十。縣二。武安，下。臨江。下。

開元中安南所領有龐州，土貢：孔雀尾、紫鉚；又有南登州。後皆廢省。

右嶺南採訪使，治廣州。

校勘記

〔一〕開元二十三年州廢　按舊書卷四一地理志岡州云：「天寶元年改爲義寧郡，乾元元年復爲岡州也。」元和志卷三四義寧縣云：「天寶初廢岡州，以縣屬廣州。」此謂開元二十三年岡州廢，恐誤。

〔二〕遂安　舊書卷四一地理志同。隋書卷三一地理志、元和志（岱南閣本）卷三四、寰宇記卷一六四均作「安遂」。

〔三〕龔州臨江郡下貞觀七年以藤州故治析潯州之武林藤州之泰川置　舊書卷四一地理志、元和志卷三七、寰宇記卷一五八俱謂武林割屬龔州前原隸藤州。按本卷上文，潯州亦貞觀七年置，析潯州之武林置龔州說已屬可疑；下文武林縣更明云「本隸藤州」。則此「潯州」應是「藤州」之訛。

〔四〕後徙治平南　「平南」，各本及舊書卷四一地理志作「南平」。本卷下文及通典卷一八四、元和志卷三七均作「平南」，據改。

〔五〕又省歸政西平　舊書卷四一地理志、寰宇記卷一五八均作「省歸政入西平」。

〔六〕武林下本隸藤州武德七年來屬　舊書卷四一地理志、元和志卷三七、寰宇記卷一五八均謂武林原屬藤州，貞觀七年始屬龔州。按本卷上文龔州置於貞觀七年，則「武德」當爲「貞觀」之訛。

〔七〕瀼江　「瀼」，舊書卷四一地理志、通典卷一八四、寰宇記卷一六七均作「臨」。

〔八〕武勤　「勤」，舊書卷四一地理志、通典卷一八四、寰宇記卷一七一均作「勸」。

〔九〕都蒙　舊書卷四一地理志、通典卷一八四、寰宇記卷一七一均作「蒙都」。

〔一〇〕臨桂上本始安武德四年置福祿縣貞觀八年省入焉更名　元和志卷三七、寰宇記卷一六二均云：

始安，「至德二年改爲臨桂」。按本卷下文靈川縣云「龍朔二年析始安置」，知始安改名臨桂必不在「貞觀」時。「更名」上當脫「至德二年」四字。

〔一一〕恭化　舊書卷四一地理志謂本純化縣，元和初改爲恭化。寰宇記卷一六二則云永貞元年十二月改純化爲慕化，以避憲宗廟諱。按永貞元年八月改元元和，兩書繫年實同，而元和志卷三七、唐會要卷七一均作「慕化」，本卷下文古縣亦有「乾寧二年析慕化置」文。疑作「慕化」是。

〔一二〕嚴州循德郡　「循」，元和志卷三七同，舊書卷四一地理志、通典卷一八四、寰宇記卷一六五均作「修」。

〔一三〕古州樂興郡　「興」，舊書卷四一地理志、通典卷一八四、寰宇記卷一六七均作「古」。

〔一四〕樂山　「山」，通典卷一八四、寰宇記卷一六七均作「古」。

〔一五〕大廉　「廉」上各本原無「大」字。按上文及舊書卷四一地理志、通典卷一八四、寰宇記卷一六九均作「大廉」，據補。

〔一六〕高山　「高」，舊書卷四一地理志、通典卷一八四、寰宇記卷一七〇均作「嵩」。

唐書卷四十三下

志第三十三下

地理七下

羈縻州

唐興，初未暇於四夷，自太宗平突厥，西北諸蕃及蠻夷稍稍內屬，卽其部落列置州縣。其大者爲都督府，以其首領爲都督、刺史，皆得世襲。雖貢賦版籍，多不上戶部，然聲教所暨，皆邊州都督、都護所領，著于令式。今錄招降開置之目，以見其盛。其後或臣或叛，經制不一，不能詳見。突厥、回紇、党項、吐谷渾隸關內道者，爲府二十九，州九十。突厥之別部及奚、契丹、靺鞨、降胡、高麗隸河北者，爲府十四，州四十六。突厥、回紇、党項、吐谷渾之別部及龜茲、于闐、焉耆、疏勒、河西內屬諸胡、西域十六國隸隴右者，爲府五十一，州百九十八。羌、蠻隸劍南者，爲州二百六十一。蠻隸江南者，爲州五十一，隸嶺南者，爲州九十二。又有党項州二十四，不知其隸屬。大凡府州八百五十六，號爲羈縻云。

關內道

突厥州十九，府五。

定襄都督府，貞觀四年析頡利部爲二，以左部置，僑治寧朔。領州四。貞觀二十三年分諸部置州三。阿德州以阿史德部置。執失州以執失部置。蘇農州以蘇農部置。拔延州

右隸夏州都督府

雲中都督府，貞觀四年析頡利右部置，僑治朔方境。領州五。貞觀二十三年分諸部置州三。舍利州以舍利吐利部置。阿史那州以阿史那部置。綽州以綽部置。思壁州　白登州貞觀末隸燕然都護，後復來屬。

桑乾都督府，龍朔三年分定襄置，僑治朔方。領州四。貞觀二十三年分諸部置州三。郁射州以郁射施部置，初隸定襄，後來屬。藝失州以多地藝失部置。卑失州以卑失部置，初隸定襄，後來屬。叱略州

呼延都督府，貞觀二十年置。領州三。貞觀二十三年分諸部置州二。賀魯州以賀魯部置，初隸雲中都督，後來屬。葛邏州以葛邏、挹怛部置，初隸雲中都督，後來屬。䟭跌州初爲都督府，隸北庭，後爲州，來屬。

右隸單于都護府

新黎州貞觀二十三年以車鼻可汗之子羯漫陀部置。初爲都督府，後爲州。渾河州永徽元年，以車鼻可汗餘衆歌邏祿之烏德鞬山左廂部落置。狼山州永徽元年以歌邏祿右廂部落置，爲都督府，隸雲中都護。顯慶三年爲州，來屬。

堅昆都督府貞觀二十二年以沙鉢羅葉護部落置〔一〕。

右隸安北都護府

回紇州十八，府九。貞觀二十一年分回紇諸部置。

燕然州以多濫葛部地置，初爲都督府，及雞鹿、雞田、燭龍三州，隸燕然都護。開元元年來屬，僑治回樂。雞鹿州以奚結部置，僑治回樂。雞田州以阿跌部置，僑治回樂。東皋蘭州以渾部置，初爲都督府，并以延陀餘衆置祁連州，後罷都督，又分東、西州，永徽三年皆廢。後復置東皋蘭州，僑治鳴沙。燭龍州貞觀二十二年析瀚海都督之掘羅勿部置，僑治溫池。燕山州僑治溫池。

右隸靈州都督府

達渾都督府，以延陀部落置，僑治寧朔。領州五。姑衍州　步訖若州　嵠彈州永徽中收延陀散亡部落置。鶻州　低粟州安化州都督府僑治朔方。

寧朔州都督府僑治朔方。

僕固州都督府僑治朔方。

右隸夏州都督府

榆溪州以契苾部置。　寘顏州以白霫部置。　居延州以白霫別部置。　稽落州本高闕州，以斛薩部置。永徽元年廢高闕州，更置稽落州，後又廢，三年以阿特部復置。　余吾州本玄闕州，貞觀中以骨利幹部置，龍朔中更名。

浚稽州　仙萼州初隸瀚海都護，後來屬。

瀚海都督府以回紇部置。

金微都督府以僕固部置。

幽陵都督府以拔野古部置。

龜林都督府貞觀二年以同羅部落置〔二〕

堅昆都督府以結骨部置。

右隸安北都護府

党項州五十一，府十五。貞觀三年，酋長細封步賴內附，其後諸姓酋長相率亦內附，皆列其地置州縣，隸松州都督府。五年又開其地置州十六，縣四十七；又以拓拔赤詞部置州三十二。乾封二年以吐蕃入寇，廢都、流、厥、調、湊、般、匐、器、邇、鍠、率、差等十二州，咸亨二年又廢蠶、黎二州。祿山之亂，河、隴陷吐蕃，乃徙党項州所存者于靈、慶、銀、夏之境。

清塞州

歸德州僑治銀州境。

蘭池都督府

芳池都督府

相興都督府

永平都督府

旭定都督府

清寧都督府

忠順都督府

寧保都督府

靜塞都督府

萬吉都督府

樂容州都督府，領州一。

東夏州

靜邊州都督府，貞觀中置，初在隴右，後僑治慶州之境。領州二十五。

布州

北夏州

思義州

思樂州　昌塞州　吳州天授二年置吳、朝、歸、浮等州。朝州「朝」一作「彭」。歸州「歸」一作「陽」。浮州　祐州貞觀四年置，領縣二：廓川，歸定。　卑州　西歸州　嶂州貞觀四年置。縣四：洛平，顯川，桂川，顯平。　錆州　開元州　歸順州本在山南之西，寶應元年詣梁州刺史內附。　淳州貞觀十二年以降戶置于洮州之境，并置索恭、烏城二縣。開元中廢，後爲羈縻。　烏籠州　恤州　嵯州貞觀五年置。縣一：相雞。相雞本隸西懷州，貞觀十年來屬。　蓋州本西唐州，貞觀四年置，八年更名。縣四：湘水，河唐，曲嶺，祐川。　悅州

迴樂州　烏掌州　諾州貞觀五年置。縣三：諾川，德歸，籬渭。

右隸靈州都督府

芳池州都督府，僑治懷安，皆野利氏種落。領州九。　寧靜州　種州　玉州貞觀五年置。縣二：玉山，滯河。

濮州　林州　尹州　位州貞觀四年置。縣二：位豐，西使。　長州　寶州

宜定州都督府，本安定，後更名。　領州七。　党州　橋州貞觀六年置。　烏州　西戎州貞觀五年以拓拔赤詞部落置。初爲都督府，後爲州，來屬。　野利州　米州　還州

安化州都督府，領州七。　永和州〔三〕　威州　旭州　莫州　西滄州貞觀六年置，八年更名臺州，後復故名。　琮州　儒州本西鹽州，貞觀五年以拓拔部置，治故後魏洪和郡之藍川縣地，八年更名。開元中廢，後爲羈縻。

右隸慶州都督府

吐谷渾州二。

寧朔州 初隸樂容都督府，代宗時來屬。

右隸夏州都督府

渾州 儀鳳中自涼州內附者，處於金明西境置。

右隸延州都督府

河北道

突厥州二。

順州順義郡 貞觀四年平突厥，以其部落置順、祐、化、長四州都督府于幽、靈之境；又置北開、北寧、北撫、北安等四州都督府。六年順州僑治營州南之五柳戍；又分思農部置燕然縣，僑治陽曲；分思結部置懷化縣，僑治秀容，隸順州；後皆省。祐、化、長及北開等四州亦廢，而順州僑治幽州城中。歲貢麝香。縣一：賓義。 瑞州 本威州，貞觀十年以烏突汗達干部落置，在營州之境。咸亨中更名。後僑治良鄉之廣陽城。縣一：來遠。

右初隸營州都督府，及李盡忠陷營州，以順州隸幽州都督府，徙瑞州于宋州之境。神龍初北還，亦隸幽州都督府。

奚州九，府一。

鮮州武德五年析饒樂都督府置。僑治潞之古縣城。縣一：賓從。　崇州武德五年析饒樂都督府之可汗部落置。貞觀三年更名北黎州，治營州之廢陽師鎮。八年復故名。後與鮮州同僑治潞之古縣城。縣一：昌黎。　順化州縣一：懷遠。　歸義州歸德郡總章中以新羅戶置，僑治良鄉之廣陽城。縣一：歸義。後廢。開元中，信安王禕降契丹李詩部落五千帳，以其衆復置。

奉誠都督府，本饒樂都督府，唐初置，後廢。貞觀二十二年以內屬奚可度者部落更置，并以別帥五部置弱水等五州。開元二十三年更名。領州五。　弱水州以阿會部置。　祁黎州以處和部置。　洛瓌州以奧失部置。　太魯州以度稽部置。　渴野州以元俟析部置。

契丹州十七，府一。

玄州貞觀二十年以紇主曲據部落置。僑治范陽之魯泊村。縣一：靜蕃。　威州本遼州，武德二年以內稽部落置。初治燕支城，後僑治營州城中。貞觀元年更名。後治良鄉之石窟堡。縣一：威化。　昌州貞觀二年以松漠部落置，僑治營州之靜蕃戍。七年徙于三合鎮，後治安次之故常道城。縣一：龍山。師州貞觀三年以契丹、室韋部落置，僑治營州之廢陽師鎮，後僑治良鄉之東閭城。縣一：陽師。帶州貞觀十年以乙失革部落置。僑治昌平之清水店。縣一：孤竹。歸順州歸化郡本彈汗州，貞觀二十二年以內屬契丹別帥析紇便部置。開元四年更名。縣一：懷柔。沃州載初中析昌州置。萬歲通天元年沒于李盡忠，開元二年復置。後僑治薊之南回城。縣一：濱海。信州萬歲通天元年以乙失活部落置。僑治范陽境。縣一：黃龍。青山州景雲元年析玄州置。僑治范陽之水門村。縣一：青山。

松漠都督府，貞觀二十二年以內屬契丹窟哥部置，其別帥七部分置峭落等八州。李盡忠叛後廢，開元二年復置。領州八。峭落州以達稽部置。無逢州以獨活部置。羽陵州以芬問部置。白連州以突便部置。徒何州以芮奚部置。萬丹州以墜斤部置。疋黎州以伏部置。赤山州以伏部分置。

歸誠州

靺鞨州三，府三。

愼州武德初以涑沫、烏素固部落置。僑治良鄉之故都鄉城。縣一：逢龍。夷賓州乾符中以愁思嶺部落置，僑治良鄉之古廣陽城。縣一：來蘇。黎州載初二年析愼州置。僑治良鄉之故都鄉城。縣一：新黎。

黑水州都督府開元十四年置。

渤海都督府

安靜都督府

右初皆隸營州都督，李盡忠陷營州，乃遷玄州于徐、宋之境，威州于幽州之境，昌、師、帶、鮮、信五州于青州之境，崇、愼二州于淄、青之境，夷賓州于徐州之境，黎州于宋州之境，在河南者十州，神龍初乃使北還，二年皆隸幽州都督府。

降胡州一。

凜州天寶初置，僑治范陽境。

右隸幽州都督府

高麗降戶州十四，府九。太宗親征，得蓋牟城，置蓋州；得遼東城，置遼州；得白崖城，置巖州。及師還，拔蓋、遼二州之人以歸。高宗滅高麗，置都督府九，州四十二，後所存州止十四。初，顯慶五年平百濟，以其地置熊津、馬韓、東明、金連、德安五都督府，并置帶方州，麟德後廢。

南蘇州　蓋牟州　代那州　倉巖州　磨米州　積利州　黎山州　延津州　木底州　安市州

諸北州　識利州　拂涅州　拜漢州

新城州都督府
遼城州都督府
哥勿州都督府
衞樂州都督府
舍利州都督府
居素州都督府
越喜州都督府
去旦州都督府
建安州都督府

右隸安東都護府

隴右道

突厥州三，府二十七。

皋蘭州貞觀二十二年以阿史德特健部置，初隸燕然都護，後來屬。

興昔都督府

右隸涼州都督府

特伽州　雞洛州開元中又有火拔州、葛祿州，後不復見。

濛池都護府貞觀二十三年，以阿史那賀魯部落置瑤池都督府，永徽四年廢。顯慶二年禽賀魯，分其地，置都護府二、都督府八，其役屬諸胡皆爲州。

崑陵都護府

匐延都督府以處木昆部置。

嗢鹿州都督府以突騎施索葛莫賀部置。

潔山都督府以突騎施阿利施部置。

雙河都督府以攝舍提暾部置。

鷹娑都督府以鼠尼施處半部置。

鹽泊州都督府以胡祿屋闕部置。

陰山州都督府顯慶三年分葛邏祿三部置三府，以謀落部置。

大漠州都督府以葛邏祿熾俟部置。

玄池州都督府以葛邏祿踏實部置。

金附州都督府析大漢州置。

輪臺州都督府

金滿州都督府永徽五年以處月部落置爲州，隸輪臺。龍朔二年爲府。

咽麪州都督府初，玄池、咽麪爲州，隸燕然，長安二年爲都督府，隸北庭。

鹽祿州都督府

哥係州都督府

孤舒州都督府

西鹽州都督府

東鹽州都督府

叱勒州都督府

迦瑟州都督府

憑洛州都督府

沙陀州都督府

答爛州都督府

右隸北庭都護府

回紇州三，府一。

蹛林州以思結別部置。

金水州

賀蘭州

盧山都督府以思結部置。

右初隸燕然都護府，總章元年隸涼州都督府。

党項州七十三，府一，縣一。

馬邑州開元十七年置，在秦、成二州山谷間。寶應元年徙于成州之鹽井故城。

右隸秦州都督府

保塞州

右隸臨州都督府

密恭縣高宗上元三年爲吐蕃所破，因廢，後復置。

右隸洮州

叢州貞觀三年置。縣三：寧遠，臨泉，臨河。

岷州貞觀元年以降戶置。縣二：江源，落稽。

奉州本西仁州，貞觀

元年置，八年更名。縣三：奉德，恩安，永慈。巖州本西金州，貞觀五年置，八年更名。縣三：金池，甘松，丹巖。遠州本西懷州，貞觀四年置，八年更名。縣二：羅水，小部川。麟州本西麟州，貞觀五年置，八年更名。縣七：硤川，和善，劍具，硤源，三交，利恭，東陵。可州本西義州，貞觀四年置，八年更名。縣三：義誠，清化，靜方。闊州貞觀五年置。縣二：闊源，落吳。彭州本洪州，貞觀三年置，七年更名。縣四：洪川，歸遠，臨津，歸正。直州本西集州，貞觀五年置，八年更名。縣二：集川，新川。肆州貞觀五年置。縣四：歸唐，芳叢，鹽水，磨山。序州貞觀十年置。　靜州咸亨三年以內附部落置。

軌州都督府貞觀二年以細封步賴部置。縣四：玉城，金原，俄徹，通川。

以上有版。

研州　探那州　怉州　毗州　河州　幹州　瓊州　犀州　龕州　陪州　如州　麻州

霸州　彌州　光州　至涼州　曄州　思帝州　統州　穀邛州　達違州　萬卑州　慈州

融洮州　執州　答針州　稅河州　吳洛州　齊帝州　苗州　始目州　悉多州　質州

兆州　求易州　託州　志德州　延避州　略州　索京州　柘剛州　明桑州　白豆州

瓚州　眘和州　和昔州　祝州　索川州　拔揭州　鼓州　飛州　索渠州　目州　寶劍州

津州　柘鍾州　紀州　徽州

以上無版。

右初隸松州都督府，肅宗時懿、蓋、嵯、諾、嶂、祐、臺、橋、浮、寶、玉、位、儒、歸、恤及西戎、西滄、樂容、歸德等州皆內徙，餘皆沒于吐蕃；

乾封州　歸義州　順化州　和寧州　和義州　保善州　寧定州　羅雲州　朝鳳州以上寶應元年內附。

永定州永泰元年以永定等十二州部落內附，析置州十五。

宜芳州餘闕。

右闕。

吐谷渾州一。

閤門州

右隸涼州都督府

四鎮都督府，州三十四。咸亨元年，吐蕃陷安西，因罷四鎮，長壽二年復置。

龜茲都督府，貞觀二十年平龜茲置。領州九。闕。

毗沙都督府，本于闐國，貞觀二十二年內附，初置州五，高宗上元二年置府，析州為十。領州十。闕。

焉耆都督府貞觀十八年滅焉耆置。有碎葉城，調露元年，都護王方翼築，四面十二門，為屈曲隱出伏沒之狀云。

疏勒都督府，貞觀九年疏勒內附置。領州十五。闕。

河西內屬諸胡，州十二，府二。

烏壘州　和墨州　温府州　蔚頭州　遍城州　耀建州　寅度州　豬拔州　達滿州

蒲順州　郢及滿州　乞乍州

嬀塞都督府

渠黎都督府

西域府十六，州七十二。龍朔元年，以隴州南由令王名遠爲吐火羅道置州縣使，自于闐以西，波斯以東，凡十六國，以其王都爲都督府，以其屬部爲州縣。凡州八十八，縣百一十，軍、府百二十六。

月支都督府，以吐火羅葉護阿緩城置。領州二十五。藍氏州以鉢勃城置。大夏州以縛叱城置。

漢樓州以俱祿犍城置。弗敵州以烏邏氈城置。沙律州以咄城置。嬀水州以羯城置。盤越州以忽婆城置。忸密州以烏羅渾城置。伽倍州以摩彥城置。粟特州以阿捺臘城置。鉢羅州以蘭城置。雙泉州以悉計蜜悉帝城置。祀惟州以昏磨城置。遲散州以悉蜜言城置。富樓州以乞施巘城置。丁零州以泥射城置。薄知州以析面城置。桃槐州以阿臘城置。大檀州以頰厥伊城具闕達官部落置。伏盧州以播薩城置。身毒州以乞澀職城置。西戎州以突厥施怛駃城置〔四〕。篋頡州以騎失帝城置。

疊仗州以發部落城置。　苑湯州以拔特山城置。

大汗都督府，以嚈噠部落活路城置。領州十五。附墨州以弩那城置。　奄蔡州以胡路城置。　依耐州以婆多楞薩達健城置。　犂州以少俱部落置。　楡令州以烏模言城置。　安屋州以遮瑟多城置。　罽陵州以數始城置。　碣石州以迦沙紛遮城置。　波知州以羯勞支城置。　烏丹州以烏捺斯城置。　諾色州以速利城置。　迷蜜州以順問城置。　盻頓州以乍城置。　宿利州以頞施谷部落置。　賀那州以汗曜部落置。

條支都督府，以訶達羅支國伏寶瑟顛城置。領州九。　細柳州以護聞城置。　虞泉州以贊候瑟顛城置。　犂靳州以據瑟部落置。　崦嵫州以遏忽部落置。　巨雀州以烏離難城置。　遺州以遺蘭部落置。　西海州以郝薩大城置。　鎮西州以活恨部落置。　乾陀州以縛狼部落置。

天馬都督府，以解蘇國數瞞城置。領州二。　洛那州以忽論城置。　束離州以達利薄紇城置。

高附都督府，以骨咄施沃沙城置。領州二。　五翖州以葛邏犍城置。　休蜜州以烏斯城置。

脩鮮都督府，以罽賓國遏紇城置。領州十。　毗舍州以羅漫城置。　陰米州以賤那城置。　波路州以和藍城置。　龍池州以遺恨城置。　烏弋州以塞奔你邏斯城置。　羅羅州以濫犍城置。　檀特州以半製城置。　烏利州以勃逸城置。　漠州以鶻換城置。　懸度州以布路犍城置。

寫鳳都督府，以帆延國羅爛城置。領州四。　嶰谷州以肩捺城置。　泠淪州以俟麟城置。　悉萬州以縛時伏城置。鉗敦州以未腅薩旦城置。

悅般州都督府，以石汗那國豔城置。領雙靡州。以俱蘭城置。

奇沙州都督府，以護時犍國遏蜜城置。領州二。沛隸州以漫山城置。大秦州以叡蜜城置。

姑墨州都督府，以怛沒國怛沒城置。領栗弋州。以弩羯城置。

旅獒州都督府以烏拉喝國摩竭城置。

崑墟州都督府以多勒建國低寶那城置。

至拔州都督府以俱蜜國褚瑟城置。

鳥飛州都督府，以護蜜多國摸逵城置〔三〕。領鉢和州。以娑勒色訶城置。

王庭州都督府以久越得犍國步師城置。

波斯都督府以波斯國疾陵城置。

右隸安西都護府

劍南道

諸羌州百六十八。

西雅州貞觀五年置。縣三：新城，三泉，石龍。　蛾州貞觀五年置。縣二：常平，那川。　拱州顯慶元年以鉢南伏浪恐部置。　劍州永徽五年以大首領凍就部落置。

右隸松州都督府

塗州武德元年以臨塗羌內附置，領臨塗、端源、婆覽三縣。貞觀元年州廢，縣亦省。二年析茂州之端源戍復置，縣三：端源，臨塗，悉鄰。　炎州本西封州，貞觀五年開生羌置，八年更名。縣三：大封，慕仙，義川。　徹州貞觀六年以西羌董洞貴部落置。縣三：文徹，俄耳，文進。　向州貞觀五年以生羌置。縣二：貝左，向貳。　冉州本西冉州，貞觀六年以徼外斂才羌地置，八年更名，九年第爲冉州。縣四：冉山，磨山，玉溪，金水。　穹州本西博州，貞觀五年以生羌置，八年更名。縣五：小川，徹當，璺川，當博，恭耳。　笮州本西恭州，貞觀七年以白狗羌戶置，八年更名。縣三：遂都，亭勸，比思。　蓬魯州永徽二年，特浪生羌董悉奉求、辟惠生羌卜檐莫等種落萬餘戶內附，又析置州三十二。

姜州　恕州　葛州　勿州　鞮州　占州　達州　浪州　邠州　斂州　補州　頼州　那州

舉州　多州　爾州　射州　鐸州　平祭州　時州　箭州　婆州　浩州　賀州　居州

可州　宕州　歸化州　柰州　笁州　卓州

右隸茂州都督府

思亮州　杜州　初漢州　孚川州　渠川州　丘盧州　祐州　計州　龍施州　月亂州

浪彌州　月邊州　圍州　橿州　威川州　米羌州

右隸巂州都督府

當馬州此下二十一州，天寶前置。　林波州　中川州　林燒州　鉗矢州　會野州　當仁州
金林州　東嘉梁州　西嘉梁州　東石乳州　西石乳州　涉邛州　汶東州　費林州
徐渠州　彊雞州　長臂州　楊常州　羅巖州初隸黎州都督，後來屬。　雅州　椎梅州此下三十六州，開元後置。　三井州　束鋒州　名配州　鉗恭州　斜恭州　畫重州　羅林州　籠羊州
龍逢州　敢川州　驚川州　榪眉州　木燭州　當品州　嚴城州　昌磊州　鉗并州　作重州
榪林州　三恭州　布嵐州　欠馬州　羅蓬州　論川州　讓川州　遠南州　卑盧州　夔龍州
耀川州　金川州　鹽井州　涼川州　夏梁州　甫和州　槲查州

右隸雅州都督府

奉上州此下二十二州，開元前置。　輒榮州　劇川州　合欽州　蓬口州　博盧州　明川州
胣胈州　蓬矢州　大渡州　米川州　木屬州　河東州　甫嵐州　昌明州　歸化州初隸巂州後來屬。　象川州　叢夏州　和良州　和都州　附樹州　東川州　上貴州此下二十八州，開元十七年置。　滑川州　比川州　吉川州　甫萼州　比地州　蒼榮州　野川州　邛凍州
貴林州　牒珍州　浪彌州　郎郭州　上欽州　時蓬州　儼馬州　邛川州　護邛州

脚川州　開望州　上蓬州　比蓬州　剣重州　久護州　瑤劍州　明昌州　護川州
索古州此下三州，大和以前置。　諾柞州　柏坡州

右隸黎州都督府

諸蠻州九十二。皆無城邑，椎髻皮服，惟來集于都督府，則衣冠如華人焉。

南寧州漢夜郎地。武德元年開南中，因故同樂縣置，治味。四年置總管府。五年僑治益州。八年復治味，更名郎州。貞觀元年罷都督。開元五年復故名。天寶末沒于蠻，因廢。唐末復置州于清溪鎮，去黔州二十九日行。縣七：味，同樂，升麻，同起，新豐，隴堤，泉麻。昆州本隋置，隋亂廢。武德元年開南中，復置。土貢：牛黃。縣四：益寧，晉寧，安寧，秦臧。有滇池，在晉寧。其秦臧，則故臧漢地也〔六〕。黎州本西寧州，武德七年析南寧州二縣置，貞觀八年更名。北接昆州。縣二：梁水，絳。匡州本南雲州，武德七年置，貞觀八年更名。漢永昌郡地。縣二：勃弄，匡川。髳州本西濮州，武德四年置，貞觀十一年更名。漢越嶲郡地，南接姚州。縣四：濮水，青蛉，岐星，銅山。尹州武德四年置，北接髳州。縣五：馬邑，天池，鹽泉，百泉，涌泉。曾州武德四年置，西接匡州。縣五：曾，三部，神泉，龍亭，長和。鉤州本南龍州，武德七年置，貞觀十一年更名。東北接昆州。縣二：望水，唐封。裒州武德七年置。本弄棟地，南接姚州。縣二：楊彼，樂疆。宗州本西宗州，武德七年置，貞觀十一年第名宗州。北接姚州。縣三：宗居，石塔，河西。微州本西利州，武德七年置，貞觀十一年更名。北接縻州。縣二：深利，十部。縻州本西豫州，武德七年置，貞觀

三年更名。南接姚州。初爲都督府，督縻、望、謻羅三州，後罷都督。縣二：磨豫，七部。望州貞觀末以諸蠻內附，與傍州同置，初隸郎州都督，後來屬。謻羅州 盤州本西平州，武德四年置，貞觀八年更名。故興古郡地，其南交州。縣三：附唐，平夷，盤水。靡州貞觀二十二年析郎州置。英州 聲州 勤州 傍州貞觀二十三年，諸蠻末徒莫祗、儉望二種落內附，置傍、望、求、丘、覽五州。求州 丘州 覽州 咸州 瀘慈州 歸武州 嚴州 湯望州 武德州 奏龍州 武鎮州本武恆，避穆宗名改。南唐州 連州縣六：當爲，都寧，邏遊，羅龍，加平，清坎。南州析盈州置。縣三：播政，百榮，洪盧。德州析志州置。縣二：羅連，萬巖。爲州析扶德州置。縣二：扶，羅僧。洛州析鏡州置。縣四：臨津，賓夷，曾城，葱蘖。移州析悅州置。縣三：移當，臨河，湯陵。悅州縣六：甘泉，青賓，臨川，悅水，夷鄰，胡璠。鏡州縣六：夷郎，賓唐，溪琳，琮連，池臨，野井。筠州縣八：鹽水，筠山，羅余，臨居，澄瀾，臨昆，唐川，尋源。志州「志」一作「總」。縣四：浮萍，雞惟，夷賓，河西。盈州縣四：盈川，塗賽，播陵，施燕。武昌州縣七：洪武，羅虹，琅林，夷朗，來賓，羅新，綺婆。扶德州縣三：宋水，扶德，阿陰。播朗州析鞏州置。縣三：播滕，從顏，順化。信州 居州 炎州 馴州縣五：馴祿，天池，方陀，羅藏，播騁。騁州縣二：斛木，羅相。浪川州貞元十三年，節度使韋皋表置。縣五：郎浪，郎違，何度，郎仁，因閣。協州本隋置，隋亂廢。武德元年開南中復置。縣三：東安，西安，胡津。靖州析協州置。縣二：靖川，分協。曲州本恭州，隋置，隋亂廢。武德元年開南中復置，八年更名。故朱提郡，北接協州。縣二：朱提，唐興。朱提，本安上，武德七年更名。播陵州析盈州置。鉗州析開邊縣置。哥靈州 滈州縣三：拱平，掃宮，羅谷。 切騎州縣四：柳池，奏祿，縻託，通識。 品州縣三：八秤，松花，牧。 從州縣六：從花，昆池，武安，羅林，梯山，南寧。 牁連州縣三：牁連，羅名，新戍。 礝衞州縣三：麻金，礝衞，涪麻。

右隸戎州都督府

于州武德四年以古滇王國民多姚姓，因置姚州都督，并置州十三。 異州 五陵州 袖州 和往州 舍利州 范鄧州 野共州 洪郎州 日南州 眉鄧州 澄備州 洛諾州

右隸姚州都督府

納州都寧郡儀鳳二年開山洞置。縣八：羅圍，播羅，施陽，都寧，羅當，羅藍，都，胡茂。 先天二年與薩、晏、犖皆降爲羈縻。 薩州黃池郡儀鳳二年招生獠置。縣二：黃池，播陵。 晏州羅陽郡儀鳳二年招生獠置。縣七：思峩，牁陰，新賓，扶來，思晏，哆罔，羅陽。 犖州因忠郡儀鳳二年開山洞置。縣五：哆摟，都檀，波婆，比求，播郎。 奉州儀鳳二年開山洞置。縣二：牁里，邏蓬。 浙州儀鳳二年開山洞置。縣四：浙源，越賓，洛川，鱗山。 順州載初二年置。縣五：曲水，順山，靈巖，來猿，龍池。 思峩州天授二年置。縣二：多溪，洛溪。 淯州久視元年置。縣四：新定，淯川，固城，居牢。 能州大足元年置。縣四：長寧，來銀，菊池，猿山。 高州縣三：牁巴，移甫，徙西。 宋州縣四：牁龍，牁支，宋水，盧吾。 長寧州縣四：婆員，波居，青盧，羅門。 定州縣二：支江，扶德。

右隸瀘州都督府

諸蠻州五十一。

牂州武德三年以牂柯首領謝龍羽地置，四年更名柯州，後復故名。初，牂、琰、莊、充、應、矩六州皆爲下州，開元中降牂、琰、莊爲羈縻，天寶三載又降充、應、矩爲羈縻。縣三：建安，賓化，新興。建安，本牂柯，武德二年更名。新興與州同置。

琰州貞觀四年置。縣五：武侯，望江，應江，始安，東南。貞觀中又領隆昆、琰川二縣，後省。莊州本南壽州，貞觀三年以南謝蠻首領謝彊地置，四年更名，十一年爲都督府，景龍二年罷都督。故隋牂柯郡地。南百里有桂嶺關。縣七：石牛，南陽，輕水，多樂，樂安，石城，新安。貞觀中又領淸蘭縣，後省。充州武德三年以牂柯蠻別部置，縣七：平蠻，東停，韶明，牂柯，東陵，辰水，思王。應州貞觀三年以東謝首領謝元深地置，縣五：都尙，婆覽，應江，陁隆，羅恭。

矩州武德四年置。明州貞觀中以西趙首領趙磨酋地置。蕎州　勞州　義州　福州　犍州　邦州

淸州　峩州　蠻州縣一：巴江。　獻州「獻」一作「鼓」。　濡州　琳州縣三：多梅，古陽，多奉。

鸞州　令州　那州　暉州　都州　總州咸亨三年，昆明十四姓率戶二萬內屬分置。敦州咸亨三年析內屬昆明部置，縣六：武寧，溝水，古質，昆川，叢燕，孤雲。殷州咸亨三年析昆明部置，後廢。開元十五年分戎州復置，後又廢。貞元二年，節度使韋皐表復置。故南漢之境也〔七〕。縣五：殷川，東公，龍原，韋川，賓川。初與敦州皆隸戎州都督，

後來屬。

倰州　晃州　樊州　稜州　添州　普寧州　功州　亮州　茂龍州　延州　訓州

卿州貞觀十五年置。　雙城州　整州　懸州　撫水州縣四：撫水，古勞，多蓬，京水。　思源州

逸州　南平州　勳州　襲州　寶州　萬歲通天二年以昆明夷內附置。　姜州　鴻州縣五：樂鴻，思翁，

都部，新庭，臨川。

右隸黔州都督府

嶺南道

諸蠻州九十二。

紆州縣六：東區，吉陵，賓安，南山，都邦，紆質。　歸思州〔八〕　思順州縣五：羅遵，履博，都恩，吉南，許水。

蕃州縣三：蕃水，都伊，思寮。　温泉州温泉郡土貢：金。縣二：溫泉，洛富。　述昆州土貢：桂心。縣五：夷蒙，

夷水，古桂，臨山，都隴。　格州

右隸桂州都督府

根州縣八：正平，富平，龍源，思恩，饒勉，武招，都象，歌良。　歸順州本歸淳，元和初更名。　思剛州　侯州

歸誠州　倫州　石西州　思恩州　思同州　思明州縣一：顯川。　萬形州　萬承州　上思州

談州　思琅州　波州　員州　功饒州　萬德州　左州　思誠州　鍋州　歸樂州　青州

得州　七源州

右隸邕州都督府

德化州永泰二年以林覩符部落置。縣二：德化，歸義。　郎茫州永泰二年以林覩符部落分置。縣二：郎茫，古勇。

龍武州大曆中以潘歸國部落置。縣二：龍丘，福宇。　歸化州縣四：歸朝，洛都，落回，落鵝。　郡州土貢：白鐵、孔雀尾。縣二：郡口，樂安。　萬泉州縣一：陸水。　思農州縣三：武郎，武容，武全。　爲州縣三：都龍，漢會，武零。　西原州縣三：羅和，古林，羅淡。　林西州縣二：林西，甘橘。　思廓州縣三：都寧，昆陽，羅方。

武靈州縣三：文葛，甘郎，蘇物。　新安州縣三：歸化，賓陽，安德。　金廓州縣三：羅嘉，文龍，祿榮。　提上州縣三：長賓，提頭，朱綠。　甘棠州縣一：忠誠。　武定州縣三：福祿，柔遠，康林。　都金州縣四：溫泉，嘉陵，甘陽，都金。　諒州縣二：武興，古都。　武陸州開成三年，都護馬植表以武陸縣置。　平原州開成四年析都金州之平原館置。縣三：龍石，平林，龍當。　龍州　武定州　眞州　信州　思陵州　祿州中宗時有單樂縣，後省。　南平州　西平州　門州　餘州　歸州　金隣州儀鳳元年置。　暑州　羅伏州

儋陵州　樊德州　金龍州　哥富州貞元十二年置。　尙思州貞元十二年置。　安德州貞元十二年置。

右隸安南都護府

蜀爨蠻州十八貞元七年領州名逸。

右隸峯州都督府

唐置羈縻諸州，皆傍塞外，或寓名於夷落。而四夷之與中國通者甚衆，若將臣之所征討，敕使之所慰賜，宜有以記其所從出。天寶中，玄宗問諸蕃國遠近，鴻臚卿王忠嗣以西域圖對，纔十數國。其後貞元宰相賈耽考方域道里之數最詳，從邊州入四夷，通譯于鴻臚者，莫不畢紀。其入四夷之路與關戍走集最要者七：一曰營州入安東道，二曰登州海行入高麗渤海道，三曰夏州塞外通大同雲中道，四曰中受降城入回鶻道，五曰安西入西域道，六曰安南通天竺道，七曰廣州通海夷道。其山川聚落，封略遠近，皆概舉其目。州縣有名而前所不錄者，或夷狄所自名云。

營州西北百里曰松陘嶺，其西奚，其東契丹。距營州北四百里至湟水。營州東百八十里至燕郡城。又經汝羅守捉，渡遼水至安東都護府五百里。府，故漢襄平城也。東南至平壤城八百里；西南至都里海口六百里；西至建安城三百里，故中郭縣也；南至鴨淥江北泊汋城七百里，故安平縣也。自都護府東北經古蓋牟、新城，又經渤海長嶺府，千五百里至渤海王城，城臨忽汗海，其西南三十里有古肅愼城，其北經德理鎭，至南黑水靺鞨千里。

登州東北海行，過大謝島、龜歆島、末島、烏湖島三百里。北渡烏湖海，至馬石山東之都里鎭二百里。東傍海壖，過青泥浦、桃花浦、杏花浦、石人汪、橐駝灣、烏骨江八百里。乃南傍海壖，過烏牧島、貝江口、椒島，得新羅西北之長口鎭。又過秦王石橋、麻田島、古寺島、得物島，千里至鴨淥江唐恩浦口。乃東南陸行，七百里至新羅王城。自鴨淥江口舟行百餘里，乃小舫泝流東北三十里至泊汋口，得渤海之境。又泝流五百里，至丸都縣城，故高麗王都〔九〕。又東北泝流二百里，至神州。又陸行四百里，至顯州，天寶中王所都。又正北如東六百里，至渤海王城。

夏州北渡烏水，經賀麟澤、拔利干澤，過沙，次內橫剗、沃野泊、長澤、白城，百二十里至可朱渾水源。又經故陽城澤、橫剗北門、突紇利泊、石子嶺，百餘里至阿頹泉。又經大非苦鹽池，六十六里至賀蘭驛。又經庫也干泊、彌鵝泊、榆祿渾泊，百餘里至地頹澤。又經步拙泉故城，八十八里渡烏那水，經胡洛鹽池、紇伏干泉，四十八里度庫結沙，一曰普納沙，二十八里過橫水，五十九里至十賁故城，又十里至寧遠鎮。又涉屯根水，五十里至安樂戍，戍在河西壖，其東壖有古大同城。今大同城故永濟柵也。北經大泊，十七里至金河。又經故後魏沃野鎮城，傍金河，過古長城，九十二里至吐俱麟川。傍水行，經破落汗山、賀悅泉，百三十一里至步越多山。又東北二十里至纈特泉。又東六十里至賀人山，山西磧口有詰特犍泊。吐俱麟川水西有城，城東南經拔厥那山，二百三十里至帝割達城。又東北至諸眞水汊。又東南百八十七里，經古可汗城至鹹澤。又東南經烏咄谷，二百七里至古雲中城。又西五十五里有綏遠城。皆靈、夏以北蕃落所居。

中受降城正北如東八十里，有呼延谷，谷南口有呼延柵，谷北口有歸唐柵，車道也，入回鶻使所經。又五百里至鸊鵜泉，又十里入磧，經麚鹿山、鹿耳山、錯甲山，八百里至山鷰子井。又西北經密粟山、達旦泊、野馬泊、可汗泉、橫嶺、綿泉、鏡泊，七百里至回鶻衙帳。

又別道自鸊鵜泉北經公主城、眉間城、怛羅思山、赤崖、鹽泊、渾義河、爐門山、木燭嶺，千五百里亦至回鶻衙帳。東有平野，西據烏德鞬山，南依嗢昆水，北六七百里至仙娥河，河北岸有富貴城。又正北如東過雪山松樺林及諸泉泊，千五百里至骨利幹，又西十三日行至都播部落，又北六七日至堅昆部落，有牢山、劍水。

又自衙帳東北渡仙娥河，二千里至室韋。骨利幹之東，室韋之西有鞠部落，亦曰祴部落。其東十五日行有俞折國，亦室韋部落。又正北十日行有大漢國，又北有骨師國。骨利幹、都播二部落北有小海，冰堅時馬行八日可度。海北多大山，其民狀貌甚偉，風俗類骨利幹，晝長而夕短。

回鶻有延姪伽水，一曰延特勒泊，曰延特勒郍海。烏德鞬山左右嗢昆河、獨邏河皆屈曲東北流，至衙帳東北五百里合流。泊東北千餘里有俱倫泊，泊之四面皆室韋。

安西西出柘厥關，渡白馬河，百八十里西入俱毗羅磧。經苦井，百二十里至俱毗羅城。又六十里至阿悉言城。又六十里至撥換城，一曰威戎城，曰姑墨州，南臨思渾河。乃西北渡撥換河、中河，距思渾河百二十里，至小石城。又二十里至于闐境之胡蘆河〔10〕。又六十里至大石城，一曰于祝，曰温肅州。又西北三十里至粟樓烽。又四十里度拔達嶺。又五十里至頓多城，烏孫所治赤山城也。又三十里渡眞珠河，又西北度乏驛嶺，五十里渡雪海，又三十里至碎卜戍，傍碎卜水五十里至熱海。又四十里至凍城，又百一十里至賀獵城，又三十里至葉支城，出谷至碎葉川口，八十里至裴羅將軍城。又西二十里至碎葉城，城北有碎葉水，水北四十里有羯丹山，十姓可汗每立君長於此。自碎葉西十里至米國城，又三十里至新城，又六十里至頓建城，又五十里至阿史不來城，又七十里至俱蘭城，又十里至稅建城，又五十里至怛羅斯城。

自撥換、碎葉西南渡渾河，百八十里有濟濁館，故和平鋪也。又經故達幹城，百二十里至謁者館。又六十里至據史德城，龜茲境也，一曰鬱頭州，在赤河北岸孤石山。渡赤河，經岐山，三百四十里至葭蘆館。又經達漫城，百四十里至疏勒鎮，南北西三面皆有山，城在水中。城東又有漢城，亦在灘上。赤河來自疏勒西葛羅嶺，至城西分流，合于城東北，入據史德界。自撥換南而東，經崑崗，渡赤河，又西南經神山、睢陽、鹹泊，又南經疎樹，九百三十里至于闐鎮城。

于闐西五十里有葦關，又西經勃野，西北渡繫館河，六百二十里至郅支滿城，一曰磧南州。又西北經苦井、黃渠，三百二十里至雙渠，故羯飯館也。又西北經半城，百六十里至演渡州，又北八十里至疏勒鎮。自疏勒西南入劍末谷、青山嶺、青嶺、不忍嶺，六百里至葱嶺守捉，故羯盤陀國，開元中置守捉，安西極邊之戍。有寧彌故城，一曰達德力城，曰汗彌國，曰拘彌城。于闐東三百九十里，有建德力河，東七百里有精絕國。于闐西南三百八十里，有皮山城，北與姑墨接。凍凌山在于闐國西南七百里。又于闐東三百里有坎城鎮，東六百里有蘭城鎮，南六百里有胡弩鎮，西二百里有固城鎮，西三百九十里有吉良鎮。于闐東距且末鎮千六百里。自焉耆西五十里過鐵門關，又二十里至于術守捉城，又二百里至楡林守捉，又五十里至龍泉守捉，又六十里至東夷僻守捉，又七十里至西夷僻守捉，又六十里至赤岸守捉，又百二十里至安西都護府。

又一路自沙州壽昌縣西十里至陽關故城，又西至蒲昌海南岸千里。自蒲昌海南岸，西經七屯城，漢伊脩城也。又西八十里至石城鎮，漢樓蘭國也，亦名鄯善，在蒲昌海南三百里，康豔典爲鎮使以通西域者。又西二百里至新城，亦謂之弩支城，豔典所築。又西經特勒井，渡且末河，五百里至播仙鎮，故且末城也，高宗上元中更名。又西經悉利支井、祅井、勿遮水，五百里至于闐東蘭城守捉。又西經移杜堡、彭懷堡、坎城守捉，三百里至于闐〔二〕。

安南經交趾太平，百餘里至峯州。又經南田，百三十里至恩樓縣，乃水行四十里至忠城州。又二百里至多利州，又三百里至朱貴州，又四百里至丹棠州〔三〕，皆生獠也。又四百五十里至古湧步，水路距安南凡千五百五十里。又百八十里經浮動山、天井山，山上夾道皆天井，間不容跬者三十里。二日行，至湯泉州。又五十里至祿索州，又十五里至龍武州，皆爨蠻安南境也。又八十三里至儻遲頓，又經八平城，八十里至洞澡水，又經南亭，百六十里至曲江，劍南地也。又經通海鎮，百六十里渡海河、利水至絳縣。又八十里至晉寧驛，戎州地也。又八十里至柘東城，又八十里至安寧故城，又四百八十里至雲南城〔三〕，又八十里至白崖城，又七十里至蒙舍城，又八十里至龍尾城，又十里至大和城，又二十五里至羊苴咩城。

自羊苴咩城西至永昌故郡三百里。又西渡怒江〔四〕，至諸葛亮城二百里。又南至樂城二百里。又入驃國境，經萬公等八部落，至悉利城七百里。又經突旻城至驃國千里。又自驃國西度黑山，至東天竺迦摩波國千六百里。又西北渡迦羅都河至奔那伐檀那國六百里。又西南至中天竺國東境恆河南岸羯朱嗢羅國四百里。又西至摩羯陀國六百里。

一路自諸葛亮城西去騰充城二百里。又西至彌城百里。又西過山，二百里至麗水城。乃西渡麗水、龍泉水，二百里至安西城。乃西渡彌諾江水，千里至大秦婆羅門國。又西渡大嶺，三百里至東天竺北界箇沒盧國。又西南千二百里，至中天竺國東北境之奔那伐檀那國，與驃國往婆羅門路合。

一路自驩州東二日行，至唐林州安遠縣，南行經古羅江，二日行至環王國之檀洞江。又四日至朱崖，又經單補鎮，二日至環王國城，故漢日南郡地也。

自驩州西南三日行，度霧溫嶺，又二日行至棠州日落縣，又經羅倫江及古朗洞之石蜜山，三日行至棠州文陽縣。又經⿱敖彔⿱敖彔澗，四日行至文單國之算臺縣，又三日行至文單外城，又一日行至內城，一日陸眞臘，其南水眞臘。又南至小海，其南羅越國，又南至大海。

廣州東南海行，二百里至屯門山，乃帆風西行，二日至九州石。又南二日至象石。又西南三日行，至占不勞山，山在環王國東二百里海中。又南二日行至陵山。又一日行，至門毒國。又一日行，至古笪國。又半日行，至奔陀浪洲。又兩日行，到軍突弄山。又五日行至海硤，蕃人謂之「質」，南北百里，北岸則羅越國，南岸則佛逝國。佛逝國東水行四五日，至訶陵國，南中洲之最大者。又西出硤，三日至葛葛僧祇國，在佛逝西北隅之別島，國人多鈔暴，乘舶者畏憚之。其北岸則箇羅國。箇羅西則哥谷羅國。又從葛葛僧祇四五日行，至勝鄧洲。又西五日行，至婆露國。又六日行，至婆國伽藍洲。又北四日行，至師子國，其北海岸距南天竺大岸百里。又西四日行，經沒來國，南天竺之最南境。又西北經十餘小國，至婆羅門西境。又西北二日行，至拔颶國。又十日行，經天竺西境小國五，至提颶國，其國有彌蘭太河，一曰新頭河，自北渤崑國來，西流至提颶國北，入于海。又自提颶國西二十日行，經小國二十餘，至提羅盧和國，一曰羅和異國，國人於海中立華表，夜則置炬其上，使舶人夜行不迷。又西一日行，至烏剌國，乃大食國之弗利剌河，南入于海。小舟泝流，二日至末羅國，大食重鎮也。又西北陸行千里，至茂門王所都縛達城。

自婆羅門南境，從沒來國至烏剌國，皆緣海東岸行；其西岸之西，皆大食國，其西最南謂之三蘭國。自三蘭國正北二十日行，經小國十餘，至設國。又十日行，經小國六七，至薩伊瞿和竭國，當海西岸。又西六七日行，經小國六七，至沒巽國。又西北十日行，經小國十餘，至拔離謌磨難國。又一日行，至烏剌國，與東岸路合。

西域有陀拔思單國〔二五〕，在疏勒西南二萬五千里，東距勃達國，西至涅滿國，皆一月行，南至羅刹支國半月行〔二六〕，北至海兩月行。

羅刹支國東至都槃國半月行，西至沙蘭國，南至大食國皆二十日行。

都槃國東至大食國半月行，南至大食國二十五日行，北至勃達國一月行。

勃達國東至大食國兩月行，西北至岐蘭國二十日行，北至大食國一月行。

河沒國東南至陀拔國半月行，西北至岐蘭國二十日行，南至沙蘭國一月行，北至海兩月行。

岐蘭國西至大食國兩月行，南至涅滿國二十日行，北至海五日行。

涅滿國西至大食國兩月行，南至大食國一月行，北至岐蘭國二十日行。

沙蘭國南至大食國二十五日行，北至涅滿國二十五日行。

石國東至拔汗那國百里，西南至東米國五百里。

罽賓國在疏勒西南四千里，東至俱蘭城國七百里，西至大食國千里，南至婆羅門國五百里，北至吐火羅國二百里。

東米國在安國西北二千里，東至碎葉國五千里，西南至石國千五百里，南至拔汗那國千五百里。

史國在疏勒西二千里，東至俱蜜國千里，西至大食國二千里，南至吐火羅國二百里，西北至康國七百里。

校勘記

〔一〕堅昆都督府貞觀二十二年以沙鉢羅葉護部落置　按本卷下文回紇州又有「堅昆都督府，以結骨部置」。唐會要卷七三、冊府卷九九九均謂貞觀二十二年，以結骨部置堅昆都督府，隸燕然都護。突厥集史卷六云：「當日之沙鉢羅葉護，係指賀魯，與堅昆無涉，新志之誤，當因會要前文有『四日，西蕃沙鉢羅葉護率衆歸附』一句，以爲兩事相連，故妄謂以沙鉢羅葉護部落置也。」

〔二〕貞觀二年以同羅部落置　「二」，唐會要卷七三、通鑑卷一九八作「二十一」。

〔三〕永和州　「和」，舊書卷三八地理志、寰宇記卷三三作「利」。

〔四〕突厥施怛馱城　西突厥史料補闕及考證西域十六國都督府州治地通考云：「『突厥施』得爲『突騎施』之訛？」

〔五〕以護蜜多國摸達城置　「達」，舊書卷四〇地理志作「廷」；唐會要卷七三作「達」。西突厥史料補闕及考證西域十六國都督府州治地通考謂「應以摸達爲正」。

〔六〕其秦臧則故臧漢地也　此句文義不明，疑有訛舛。按漢書卷二八上地理志、後漢書志第二三郡國，益州郡並領有秦臧縣，「故」下「臧」字疑衍。

〔七〕殷州……開元十五年分戎州復置……故南漢之境也　「南漢」，清一統志卷三〇二廢殷州條引作「南溪」。按元和志卷三一南溪縣云：「本漢南廣縣地。梁於此立南廣縣，屬戎州，仁壽三年改爲南溪縣，避煬帝諱也。皇朝因之。」疑當作「南溪」。

〔八〕歸思州　「思」，寰宇記卷一六八作「恩」。按此州闕所領縣，本卷下文思順州所領五縣，寰宇記置於此州下，其思順州別領安寧、欽化、巖栖三縣。寰宇記校勘記疑本書有舛闕。

〔九〕至丸都縣城故高麗王都　「丸」，各本原作「九」。按三國志魏書卷二八毌丘儉傳、卷三十烏丸鮮卑東夷傳均謂高句麗都於丸都；三國史記亦作「丸都」。據改。

〔一〇〕又二十里至于闐境之胡蘆河　「闐」，西突厥史料作「祝」，謂「唐書原文于祝誤作于闐」。

〔一一〕又西經移杜堡彭懷堡坎城守捉三百里至于闐　「坎」，各本原作「次」。按上文云「于闐東三百里有坎城鎮」，本書卷四〇地理志亦載「于闐東界有蘭城、坎城二守捉城」，據改。

〔三二〕丹棠州　樊綽蠻書卷一作「甘棠州」，校註以賈耽所記丹棠即蠻書之甘棠。按本卷上文安南都護府有甘棠州，校註當是。

〔三三〕雲南城　「雲」，各本原作「靈」，本書卷四三地理志及蠻書卷一、卷一〇均作「雲」。「靈」、「雲」形近而訛，據改。

〔三四〕自羊苴咩城西至永昌故郡三百里又西渡怒江　「怒」，各本原作「恕」。蠻書卷二云：「高黎共山在永昌西，下臨怒江。」明萬曆雲南通志卷二永昌府：「潞江，舊名怒江。」作「恕」誤，據改。

〔三五〕西域有陀拔思單國　「思」，各本原作「恩」。本書卷二二一下波斯傳、册府卷九七一均作「斯」。中外史地考證唐代大食七屬國考證云：「按恩乃思誤。」據改。

〔三六〕南至羅刹支國　「刹」，本書卷二二一西域傳作「利」。中西交通史料匯編三册一一三頁註三〇云：「羅刹支乃羅利支之誤刊。」下同。

唐書卷四十四

志第三十四

選舉志上

唐制，取士之科，多因隋舊，然其大要有三。由學館者曰生徒，由州縣者曰鄉貢，皆升于有司而進退之。其科之目，有秀才，有明經，有俊士，有進士，有明法，有明字，有明算，有一史，有三史，有開元禮，有道舉，有童子。而明經之別，有五經，有三經，有二經，有學究一經，有三禮，有三傳，有史科。此歲舉之常選也。其天子自詔者曰制舉，所以待非常之才焉。

凡學六，皆隸于國子監：國子學，生三百人，以文武三品以上子孫若從二品以上曾孫及勳官二品、縣公、京官四品帶三品勳封之子爲之；太學，生五百人，以五品以上子孫、職事官五品期親若三品曾孫及勳官三品以上有封之子爲之；四門學，生千三百人，其五百人以勳官三品以上無封、四品有封及文武七品以上子爲之，八百人以庶人之俊異者爲之；律學，生五十人，書學，生三十人，算學，生三十人，以八品以下子及庶人之通其學者爲之。京都學生八十人，大都督、中都督府、上州各六十人，下都督府、中州各五十人，下州四十人，京縣五十人，上縣四十人，中縣、中下縣各三十五人，下縣二十人。國子監生，尙書省補，祭酒統焉。州縣學生，州縣長官補，長史主焉。

凡館二：門下省有弘文館，生三十人；東宮有崇文館，生二十人。以皇緦麻以上親，皇太后、皇后大功以上親，宰相及散官一品、功臣身食實封者、京官職事從三品、中書黃門侍郎之子爲之。

凡博士、助教，分經授諸生，未終經者無易業。凡生，限年十四以上，十九以下；律學十八以上，二十五以下。

凡禮記、春秋左氏傳爲大經，詩、周禮、儀禮爲中經，易、尙書、春秋公羊傳、穀梁傳爲小經。通二經者，大經、小經各一，若中經二。通三經者，大經、中經、小經各一。通五經者，大經皆通，餘經各一，孝經、論語皆兼通之。凡治孝經、論語共限一歲，尙書、公羊傳、穀梁傳各一歲半，易、詩、周禮、儀禮各二歲，禮記、左氏傳各三歲。學書，日紙一幅，間習時務策，讀國語、說文、字林、三蒼、爾雅。凡書學，石經三體限三歲，說文二歲，字林一歲。凡算學，孫子、五曹共限一歲，九章、海島共三歲，張丘建、夏侯陽各一歲，周髀、五經算共一歲，綴術四歲，緝古三歲，記遺、三等數皆兼習之。

旬給假一日。前假，博士考試，讀者千言試一帖，帖三言，講者二千言問大義一條，總三條通二爲第，不及者有罰。歲終，通一年之業，口問大義十條，通八爲上，六爲中，五爲下。併三下與在學九歲、律生六歲不堪貢者罷歸。諸學生通二經、俊士通三經已及第而願留者，四門學生補太學，太學生補國子學。每歲五月有田假，九月有授衣假，二百里外給程。其不帥教及歲中違程滿三十日，事故百日，緣親病二百日，皆罷歸。既罷，條其狀下之屬所，五品以上子孫送兵部，準蔭配色。

每歲仲冬，州、縣、館、監舉其成者送之尚書省；而舉選不繇館、學者，謂之鄉貢，皆懷牒自列于州、縣。試已，長吏以鄉飲酒禮，會屬僚，設賓主，陳俎豆，備管絃，牲用少牢，歌鹿鳴之詩，因與耆艾叙長少焉。既至省，皆疏名列到，結款通保及所居，始由戶部集閱，而關于考功員外郎試之。

凡秀才，試方略策五道，以文理通粗爲上上、上中、上下、中上，凡四等爲及第。凡明經，先帖文，然後口試，經問大義十條，答時務策三道，亦爲四等。凡開元禮，通大義百條、策三道者，超資與官；義通七十、策通二者，及第。散、試官能通者，依正員。凡三傳科，左氏傳問大義五十條，公羊、穀梁傳三十條，策皆三道，義通七以上、策通二以上爲第，白身視五經，有出身及前資官視學究一經。凡史科，每史問大義百條、策三道，義通七、策通二以上爲第。能通一史者，白身視五經、三傳，有出身及前資官視學究一經；三史皆通者，奬擢之。凡童子科，十歲以下能通一經及孝經、論語，卷誦文十，通者予官；通七，予出身。凡進士，試時務策五道、帖一大經，經、策全通爲甲第；策通四、帖過四以上爲乙第。凡明法，試律七條、令三條，全通爲甲第，通八爲乙第。凡書學，先口試，通，乃墨試說文、字林二十條，通十八爲第。凡算學，錄大義本條爲問答，明數造術，詳明術理，然後爲通。試九章三條、海島孫子五曹張丘建夏侯陽周髀五經算各一條，十通六，記遺、三等數帖讀十得九，爲第。試綴術、緝古錄大義爲問答者，明數造術，詳明術理，無注者合數造術，不失義理，然後爲通。綴術七條、輯古三條，十通六，記遺、三等數帖讀十得九，爲第。落經者，雖通六，不第。

凡弘文、崇文生，試一大經、一小經，或二中經，或史記、前後漢書、三國志各一，或時務策五道。經史皆試策十道。經通六，史及時務策通三，皆帖孝經、論語共十條通六，爲第。

凡貢舉非其人者、廢舉者、校試不以實者，皆有罰。

其教人取士著於令者，大略如此。而士之進取之方，與上之好惡、所以育材養士、招來奬進之意，有司選士之法，因時增損不同。

自高祖初入長安，開大丞相府，下令置生員，自京師至于州縣皆有數。既卽位，又詔祕書外省別立小學，以教宗室子孫及功臣子弟。其後又詔諸州明經、秀才、俊士、進士明於理體爲鄉里稱者，縣考試，州長重覆，歲隨方物入貢；吏民子弟學藝者，皆送于京學，爲設考課之法。州、縣、鄉皆置學焉。及太宗卽位，益崇儒術。乃於門下別置弘文館，又增置書、律學，進士加讀經、史一部。十三年，東宮置崇文館。自天下初定，增築學舍至千二百區，雖七營飛騎，亦置生，遣博士爲授經。四夷若高麗、百濟、新羅、高昌、吐蕃，相繼遣子弟入學，遂至八千餘人。

高宗永徽二年，始停秀才科。龍朔二年，東都置國子監，明年以書學隸蘭臺，算學隸祕閣，律學隸詳刑。上元二年，加試貢士老子策，明經二條，進士三條。國子監置大成二十人，取已及第而聰明者爲之。試書日誦千言，幷日試策，所業十通七，然後補其祿俸，同直官。通四經業成，上於尚書，吏部試之，登第者加一階放選。其不第則習業如初，三歲而又試，三試而不中第，從常調。

永隆二年，考功員外郎劉思立建言，明經多抄義條，進士唯誦舊策，皆亡實才，而有司以人數充第。乃詔自今明經試帖粗十得六以上，進士試雜文二篇，通文律者然後試策。

武后之亂，改易舊制頗多。中宗反正，詔宗室三等以下、五等以上未出身，願宿衞及任國子生，聽之。其家居業成而堪貢者，宗正寺試，送監舉如常法。三衞番下日，願入學者，聽附國子學、太學及律館習業。蕃王及可汗子孫願入學者，附國子學讀書。

玄宗開元五年，始令鄉貢明經、進士見訖，國子監謁先師，學官開講問義，有司爲具食，淸資五品以上官及朝集使皆往閱禮焉。七年，又令弘文、崇文、國子生季一朝參。及注老子道德經成，詔天下家藏其書，貢舉人減尙書、論語策，而加試老子。又敕州縣學生年二十五以下、八品子若庶人二十一以下通一經及未通經而聰悟有文辭、史學者，入四門學爲俊士。卽諸州貢舉省試不第，願入學者亦聽。

二十四年，考功員外郎李昂爲舉人詆訶，帝以員外郎望輕，遂移貢舉於禮部，以侍郎主之。禮部選士自此始。

二十九年，始置崇玄學，習老子、莊子、文子、列子，亦曰道舉。其生，京、都各百人，諸州無常員。官秩、蔭第同國子，舉送、課試如明經。

天寶九載，置廣文館於國學，以領生徒爲進士者。舉人舊重兩監，後世祿者以京兆、同、華爲榮，而不入學。十二載，乃敕天下罷鄉貢，舉人不由國子及郡、縣學者，勿舉送。是歲，道舉停老子，加周易。十四載，復鄉貢。

代宗廣德二年，詔曰：「古者設太學，教冑子，雖年穀不登，兵革或動，而俎豆之事不廢。頃年戎車屢駕，諸生輟講，宜追學生在館習業，度支給廚米。」是歲，賈至爲侍郎，建言歲方艱歉，舉人赴省者，兩都試之。兩都試人自此始。

貞元二年，詔習開元禮者舉同一經例，明經習律以代爾雅。是時弘文、崇文生未補者，務取員闕以補，速於登第，而用蔭乖實，至有假市門資、變易昭穆及假人試藝者。六年，詔宜據式考試，假代者論如法。初，禮部侍郎親故移試考功，謂之別頭。十六年，中書舍人高郢奏罷，議者是之。

元和二年，置東都監生一百員。然自天寶後，學校益廢，生徒流散。永泰中，雖置西監生〔一〕，而館無定員。於是始定生員：西京國子館生八十人，太學七十人，四門三百人，廣文六十人，律館二十人，書、算館各十人；東都國子館十人，太學十五人，四門五十人，廣文十人，律館十人，書館三人，算館二人而已。明經停口義，復試墨義十條。五經取通五，明經通六。其嘗坐法及爲州縣小吏，雖藝文可采，勿舉。十三年，權知禮部侍郎庾承宣奏復考功別頭試。

初，開元中，禮部考試畢，送中書門下詳覆，其後中廢。是歲，侍郎錢徽所舉送，覆試多不中選，由是貶官，而舉人雜文復送中書門下。長慶三年，侍郎王起言：「故事，禮部已放牓，而中書門下始詳覆。今請先詳覆，而後放牓。」議者以起雖避嫌，然失貢職矣。諫議大夫殷侑言：「三史爲書，勸善懲惡，亞於六經。比來史學都廢，至有身處班列，而朝廷舊章莫能知者。」於是立史科及三傳科。大和三年，高鍇爲考功員外郎，取士有不當，監察御史姚中立又奏停考功別頭試。六年，侍郎賈餗又奏復之。八年，宰相王涯以爲「禮部取士，乃先以牓示中書，非至公之道。自今一委有司，以所試雜文、鄉貫、三代名諱送中書門下」。

大抵衆科之目，進士尤爲貴，其得人亦最爲盛焉。方其取以辭章，類若浮文而少實；及其臨事設施，奮其事業，隱然爲國名臣者，不可勝數，遂使時君篤意，以謂莫此之尙。及其後世，俗益媮薄，上下交疑，因以謂按其聲病，可以爲有司之責，捨是則汗漫而無所守，遂不復能易。嗚呼，乃知三代鄉里德行之舉，非至治之隆莫能行也！太宗時，冀州進士張昌齡、王公謹有名於當時，考功員外郎王師旦不署以第。太宗問其故，對曰：「二人者，皆文采浮華，擢之將誘後生而弊風俗。」其後，二人者卒不能有立。

寶應二年，禮部侍郎楊綰上疏言：

進士科起於隋大業中，是時猶試策。高宗朝，劉思立加進士雜文，明經塡帖，故爲進士者皆誦當代之文，而不通經史，明經者但記帖括。又投牒自舉，非古先哲王仄席待賢之道。請依古察孝廉，其鄉閭孝友信義廉恥而通經者，縣薦之州，州試其所通之學，送于省。自縣至省，皆勿自投牒，其到狀、保辨、識牒皆停。而所習經，取大義，聽通諸家之學。每問經十條，對策三道，皆通，爲上第，吏部官之；經義通八，策通二，爲中第，與出身；下第，罷歸。論語、孝經、孟子兼爲一經，其明經、進士及道舉並停。

詔給事中李栖筠、李廙、尚書左丞賈至、京兆尹兼御史大夫嚴武議。栖筠等議曰：

夏之政忠，商之政敬，周之政文。然則文與忠敬皆統人行。且謚號述行，莫美於文，文興則忠敬存焉。故前代以文取士，本文行也，由辭觀行，則及辭焉。宣父稱顏子「不遷怒，不貳過」，謂之「好學」。今試學者以帖字爲精通，不窮旨義，豈能知遷怒貳過之道乎？考文者以聲病爲是非，豈能知移風易俗化天下乎？是以上失其源，下襲其流，先王之道莫能行也。夫先王之道消，則小人之道長，亂臣賊子由是生焉！今取士試之小道，而不以遠大，是猶以蝸蚓之餌垂海，而望吞舟之魚，不亦難乎？所以食垂餌者皆小魚，就科目者皆小藝。且夏有天下四百載，禹之道喪而商始興；商有天下六百祀，湯之法棄而周始興；周有天下八百年，文、武之政廢而秦始并焉。三代之選士任賢，皆考實行，是以風俗淳一，運祚長遠。漢興，監其然，尊儒術，尚名節，雖近戚竊位，彊臣擅權，弱主外立，母后專政，而亦能終彼四百，豈非學行之效邪？魏、晉以來，專尚浮俊，德義不修，故子孫速顚，享國不永也。今綰所請，實爲正論。然自晉室之亂，南北分裂，人多僑處，必欲復古鄉舉里選，竊恐未盡。請兼廣學校，以明訓誘。雖京師州縣皆有小學，兵革之後，生徒流離，儒臣、師氏，祿廩無向。請增博士員，厚其稟稍，選通儒碩生，閒居其職。十道大郡，置太學館，遣博士出外，兼領郡官，以敎生徒。保桑梓者，鄉里舉焉；在流寓者，庠序推焉。朝而行之，夕見其利。

而大臣以爲舉人循習，難於速變，請自來歲始。帝以問翰林學士，對曰：「舉進士久矣，廢之恐失其業。」乃詔明經、進士與孝廉兼行。

先是，進士試詩、賦及時務策五道，明經策三道。建中二年，中書舍人趙贊權知貢舉，乃以箴、論、表、贊代詩、賦，而皆試策三道。大和八年，禮部復罷進士議論，而試詩、賦。文宗從內出題以試進士，謂侍臣曰：「吾患文格浮薄，昨自出題，所試差勝。」乃詔禮部歲取登第者三十人，苟無其人，不必充其數。是時，文宗好學嗜古，鄭覃以經術位宰相，深嫉進士浮薄，屢請罷之。文宗曰：「敦厚浮薄，色色有之，進士科取人二百年矣，不可遽廢。」因得不罷。

武宗卽位，宰相李德裕尤惡進士。初，舉人既及第，綴行通名，詣主司第謝。其制，序立西階下，北上東向；主人席東階下，西向；諸生拜，主司答拜；乃敍齒，謝恩，遂升階，與公卿觀者皆坐；酒數行，乃赴期集。又有曲江會、題名席。至是，德裕奏：「國家設科取士，而附黨背公，自爲門生。自今一見有司而止，其期集、參謁、曲江題名皆罷。」德裕嘗論公卿子弟艱於科擧，武宗曰：「向聞楊虞卿兄弟朋比貴勢，妨平進之路。昨黜楊知至、鄭朴等，抑其太甚耳。有司不識朕意，不放子弟，卽過矣，但取實藝可也。」德裕曰：「鄭肅、封敖子弟皆有才，不敢應擧。臣無名第，不當非進士。然臣祖天寶末以仕進無他岐，勉彊隨計，一擧登第。自後家不置文選，蓋惡其不根藝實。然朝廷顯官，須公卿子弟爲之。何者？少習其業，目熟朝廷事，臺閣之儀，不教而自成。寒士縱有出人之才，固不能閑習也。則子弟未易可輕。」德裕之論，偏異蓋如此。然進士科當唐之晚節，尤爲浮薄，世所共患也。

所謂制擧者，其來遠矣。自漢以來，天子常稱制詔道其所欲問而親策之。唐興，世崇儒學，雖其時君賢愚好惡不同，而樂善求賢之意未始少怠，故自京師外至州縣，有司常選之士，以時而擧。而天子又自詔四方德行、才能、文學之士，或高蹈幽隱與其不能自達者，下至軍謀將略、翹關拔山、絕藝奇伎莫不兼取。其爲名目，隨其人主臨時所欲，而列爲定科者，如賢良方正、直言極諫、博通墳典達於敎化、軍謀宏遠堪任將率、詳明政術可以理人之類，其名最著。而天子巡狩、行幸、封禪太山梁父，往往會見行在，其所以待之之禮甚優，而宏材偉論非常之人亦時出於其間，不爲無得也。

其外，又有武舉，蓋其起於武后之時。長安二年，始置武舉。其制，有長垜、馬射、步射、平射、筒射，又有馬槍、翹關、負重、身材之選。翹關，長丈七尺，徑三寸半，凡十舉後，手持關距，出處無過一尺，負重者，負米五斛，行二十步，皆爲中第，亦以鄉飮酒禮送兵部。其選用之法不足道，故不復書。

校勘記

〔一〕永泰中雖置西監生　唐會要卷六六云：「至永泰後，西監置五百五十員，東監近置一百員，未定每館員額。」是永泰後仍東、西監並置。按東、西監習稱「兩監」，本卷上文亦有「舊重兩監」語。疑此處「西監」爲「兩監」之誤。

唐書卷四十五

志第三十五

選舉志下

凡選有文、武，文選吏部主之，武選兵部主之，皆爲三銓，尙書、侍郞分主之。凡官員有數，而署置過者有罰，知而聽者有罰，規取者有罰。每歲五月，頒格于州縣，選人應格，則本屬或故任取選解，列其罷免、善惡之狀，以十月會于省，過其時者不敍。其以時至者，乃考其功過。同流者，五五爲聯，京官五人保之，一人識之。刑家之子、工賈異類及假名承僞、隱冒升降者有罰。文書粟錯，隱倖者駮放之；非隱倖則不。

凡擇人之法有四：一曰身，體貌豐偉；二曰言，言辭辯正；三曰書，楷法遒美；四曰判，文理優長。四事皆可取，則先德行；德均以才，才均以勞。得者爲留，不得者爲放。五品以上不試，上其名中書門下；六品以下始集而試，觀其書、判。已試而銓，察其身、言；

已銓而注，詢其便利而擬；已注而唱，不厭者得反通其辭，三唱而不厭，聽冬集。厭者爲甲，上于僕射，乃上門下省，給事中讀之，黃門侍郞省之，侍中審之，然後以聞。主者受旨而奉行焉，謂之「奏受」。視品及流外，則判補。皆給以符，謂之「告身」。凡官已受成，皆廷謝。

凡試判登科謂之「入等」，甚拙者謂之「藍縷」。選未滿而試文三篇，謂之「宏辭」；試判三條，謂之「拔萃」。中者卽授官。

凡出身，嗣王、郡王，從四品下；親王諸子封郡公者，從五品上；國公，正六品上；郡公，正六品下；縣公，從六品上；侯，正七品上；伯，正七品下；子，從七品上；男，從七品下；皇帝緦麻以上親、皇太后期親，正六品上；皇太后大功、皇后期親，從六品上；皇帝袒免、皇太后小功緦麻、皇后大功親，正七品上；皇后小功緦麻、皇太子妃期親，從七品上。外戚，皆以服屬降二階敍。娶郡主者，正六品上；娶縣主者，正七品上；郡主子，從七品上；縣主子，從八品上。

凡用蔭，一品子，正七品上；二品子，正七品下；三品子，從七品上；從三品子，從七品下；正四品子，正八品上；從四品子，正八品下；正五品子，從八品上；從五品及國公子，從八品下。凡品子任雜掌及王公以下親事、帳內勞滿而選者，七品以上子，從九品上敍。其任流外而應入流內，敍品卑者，亦如之。九品以上及勳官五品以上子，從九品下敍。

三品以上蔭曾孫，五品以上蔭孫。孫降子一等，曾孫降孫一等。贈官降正官一等，死事者與正官同。郡、縣公子，視從五品孫。縣男以上子，降一等。勳官二品子，又降一等。二王後孫，視正三品。

凡秀才，上上第，正八品上；上中第，正八品下；上下第，從八品上；中上第，從八品下。明經，上上第，從八品下；上中第，正九品上；上下第，正九品下；中上第，從九品下。進士、明法，甲第，從九品上；乙第，從九品下。弘文、崇文館生及第，亦如之。應入五品者，以聞。書、算學生，從九品下敍。

凡弘文、崇文生，皇緦麻以上親，皇太后、皇后大功以上親，一家聽二人選。職事二品以上、散官一品、中書門下正三品同三品、六尚書等子孫幷姪，功臣身食實封者子孫，一蔭聽二人選。京官職事正三品、同中書門下平章事、供奉官三品子孫，京官職事從三品、中書黃門侍郎幷供奉三品官、帶四品五品散官子，一蔭一人。

凡勳官選者，上柱國，正六品敍；六品而下，遞降一階。驍騎尉、武騎尉，從九品上敍。

凡居官必四考，四考中中，進年勞一階敍。每一考，中上進一階，上下二階，上中以上及計考應至五品以上奏而別敍。六品以下遷改不更選及守五品以上官，年勞歲一敍，給記階牒。考多者，準考累加。

凡醫術，不過尙藥奉御。陰陽、卜筮、圖畫、工巧、造食、音聲及天文，不過本色局、署令。鴻臚譯語，不過典客署令。凡千牛備身、備身左右，五考送兵部試，有文者送吏部。凡齋郎，太廟以五品以上子孫及六品職事幷淸官子爲之，六考而滿；郊社以六品職事官子爲之，八考而滿。皆讀兩經粗通，限年十五以上、二十以下，擇儀狀端正無疾者。

武選，凡納課品子，歲取文武六品以下、勳官三品以下五品以上子，年十八以上，每州爲解上兵部，納課十三歲而試，第一等送吏部，第二等留本司，第三等納資二歲，第四等納資三歲；納已，復試，量文武授散官。若考滿不試，免當年資；遭喪免資。無故不輸資及有犯者，放還之。凡捉錢品子，無違負滿二百日，本屬以簿附朝集使，上于考功、兵部。滿十歲，量文武授散官。其視品國官府佐應停者，依品子納課，十歲而試，凡一歲爲一選。自一選至十二選，視官品高下以定其數，因其功過而增損之。

初，武德中，天下兵革新定，士不求祿，官不充員。有司移符州縣，課人赴調，遠方或賜衣續食，猶辭不行。至則授用，無所黜退。不數年，求者寖多，亦頗加簡汰。

貞觀二年，侍郎劉林甫言：「隋制以十一月爲選始，至春乃畢。今選者衆，請四時注擬。」十九年，馬周以四時選爲勞，乃復以十一月選，至三月畢。

太宗嘗謂攝吏部尚書杜如晦曰：「今專以言辭刀筆取人，而不悉其行，至後敗職，雖刑戮之，而民已敝矣。」乃欲放古，令諸州辟召。會功臣行世封，乃止。它日復顧侍臣曰：「致治之術，在於得賢。今公等不知人，朕又不能徧識，日月其逝，而人遠矣。吾將使人自舉，可乎？」而魏徵以爲長澆競，又止。

初，銓法簡而任重。高宗總章二年，司列少常伯裴行儉始設長名牓，引銓注法，復定州縣升降爲八等，其三京、五府、都護、都督府，悉有差次，量官資授之。其後李敬玄爲少常伯，委事於員外郎張仁禕，仁禕又造姓歷，改狀樣、銓歷等程式，而銓總之法密矣。然是時仕者衆，庸愚咸集，有僞主符告而矯爲官者，有接承它名而參調者，有遠人無親而置保者。試之日，冒名代進，或旁坐假手，或借人外助，多非其實。雖繁設等級、遞差選限、增譴犯之科、開糾告之令以遏之，然猶不能禁。大率十人競一官，餘多委積不可遣，有司患之，謀爲黜落之計，以僻書隱學爲判目，無復求人之意。而吏求貨賄，出入升降。至武后時，天官侍郎魏玄同深嫉之，因請復古辟署之法，不報。

初，試選人皆糊名，令學士考判，武后以爲非委任之方，罷之。而其務收人心，士無賢不肖，多所進奬。長安二年，舉人授拾遺、補闕、御史、著作佐郞、大理評事、衞佐凡百餘人。明年，引見風俗使，舉人悉授試官，高者至鳳閣舍人、給事中，次員外郎、御史、補闕、拾遺、校書郎。試官之起，自此始。時李嶠爲尚書，又置員外郎二千餘員，悉用勢家親戚，給俸祿，使釐務，至與正官爭事相毆者。又有檢校、敕攝、判知之官。神龍二年，嶠復爲中書令，始悔之，乃停員外官釐務。

中宗時，韋后及太平、安樂公主等用事，於側門降墨敕斜封授官，號「斜封官」，凡數千員。內外盈溢，無聽事以居，當時謂之「三無坐處」，言宰相、御史及員外郎也。又以鄭愔爲侍郎，大納貨賂，選人留者甚衆，至逆用三年員闕，而綱紀大潰。韋氏敗，始以宋璟爲吏部尚書，李乂、盧從愿爲侍郎，姚元之爲兵部尚書，陸象先、盧懷慎爲侍郎，悉奏罷斜封官，量闕留人，雖資高考深，非才實者不取。初，尚書銓掌七品以上選，侍郎銓掌八品以下選。至是，通其品而掌焉。未幾，璟、元之等罷，殿中侍御史崔涖、太子中允薛昭希太平公主意，上言：「罷斜封官，人失其所，而怨積於下，必有非常之變。」乃下詔盡復斜封別敕官。

玄宗卽位，厲精爲治。左拾遺內供奉張九齡上疏言：「縣令、刺史，陛下所與共理，尤親於民者也。今京官出外，乃反以爲斥逐，非少重其選不可。」又曰：「古者或遙聞辟召，或一見任之，是以士脩名行，而流品不雜。今吏部始造簿書，以備遺忘，而反求精於案牘，不急人才，何異遺劍中流，而刻舟以記。」於是下詔擇京官有善政者補刺史，歲十月，按察使校殿最，自第一至第五，校考使及戶部長官總覈之，以爲升降。凡官，不歷州縣不擬臺省。已而悉集新除縣令宣政殿，親臨問以治人之策，而擢其高第者。又詔員外郎、御史諸供奉官，皆進名敕授，而兵、吏部各以員外郎一人判南曹，由是銓司之任輕矣。其後戶部侍郎宇文融又建議置十銓，乃以禮部尙書蘇頲等分主之。太子左庶子吳兢諫曰：「易稱『君子思不出其位』，言不侵官也。今以頲等分掌吏部選，而天子親臨決之，尙書、侍郎皆不聞參，議者以爲萬乘之君，下行選事。」帝悟，遂復以三銓還有司。

開元十八年，侍中裴光庭兼吏部尙書，始作循資格，而賢愚一概，必與格合，乃得銓授，限年躡級，不得踰越。於是久淹不收者皆便之，謂之「聖書」。及光庭卒，中書令蕭嵩以爲非求材之方，奏罷之。乃下詔曰：「凡人年三十而出身，四十乃得從事，更造格以分寸爲差，若循新格，則六十未離一尉。自今選人才業優異有操行及遠郡下寮名迹稍著者，吏部隨材甄擢之。」

初，諸司官兼知政事者，至日午後乃還本司視事。兵部、吏部尙書侍郎知政事者，亦還本司分闕注唱。開元以來，宰相位望漸崇，雖尙書知政事，亦於中書決本司事以自便。而左、右相兼兵部、吏部尙書者，不自銓總。又故事，必三銓、三注、三唱而后擬官，季春始畢，乃過門下省。楊國忠以右相兼文部尙書，建議選人視官資、書判、狀迹、功優，宜對衆定留放。乃先遣吏密定員闕，一日會左相及諸司長官於都堂注唱，以誇神速。由是門下過官、三銓注官之制皆廢，侍郎主試判而已。

肅、代以後兵興，天下多故，官員益濫，而銓法無可道者。至德宗時，試太常寺協律郎沈既濟極言其敝曰：

近世爵祿失之者久，其失非他，四太而已。入仕之門太多，世胄之家太優，祿利之資太厚，督責之令太薄。臣以爲當輕其祿利，重其督責。夫古今選用之法，九流常敍，有三科而已，曰德也，才也，勞也；而今選曹，皆不及焉。且吏部甲令，雖曰度德居任，量才授職，計勞升敍，然考校之法，皆在書判簿歷、言辭俯仰之間，侍郎非通神，不可得而知。則安行徐言，非德也；空文善書，非才也；累資積考，非勞也。苟執不失，猶乖得人，況衆流茫茫，耳目有不足者乎？蓋非鑒之不明，非擇之不精，法使然也。王者觀變以制法，察時而立政。按前代選用，皆州、府察舉，至于齊、隋，署置多由請託。故當時議者，以爲與其率私，不若自舉；與其外濫，不若內收。是以罷州府之權，而歸於吏部。此矯時懲弊之權法，非經國不刊之常典。

今吏部之法蹙矣，不可以坐守刓弊。臣請五品以上及羣司長官、宰臣進敍，吏部、兵部得參議焉；六品以下或僚佐之屬，聽州、府辟用。則銓擇之任，委於四方；結奏之成，歸於二部。必先擇牧守，然後授其權。高者先署而後聞，卑者聽版而不命。其牧守、將帥，或選用非公，則吏部、兵部得察而舉之。聖主明目達聰，逖聽遐視，罪其私冒。不慎舉者，小加譴黜，大正刑典。責成授任，誰敢不勉？夫如是，則接名僞命之徒，非才薄行之人，貪叨賄貨，懦弱姦宄，下詔之日，隨聲而廢，通大數，十去八九矣。如是，人少而員寬，事覈而官審，賢者不獎而自進，不肖者不抑而自退。

或曰：「開元、天寶中，不易吏部之法，而天下砥平，何必外辟，方臻于理？」臣以爲不然。夫選舉者，經邦之一端，雖制之有美惡，而行之由法令。是以州郡察舉，在兩漢則理，在魏、齊則亂。吏部選集，在神龍、景龍則紊，在開元、天寶則理。當其時久承升平，御以法術，慶賞不軼，威刑必齊，由是而理，匪用吏部而臻此也。向以此時用辟召之法，則理不益久乎？

天子雖嘉其言，而重於改作，訖不能用。

初，吏部歲常集人，其後三數歲一集，選人猥至，文簿紛雜，吏因得以爲姦利，士至蹉跌，或十年不得官，而闕員亦累歲不補。陸贄爲相，乃懲其弊，命吏部據內外員三分之，計闕集人，歲以爲常。是時，河西、隴右沒于虜，河南、河北不上計，吏員大率減天寶三之一，而入流者加一，故士人二年居官，十年待選，而考限遷除之法寖壞。憲宗時，宰相李吉甫定考遷之格，諸州刺史、次赤府少尹、次赤令、諸陵令、五府司馬、上州以上上佐、東宮官詹事諭德以下、王府官四品以上皆五考。侍御史十三月，殿中侍御史十八月，監察御史二十五月。三省官、諸道敕補、檢校五品以上及臺省官皆三考，餘官四考，文武官四品以下五考。凡遷，尚書省四品以上、文武官三品以上皆先奏。

唐取人之路蓋多矣，方其盛時，著於令者，納課品子萬人，諸館及州縣學六萬三千七十人，太史曆生三十六人，天文生百五十人，太醫藥童、針呪諸生二百一十一人，太卜筮三十人，千牛備身八十人，備身左右二百五十六人，進馬十六人，齋郎八百六十二人，諸衞三衞監門直長三萬九千四百六十二人，諸屯主、副千九百八人，諸折衝府錄事、府、史一千七百八十二人，校尉三千五百六十四人，執仗、執乘每府三十二人，親事、帳內萬人，集賢院御書手百人，史館典書、楷書四十一人，尚藥童三十人，諸臺、省、寺、監、軍、衞、坊、府之胥史六千餘人。凡此者，皆入官之門戶，而諸司主錄已成官及州縣佐史未敍者，不在焉。

至於銓選，其制不一，凡流外，兵部、禮部舉人，郎官得自主之，謂之「小選」。太宗時，以歲旱穀貴，東人選者集于洛州，謂之「東選」。高宗上元二年，以嶺南五管、黔中都督府得卽任土人，而官或非其才，乃遣郎官、御史爲選補使，謂之「南選」。其後江南、淮南、福建大抵因歲水旱，皆遣選補使卽選其人。而廢置不常，選法又不著，故不復詳焉。

唐書卷四十六

志第三十六

百官一

唐之官制，其名號祿秩雖因時增損，而大抵皆沿隋故。其官司之別，曰省、曰臺、曰寺、曰監、曰衞、曰府，各統其屬，以分職定位。其辯貴賤、敍勞能，則有品、有爵、有勳、有階，以時考覈而升降之，所以任羣材、治百事。其爲法則精而密，其施於事則簡而易行，所以然者，由職有常守，而位有常員也。方唐之盛時，其制如此。蓋其始未嘗不欲立制度、明紀綱爲萬世法，而常至於交侵紛亂者，由其時君不能愼守，而徇一切之苟且，故其事愈繁而官益冗，至失其職業而卒不能復。

初，太宗省內外官，定制爲七百三十員，曰：「吾以此待天下賢材，足矣。」然是時已有員外置，其後又有特置，同正員。至於檢校、兼、守、判、知之類，皆非本制。又有置使之名，或因事而置，事已則罷，或遂置而不廢。其名類繁多，莫能徧舉。自中世已後，盜起兵興，又有軍功之官，遂不勝其濫矣。故採其綱目條理可爲後法，及事雖非正後世遵用因仍而不能改者，著於篇。

宰相之職，佐天子總百官、治萬事，其任重矣。然自漢以來，位號不同，而唐世宰相，名尤不正。初，唐因隋制，以三省之長中書令、侍中、尙書令共議國政，此宰相職也。其後，以太宗嘗爲尙書令，臣下避不敢居其職，由是僕射爲尙書省長官，與侍中、中書令號爲宰相，其品位旣崇，不欲輕以授人，故常以他官居宰相職，而假以他名。自太宗時，杜淹以吏部尙書參議朝政，魏徵以祕書監參預朝政，其後或曰「參議得失」、「參知政事」之類，其名非一，皆宰相職也。貞觀八年，僕射李靖以疾辭位，詔疾小瘳，三兩日一至中書門下平章事，而「平章事」之名蓋起於此。其後，李勣以太子詹事同中書門下三品，謂同侍中、中書令也，而「同三品」之名蓋起於此。然二名不專用，而佗官居職者猶假佗名如故。自高宗已後，爲宰相者必加「同中書門下三品」，雖品高者亦然；惟三公、三師、中書令則否。其後改易官名，而張文瓘以東臺侍郎同東西臺三品，「同三品」入銜，自文瓘始。永淳元年，以黃門侍郎郭待舉、兵部侍郎岑長倩等同中書門下平章事，「平章事」入銜，自待舉等始。自是以後，終唐之世不能改。

初，三省長官議事于門下省之政事堂，其後，裴炎自侍中遷中書令，乃徙政事堂於中書省。開元中，張說爲相，又改政事堂號「中書門下」，列五房于其後：一曰吏房，二曰樞機房，三曰兵房，四曰戶房，五曰刑禮房，分曹以主衆務焉。

宰相事無不統，故不以一職名官，自開元以後，常以領他職，實欲重其事，而反輕宰相之體。故時方用兵，則爲節度使；時崇儒學，則爲大學士；時急財用，則爲鹽鐵轉運使，又其甚則爲延資庫使。至於國史、太淸宮之類，其名頗多，皆不足取法，故不著其詳。

學士之職，本以文學言語被顧問，出入侍從，因得參謀議、納諫諍，其禮尤寵；而翰林院者，待詔之所也。

唐制，乘輿所在，必有文詞、經學之士，下至卜、醫、伎術之流，皆直於別院，以備宴見；而文書詔令，則中書舍人掌之。自太宗時，名儒學士時時召以草制，然猶未有名號；乾封以後，始號「北門學士」。玄宗初，置「翰林待詔」，以張說、陸堅、張九齡等爲之，掌四方表疏批答、應和文章；既而又以中書務劇，文書多壅滯，乃選文學之士，號「翰林供奉」，與集賢院學士分掌制詔書敕。開元二十六年，又改翰林供奉爲學士，別置學士院，專掌內命。凡拜免將相、號令征伐，皆用白麻。其後，選用益重，而禮遇益親，至號爲「內相」，又以爲天子私人。凡充其職者無定員，自諸曹尚書下至校書郎，皆得與選。入院一歲，則遷知制誥，未知制誥者不作文書。班次各以其官，內宴則居宰相之下，一品之上。憲宗時，又置「學士承旨」。唐之學士，弘文、集賢分隸中書、門下省，而翰林學士獨無所屬，故附列於此云。

三師三公

太師、太傅、太保，各一人，是爲三師；太尉、司徒、司空，各一人，是爲三公。皆正一品。三師，天子所師法，無所總職，非其人則闕。三公，佐天子理陰陽、平邦國，無所不統。親王拜者不親事，祭祀闕則攝。

隋廢三師，貞觀十一年復置，與三公皆不設官屬。

尚書省

尚書令一人，正二品，掌典領百官。其屬有六尚書：一曰吏部，二曰戶部，三曰禮部，四曰兵部，五曰刑部，六曰工部。六尚書：兵部、吏部爲前行，刑部、戶部爲中行，工部、禮部爲後行；行總四司，以本行爲頭司，餘爲子司。庶務皆會決焉。凡上之逮下，其制有六：一曰制，二曰敕，三曰册，天子用之；四曰令，皇太子用之；五曰教，親王、公主用之；六曰符，省下於州，州下於縣，縣下於鄉。下之達上，其制有六：一曰表，二曰狀，三曰牋，四曰啓，五曰辭，六曰牒。諸司相質，其制有三：一曰關，二曰刺，三曰移。凡授內外百司之事，皆印其發日爲程，一曰受，二曰報。諸州計奏達京師，以事大小多少爲之節。凡符、移、關、牒，必遣於都省乃下。天下大事不決者，皆上尚書省。凡制敕計奏之數、省符宣告之節，以歲終爲斷。

龍朔二年，改尚書省曰中臺，廢尚書令；尚書曰太常伯，侍郎曰少常伯。光宅元年，改尚書省曰文昌臺，俄曰文昌都省。垂拱元年曰都臺，長安三年曰中臺。

左右僕射，各一人，從二品，掌統理六官，爲令之貳，令闕則總省事，劾御史糾不當者。

龍朔二年，改左右僕射曰左右匡政；光宅元年曰文昌左右相；開元元年曰左、右丞相；天寶元年復。

左丞一人，正四品上；右丞一人，正四品下。掌辯六官之儀，糾正省內，劾御史舉不當者。吏部、戶部、禮部，左丞總焉；兵部、刑部、工部，右丞總焉。郎中各一人，從五品上；員外郎各一人，從六品上。掌付諸司之務，舉稽違，署符目，知宿直，爲丞之貳。以都事受事發辰、察稽失、監印、給紙筆；以主事、令史、書令史署覆文案，出符目；以亭長啓閉、傳禁約；以掌固守當倉庫及陳設。諸司皆如之。

隋尚書省諸司郎及承務郎各一人，而廢左右司。武德三年，改諸司郎爲郎中，承務郎爲員外郎。貞觀元年，復置左右司郎中。龍朔元年，改左右丞曰左右肅機，郎中曰左右承務，諸司郎中曰大夫。永昌元年，復置員外郎。神龍元年省，明年復置。初有馹驛百人，掌乘傳送符，後廢。

都事各六人，從七品上；主事各六人，從八品下。吏部考功、禮部主書皆如之。諸司主事，從九品上。

有令史各十八人，書令史各三十六人，亭長各六人，掌固各十四人。

吏部

尚書一人，正三品；侍郎二人，正四品上；郎中二人，正五品上；員外郎二人，從六品上。掌文選、勳封、考課之政。以三銓之法官天下之材，以身、言、書、判，德行、才用、勞效較其優劣而定其留放，爲之注擬。五品以上，以名上而聽制授；六品以下，量資而任之。其屬有四：一曰吏部，二曰司封，三曰司勳，四曰考功。

吏部郎中，掌文官階品、朝集、祿賜，給其告身、假使，一人掌選補流外官。員外郎二人，從六品上，一人判南曹。皆爲尙書、侍郎之貳。凡文官九品，有正、有從，自正四品以下，有上、下，爲三十等。凡文散階二十九：從一品曰開府儀同三司，正二品曰特進，從二品曰光祿大夫，正三品曰金紫光祿大夫，從三品曰銀青光祿大夫，正四品上曰正議大夫，正四品下曰通議大夫，從四品上曰太中大夫，從四品下曰中大夫，正五品上曰中散大夫，正五品下曰朝議大夫，從五品上曰朝請大夫，從五品下曰朝散大夫，正六品上曰朝議郎，正六品下曰承議郎，從六品上曰奉議郎，從六品下曰通直郎，正七品上曰朝請郎，正七品下曰宣德郎，從七品上曰朝散郎，從七品下曰宣義郎，正八品上曰給事郎，正八品下曰徵事郎，從八品上曰承奉郎，從八品下曰承務郎，正九品上曰儒林郎，正九品下曰登仕郎，從九品上曰文林郎，從九品下曰將仕郎。自四品，皆番上於吏部；不上者，歲輸資錢，三品以上六百，六品以下一千，水、旱、蟲、霜減半資。有文藝樂京上者，每州七人；六十不樂簡選者，罷輸。勳官亦如之。以征鎮功得護軍以上者，納資減三之一。凡流外九品，取其書、計、時務，其校試、銓注，與流內略同，謂之小選。

吏部主事四人，司封主事二人，司勳主事四人，考功主事三人。

武德五年改選部曰吏部，七年省侍郎。貞觀二年復置。龍朔元年改吏部曰司列，主爵曰司封，考功曰司績。武后光宅元年改吏部曰天官。垂拱元年改主爵曰司封。天寶十一載改吏部曰文部，至德二載復舊。有吏部令史三十人，書令史六十人；制書令史十四人；甲庫令史十三人，亭長八人，掌固十二人；司封令史四人，書令史九人，掌固四人；司勳令史三十三人，書令史六十七人，掌固四人；考功令史十五人，書令史三十人，掌固四人。

司封郎中一人，從五品上；員外郎一人，從六品上；諸郎中、員外郎品皆如之。掌封命、朝會、賜予之級。凡爵九等：一曰王，食邑萬戶，正一品；二曰嗣王、郡王，食邑五千戶，從一品；三曰國公，食邑三千戶，從一品；四曰開國郡公，食邑二千戶，正二品；五曰開國縣公，食邑千五百戶，從二品；六曰開國縣侯，食邑千戶，從三品；七曰開國縣伯，食邑七百戶，正四品上；八曰開國縣子，食邑五百戶，正五品上；九曰開國縣男，食邑三百戶，從五品上。皇兄弟、皇子，皆封國爲親王；皇太子子，爲郡王；親王之子，承嫡者爲嗣王，諸子爲郡公，以恩進者封郡王；襲郡王、嗣王者，封國公。皇姑爲大長公主，正一品；姊妹爲長公主〔一〕，女爲公主，皆視一品；皇太子女爲郡主，從一品；親王女爲縣主，從二品〔二〕。凡王、公十五以上，預朝集；宗親女婦、諸王長女月一參。內命婦，一品母爲正四品郡君，二品母爲從四品郡君，三品、四品母爲正五品縣君〔三〕。凡諸王、公主、外戚之家，卜、祝、占、相不入門。王妃、公主、郡縣主嫠居有子者，不再嫁。凡外命婦有六：王、嗣王、郡王之母、妻爲妃，文武官一品、國公之母、妻爲國夫人，三品以上母、妻爲郡夫人，四品母、妻爲郡君，五品母、妻爲縣君，勳官四品有封者母、妻爲鄉君。凡外命婦朝參，視夫、子之品。諸蕃三品以上母、妻授封以制。流外技術官，不封母、妻。親王，孺人二人，視正五品，媵十人，視從六品〔四〕；二品，媵八人，視正七品；國公及三品，媵六人，視從七品；四品，媵四人，視正八品；五品，媵三人，視從八品。凡置媵，上其數，補以告身。散官三品以上，皆置媵。凡封戶，三丁以上爲率，歲租三之一入于朝庭。食實封者，得眞戶，分食諸州。皇后、諸王、公主食邑，皆有課戶。名山、大川、畿內之地，皆不以封。

司勳郎中一人，員外郎二人，掌官吏勳級。凡十有二轉爲上柱國，視正二品；十有一轉爲柱國，視從二品；十轉爲上護軍，視正三品；九轉爲護軍，視從三品；八轉爲上輕車都尉，視正四品；七轉爲輕車都尉，視從四品；六轉爲上騎都尉，視正五品；五轉爲騎都尉，視從五品；四轉爲驍騎尉，視正六品；三轉爲飛騎尉，視從六品；二轉爲雲騎尉，視正七品；一轉爲武騎尉，視從七品。凡以功授者，覆實然後奏擬，戰功則計殺獲之數。堅城苦戰，功第一者，三轉。出少擊多，曰上陣；兵數相當，曰中陣；出多擊少，曰下陣；矢石未交，陷堅突衆，敵因而敗者，曰跳盪。殺獲十之四，曰上獲；十之二，曰中獲；十之一，曰下獲。凡酬功之等：見任、前資、常選，曰上資；文武散官、衞官、勳官五品以上，曰次資；五品以上子孫，上柱國、柱國子，勳官六品以下，曰下資；白丁、衞士，曰無資。跳盪人，上資加二階，次資、下資、無資以次降。凡上陣：上獲五轉，中獲四轉，下獲三轉，第二、第三等遞降焉。中陣之上獲視上陣之中獲，中獲視上陣之下獲，下獲兩轉。下陣之上獲視中陣之中獲，中獲視中陣之下獲，下獲一轉。破蠻、獠，上陣上獲，比兩番降二轉。凡勳官九百人，無職任者，番上於兵部，視遠近爲十二番，以彊幹者爲番頭，留宿衞者爲番，月上。外州分五番，主城門、倉庫，執刀。上柱國以下番上四年，驍騎尉以下番上五年，簡於兵部，授散官；不第者，五品以上復番上四年，六品以下五年，簡如初；再不中者，十二年則番上六年，八年則番上四年。勳至上柱國有餘，則授周以上親，無者賜物。太常音聲人，得五品以上勳，非征討功不除簿。諸州授勳人，歲第勳之高下，三月一報戶部，有蠲免必驗。

考功郎中、員外郎，各一人，掌文武百官功過、善惡之考法及其行狀。若死而傳於史官、謚于太常，則以其行狀質其當不；其欲銘于碑者，則會百官議其宜述者以聞，報其家。其考法，凡百司之長，歲較其屬功過，差以九等，大合衆而讀之。流內之官，敍以四善：一曰德義有聞，二曰清愼明著，三曰公平可稱，四曰恪勤匪懈。善狀之外有二十七最：一曰獻可替否，拾遺補闕，爲近侍之最；二曰銓衡人物，擢盡才良，爲選司之最；三曰揚清激濁，褒貶必當，爲考校之最；四曰禮制儀式，動合經典，爲禮官之最；五曰音律克諧，不失節奏，爲樂官之最；六曰決斷不滯，與奪合理，爲判事之最；七曰部統有方，警守無失，爲宿衞之最；八曰兵士調習，戎裝充備，爲督領之最；九曰推鞫得情，處斷平允，爲法官之最；十曰讎校精審，明於刊定，爲校正之最；十一曰承旨敷奏，吐納明敏，爲宣納之最；十二曰訓導有方，生徒充業，爲學官之最；十三日賞罰嚴明，攻戰必勝，爲軍將之最；十四日禮義興行，肅清所部，爲政教之最；十五日詳錄典正，詞理兼舉，爲文史之最；十六日訪察精審，彈舉必當，爲糾正之最；十七日明於勘覆，稽失無隱，爲句檢之最；十八日職事脩理，供承彊濟，爲監掌之最；十九日功課皆充，丁匠無怨，爲役使之最；二十日耕耨以時，收穫成課，爲屯官之最；二十一日謹於蓋藏，明於出納，爲倉庫之最；二十二日推步盈虛，究理精密，爲曆官之最；二十三日占候醫卜，效驗多者，爲方術之最；二十四日檢察有方，行旅無壅，爲關津之最；二十五日市廛弗擾，姦濫不行，爲市司之最；二十六日牧養肥碩，蕃息孳多，爲牧官之最；二十七日邊境清肅，城隍脩理，爲鎭防之最。一最四善爲上上，一最三善爲上中，一最二善爲上下；無最而有二善爲中上，無最而有一善爲中中，職事粗理，善最不聞，爲中下；愛憎任情，處斷乖理，爲下上；背公向私，職務廢闕，爲下中；居官諂詐，貪濁有狀，爲下下。凡定考，皆集於尙書省，唱第然後奏。親王及中書、門下、京官三品以上、都督、刺史、都護、節度、觀察使，則奏功過狀，以覈考行之上下。每歲，尙書省諸司具州牧、刺史、縣令殊功異行，災蝗祥瑞，戶口賦役增減，盜賊多少，皆上於考司。監領之官，以能撫養役使者爲功；有耗亡者，以十分爲率，一分爲一殿。博士、助教，計講授多少爲差。親、勳、翊衛，以行能功過爲三等，親、勳、翊衛備身，東宮親、勳、翊衛備身，王府執仗親事、執乘親事及親勳翊衞主帥、校尉、直長、品子、雜任、飛騎，皆上、中、下考，有二上第者，加階。番考別爲簿，以侍郎顓掌之。流外官，以行能功過爲四等：清謹勤公爲上，執事無私爲中，不勤其職爲下，貪濁有狀爲下下。凡考，中上以上，每進一等，加祿一季；中中，守本祿；中下以下，每退一等，奪祿一季。中品以下，四考皆中中者，進一階；一中上考，復進一階；一上下考，進二階；計當進而參有下考者，以一中上覆一中下，以一上下覆二中下。上中以上，雖有下考，從上第。有下下考者，解任。凡制敕不便，有執奏者，進其考。貞觀初，歲定京官望高者二人，分校京官、外官考，給事中、中書舍人各一人涖之，號監中外官考使。考功郎中判京官考，員外郎判外官考。其後屢置監考、校考、知考使。故事，考簿朱書，吏緣爲姦；咸通十四年，始以墨。

戶部

尚書一人，正三品；侍郎二人，正四品下。掌天下土地、人民、錢穀之政、貢賦之差。其屬有四：一曰戶部，二曰度支，三曰金部，四曰倉部。

戶部郎中、員外郎，掌戶口、土田、賦役、貢獻、蠲免、優復、姻婚、繼嗣之事，以男女之黃、小、中、丁、老爲之帳籍，以永業、口分、園宅均其土田，以租、庸、調斂其物，以九等定天下之戶，以爲尙書、侍郎之貳。其後以諸行郎官判錢穀，而戶部、度支郎官失其職矣。會昌二年著令，以本行郎官，分判錢穀。

戶部巡官二人，主事四人；度支主事二人；金部主事三人；倉部主事三人。

高宗卽位，改民部曰戶部。龍朔二年，改戶部曰司元，度支曰司度，金部曰司珍，倉部曰司庾。光宅元年，改戶部曰地官。天寶十一載，改金部曰司金，倉部曰司儲。有戶部令史十七人，書令史三十四人，計史一人，亭長六人，掌固十人；度支令史十六人，書令史三十三人，計史一人，掌固四人；金部令史十人，書令史二十一人，計史一人，掌固四人；倉部令史十二人，書令史二十三人，計史一人，掌固四人。

度支郎中、員外郎，各一人，掌天下租賦、物產豐約之宜、水陸道涂之利，歲計所出而支調之，以近及遠，與中書門下議定乃奏。

金部郎中、員外郎，各一人，掌天下庫藏出納、權衡度量之數，兩京市、互市、和市、宮市交易之事，百官、軍鎭、蕃客之賜，及給宮人、王妃、官奴婢衣服。

倉部郎中、員外郎，各一人，掌天下庫儲，出納租稅、祿糧、倉廩之事。以木契百，合諸司出給之數，以義倉、常平倉備凶年，平穀價。

禮部

尙書一人，正三品；侍郎一人，正四品下。掌禮儀、祭享、貢舉之政。其屬有四：一曰禮部，二曰祠部，三曰膳部，四曰主客。

禮部郎中、員外郎，掌禮樂、學校、衣冠、符印、表疏、圖書、册命、祥瑞、鋪設，及百官、宮人喪葬贈賻之數，爲尙書、侍郎之貳。五禮之儀：一曰吉禮，二曰賓禮，三曰軍禮，四曰嘉禮，五曰凶禮。凡齊衰心喪以上奪情從職，及周喪未練、大功未葬，皆不預宴；大功以上喪，受册涖官，鼓吹從而不作，戎事則否。凡朝，晚入、失儀，御史錄名奪俸，三奪者奏彈。凡出蕃册授、弔贈者，給衣冠。皇帝巡幸，兩京文武官職事五品以上，月朔以表參起居；近州刺史，遣使一參；留守，月遣使起居；北都，則四時遣使起居。諸司奏大事者，前期三日具狀，長官躬署，對仗伏奏，仗下，中書門下涖讀。河南、太原府父老，每歲上表願駕幸，遣使以聞。駕在都，則京兆府亦如之。凡景雲、慶雲爲大瑞（三），其名物六十有四；白狼、赤兔爲上瑞，其名物三十有八；蒼烏、朱雁爲中瑞，其名物三十有二；嘉禾、芝草、木連理爲下瑞，其名物十四。大瑞，則百官詣闕奉賀；餘瑞，歲終員外郎以聞，有司告廟。凡喪，三品以上稱薨，五品以上稱卒，自六品達于庶人稱死。皇親三等以上喪，舉哀，有司帳具給食；諸蕃首領喪，則主客、鴻臚月奏。

禮部主事二人，祠部主事二人，膳部主事二人，主客主事二人。

武德三年，改儀曹郎曰禮部郎中，司藩郎曰主客郎中。龍朔二年，改禮部曰司禮，祠部曰司禋，膳部曰司膳〔六〕，光宅元年，改禮部曰春官。有禮部令史五人，書令史十一人，亭長六人，掌固八人；祠部令史六人，書令史十三人，掌固四人；主客令史四人，書令史九人，掌固四人。

祠部郎中、員外郎，各一人，掌祠祀、享祭、天文、漏刻、國忌、廟諱、卜筮、醫藥、僧尼之事。珠玉珍寶供祭者，不求於市。駕部、比部歲會牲之死亡，輸皮於太府。郊祭酒醴、脯醢、黍稷、果實，所司長官封署以供。兩京及磧西諸州火祆〔七〕，歲再祀，而禁民祈祭。凡巡幸，路次名山、大川、聖帝明王名臣墓，州縣以官告祭。二王後享廟，則給牲牢、祭器，而完其帷帟、几案，主客以四時省問。凡國忌廢務日，內教、太常停習樂，兩京文武五品以上及清官七品以上，行香於寺觀。凡名醫子弟試療病，長官涖覆，三年有驗者以名聞。

膳部郎中、員外郎，各一人，掌陵廟之牲豆酒膳。諸司供奉口味，躬鐍其輿乃遣，進胙亦如之。非大禮、大慶不獻食，不進口味。凡羊，至廚而乳者釋之長生。大齋日，尚食進蔬食，釋所殺羊爲長生供奉。凡獻食、進口味，不殺犢。尚食有猝須別索，必奏覆，月終而會之。凡尚食進食，以種取而別嘗之。殿中省主膳上食於諸陵，以番上下，四時遣食醫、主食各一人涖之。

主客郎中、員外郎，各一人，掌二王後、諸蕃朝見之事。二王後子孫視正三品，酅公歲賜絹三百，米粟亦如之，介公減三之一。殊俗入朝者，始至之州給牒，覆其人數，謂之邊牒。蕃州都督、刺史朝集日，視品給以衣冠、袴褶。乘傳者日四驛，乘驛者六驛。供客食料，以四時輸鴻臚，季終句會之。客初至及辭設會，第一等視三品，第二等視四品，第三等視五品，蕃望非高者，視散官而減半，參日設食。路由大海者，給祈羊豕皆一。西南蕃使還者，給入海程糧；西北諸蕃，則給度磧程糧。蕃客請宿衞者，奏狀貌年齒。突厥使置市坊，有貿易，錄奏，爲質其輕重，太府丞一人涖之。蕃王首領死，子孫襲初授官，兄弟子降一品，兄弟子代攝者，嫡年十五還以政。使絕域者還，上聞見及風俗之宜、供饋贈貺之數。

兵部

尚書一人，正三品；侍郎二人，正四品下。掌武選、地圖、車馬、甲械之政。其屬有四：一曰兵部，二曰職方，三曰駕部，四曰庫部。凡將出征，告廟，授斧鉞；軍不從令，大將專決，還日，具上其罪。凡發兵，降敕書於尚書，尚書下文符。放十人，發十馬，軍器出十，皆不待敕。衞士番直，發一人以上，必覆奏。諸蕃首領至，則備威儀郊導。凡俘馘，酬以絹，入鈔之俘，歸於司農。

郎中一人判帳及武官階品、衞府衆寡、校考、給告身之事；一人判簿及軍戎調遣之名數，朝集、祿賜、假告之常。員外郎一人掌貢舉、雜請；一人判南曹，歲選解狀，則覈簿書、資歷、考課。皆爲尙書、侍郎之貳。武散階四十有五：從一品曰驃騎大將軍；正二品曰輔國大將軍；從二品曰鎭軍大將軍；正三品上曰冠軍大將軍、懷化大將軍；正三品下曰懷化將軍；從三品上曰雲麾將軍、歸德大將軍；從三品下曰歸德將軍；正四品上曰忠武將軍；正四品下曰壯武將軍、懷化中郎將；從四品上曰宣威將軍；從四品下曰明威將軍、歸德中郎將；正五品上曰定遠將軍；正五品下曰寧遠將軍、懷化郎將；從五品上曰游騎將軍；從五品下曰游擊將軍、歸德郎將；正六品上曰昭武校尉；正六品下曰昭武副尉、懷化司階；從六品上曰振威校尉；從六品下曰振威副尉、歸德司階；正七品上曰致果校尉；正七品下曰致果副尉、懷化中候；從七品上曰翊麾校尉；從七品下曰翊麾副尉、歸德中候；正八品上曰宣節校尉；正八品下曰宣節副尉、懷化司戈；從八品上曰禦侮校尉；從八品下曰禦侮副尉、歸德司戈；正九品上曰仁勇校尉；正九品下曰仁勇副尉、懷化執戟長上；從九品上曰陪戎校尉；從九品下曰陪戎副尉、歸德執戟長上。自四品以下，皆番上於兵部，以遠近爲八番，三月一上；三千里外者免番，輸資如文散官，唯追集乃上。六品以下，尙書省送符。懷化大將軍、歸德大將軍，配諸衞上下；餘直諸衞爲十二番，皆月上。忠武將軍以下、游擊將軍以上，每番，閱彊毅者直諸衞；番滿，有將略者以名聞。

兵部主事四人，職方主事二人，駕部主事二人，庫部主事二人。龍朔二年，改兵部曰司戎，職方曰司城，駕部曰司輿，庫部曰司庫。光宅元年，改兵部曰夏官，天寶十一載曰武部，駕部曰司駕。有兵部令史三十人，書令史六十人，制書令史十三人，甲庫令史十二人，亭長八人，掌固十二人；職方令史四人，書令史九人，掌固四人；駕部令史十人，書令史二十四人，掌固四人；庫部令史七人，書令史十五人，掌固四人。

職方郎中、員外郎，各一人，掌地圖、城隍、鎭戍、烽候、防人道路之遠近及四夷歸化之事。凡圖經，非州縣增廢，五年乃脩，歲與版籍偕上。凡蕃客至，鴻臚訊其國山川、風土，爲圖奏之，副上於職方；殊俗入朝者，圖其容狀、衣服以聞。

駕部郎中、員外郎，各一人，掌輿輦、車乘、傳驛、廄牧馬牛雜畜之籍。凡給馬者，一品八匹，二品六匹，三品五匹，四品、五品四匹，六品三匹，七品以下二匹；給傳乘者，一品十馬，二品九馬，三品八馬，四品、五品四馬，六品、七品二馬，八品、九品一馬；三品以上敕召者給四馬，五品三馬，六品以下有差。凡驛馬，給地四頃，蒔以苜蓿。凡三十里有驛，驛有長，舉天下四方之所達，爲驛千六百三十九；阻險無水草鎭戍者，視路要隙置官馬。水驛有舟。凡傳驛馬驢，每歲上其死損、肥瘠之數。

庫部郎中、員外郎，各一人，掌戎器、鹵簿儀仗。元日冬至陳設、祠祀、喪葬，辨其名數而供焉。凡戎器，色別而異處，以衞尉幕士暴涼之。京衞旗晝蹲獸、立禽，行幸則給飛走旗。凡諸衞儀仗，以御史涖其庋掌；武庫器仗，則兵部長官涖其脩完。京官五品以上征行者，假甲、纛、旗、幡、矟；諸衞，給弓；千牛，給甲。

刑部

尚書一人，正三品；侍郎一人，正四品下。掌律令、刑法、徒隸、按覆讞禁之政。其屬有四：一曰刑部，二曰都官，三曰比部，四曰司門。

刑部郎中、員外郎，掌律法，按覆大理及天下奏讞，爲尚書、侍郎之貳。凡刑法之書有四：一曰律，二曰令，三曰格，四曰式。凡鞫大獄，以尚書侍郎與御史中丞、大理卿爲三司使。凡國有大赦，集囚徒于闕下以聽。

刑部主事四人，都官主事二人，比部主事四人，司門主事二人。

龍朔二年，改刑部曰司刑，都官曰司僕，比部曰司計，司門曰司闗。光宅元年，改刑部曰秋官。天寶十一載，改刑部曰司憲，比部曰司計。有刑部令史十九人，書令史三十八人，亭長六人，掌固十人；都官令史九人，書令史十二人，掌固四人；比部令史十四人，書令史二十七人，計史一人，掌固四人；司門令史六人，書令史十三人，掌固四人。

都官郎中、員外郎，各一人，掌俘隸簿錄，給衣糧醫藥，而理其訴免。凡反逆相坐，沒其家配官曹，長役爲官奴婢。一免者，一歲三番役。再免爲雜戶，亦曰官戶，二歲五番役。每番皆一月。三免爲良人。六十以上及廢疾者，爲官戶；七十爲良人。每歲孟春上其籍，自黃口以上印臂，仲冬送於都官，條其生息而按比之。樂工、獸醫、騸馬、調馬、羣頭、栽接之人皆取焉。附貫州縣者，按比如平民，不番上，歲督丁資，爲錢一千五百；丁婢、中男，五輸其一；侍丁、殘疾半輸。凡居作者，差以三等：四歲以上，爲小；十一以上，爲中；二十以上，爲丁。丁奴，三當二役；中奴、丁婢，二當一役；中婢，三當一役。

比部郎中、員外郎，各一人，掌句會內外賦斂、經費、俸祿、公廨、勳賜、贓贖、徒役課程、逋欠之物，及軍資、械器、和糴、屯收所入。京師倉庫，三月一比，諸司、諸使、京都，四時句會於尚書省，以後季句前季；諸州，則歲終總句焉。

司門郎中、員外郎，各一人，掌門關出入之籍及闌遺之物。凡著籍，月一易之。流內，記官爵、姓名；流外，記年齒、貌狀。非遷解不除。凡有召者，降墨敕，勘銅魚、木契然後入。監門校尉巡日送平安。凡奏事，遣官送之，晝題時刻，夜題更籌。命婦諸親朝參者，內侍監校尉涖索。凡輦轝車，不入宮門。闌遺之物，揭於門外，牓以物色，期年沒官。天下關二十六，有上、中、下之差，度者，本司給過所；出塞踰月者，給行牒；獵手所過，給長籍，三月一易。蕃客往來，閱其裝重，入一關者，餘關不譏。

工部

尚書一人，正三品；侍郎一人，正四品下。掌山澤、屯田、工匠、諸司公廨紙筆墨之事。其屬有四：一曰工部，二曰屯田，三曰虞部，四曰水部。

工部郎中、員外郎，各一人，掌城池土木之工役程式，爲尚書、侍郎之貳。凡京都營繕，皆下少府、將作共其用，役千功者先奏。凡工匠，以州縣爲團，五人爲火，五火置長一人。四月至七月爲長功，二月、三月、八月、九月爲中功，十月至正月爲短功。雇者，日爲絹三尺，內中尚巧匠，無作則納資。凡津梁道路，治以九月。

工部主事三人，屯田主事二人，虞部主事二人，水部主事二人。

武德三年，改起部曰工部，龍朔二年，曰司平，屯田曰司田，虞部曰司虞，水部曰司川。光宅元年，改工部曰冬官。天寶十一載，改虞部曰司虞，水部曰司水。工部有令史十二人，書令史二十一人，計史一人，亭長六人，掌固八人；屯田令史七人，書令史十二人，計史一人，掌固四人；虞部令史四人，書令史九人，掌固四人；水部令史四人，書令史九人，掌固四人。

屯田郎中、員外郎，各一人，掌天下屯田及京文武職田、諸司公廨田，以品給焉。

虞部郎中、員外郎，各一人，掌京都衢衖、苑囿、山澤草木及百官蕃客時蔬薪炭供頓、畋獵之事。每歲春，以戶小兒、戶婢仗內蒔種溉灌，冬則謹其蒙覆。凡郊祠神壇、五岳名山，樵採、芻牧皆有禁，距壝三十步外得耕種，春夏不伐木。京兆、河南府三百里內，正月、五月、九月禁弋獵。山澤有寶可供用者，以聞。

水部郎中、員外郎，各一人，掌津濟、船艫、渠梁、堤堰、溝洫、漁捕、運漕、碾磑之事。凡坑陷、井穴皆有標。京畿有渠長、斗門長。諸州堤堰，刺史、縣令以時檢行，而涖其決築。有埭，則以下戶分牽，禁爭利者。

校勘記

〔一〕姊妹爲長公主　各本原脫「妹」字，據唐六典卷二及舊書卷四三職官志補。

〔二〕親王女爲縣主從二品　唐六典卷二及舊書卷四三職官志「從二品」作「視正二品」。

〔三〕內命婦……三品四品母爲正五品縣君　唐六典卷二及舊書卷四三職官志「縣君」均作「郡君」。

〔四〕親王……媵十人視從六品　唐六典卷二及舊書卷四三職官志作「親王……媵十人，視正六品；嗣王、郡王及一品，媵十人，視從六品」。

〔五〕凡景雲慶雲爲大瑞　「景雲」，唐六典卷四「大瑞」注作「景星」。

〔六〕龍朔二年改禮部曰司禮祠部曰司禋膳部曰司膳　按唐六典卷四、舊書卷四三職官志及唐會要卷五九，龍朔二年並改主客郎中曰司蕃大夫，考異卷四四謂此下脫「主客曰司蕃」五字。

〔七〕兩京及磧西諸州火祆　「祆」，各本原作「祅」。按唐書釋音卷五作「祆」，呼煙切。說文云：「祆，胡神也，從示，天聲。」據改。

唐書卷四十七

志第三十七

百官二

門下省

侍中二人，正二品。掌出納帝命，相禮儀。凡國家之務，與中書令參總，而顓判省事。下之通上，其制有六：一曰奏鈔，以支度國用、授六品以下官、斷流以下罪及除免官用之；二曰奏彈；三曰露布；四曰議；五曰表；六曰狀。自露布以上乃審；其餘覆奏，畫制可而授尚書省。行幸，則負寶以從，版奏中嚴、外辦；還宮，則請降輅、解嚴。皇帝齋，則請就齋室；將奠，則奉玉、幣；盥，則奉匜、取盤，酌罍水，贊洗；酌泛齊，受虛爵，進福酒，皆左右其儀。饗宗廟，進瓚而贊酌鬱酒；既祼，贊酌醴齊。籍田，則奉耒。四夷朝見，則承詔勞問。臨軒命使冊皇后、皇太子，則承詔降宣命。慰問、聘召，則涖封題。發驛遣使，則給魚符。

凡官爵廢置、刑政損益，授之史官；既書，復涖其記注。職事官六品以下進擬，則審其稱否而進退之。

武德元年改侍內曰納言，三年曰侍中。龍朔二年改門下省曰東臺，侍中曰左相，武后光宅元年曰納言，垂拱元年改門下省曰鸞臺。開元元年曰黃門省，侍中曰監，天寶元年曰左相。

門下侍郎二人，正三品。掌貳侍中之職。大祭祀則從；盥則奉巾，既帨，奠巾；奉匏爵贊獻。元日、冬至，奏天下祥瑞。侍中闕，則涖封符券、給傳驛。

龍朔二年改黃門侍郎曰東臺侍郎，武后垂拱元年曰鸞臺侍郎，天寶元年曰門下侍郎，乾元元年曰黃門侍郎，大曆二年復舊。

左散騎常侍二人，正三品下。掌規諷過失，侍從顧問。

隋廢散騎常侍。貞觀元年復置，十七年爲職事官。顯慶二年，分左右，隸門下、中書省，皆金蟬、珥貂，左散騎與侍中爲左貂，右散騎與中書令爲右貂，謂之八貂。龍朔二年曰侍極。

左諫議大夫四人，正四品下。掌諫諭得失，侍從贊相。武后垂拱二年，有魚保宗者，上書請置匭以受四方之書，乃鑄銅匭四，塗以方色，列于朝堂：青匭曰「延恩」，在東，告養人勸農之事者投之；丹匭曰「招諫」，在南，論時政得失者投之；白匭曰「申冤」，在西，陳抑屈者投之；黑匭曰「通玄」，在北，告天文、祕謀者投之。以諫議大夫、補闕、拾遺一人充使，知匭事；御史中丞、侍御史一人，爲理匭使。其後，同爲一匭。天寶九載，玄宗以「匭」聲近「鬼」，改理匭使爲獻納使，至德元年復舊。寶應元年，命中書門下擇正直淸白官一人知匭，以給事中、中書舍人爲理匭使。建中二年，以御史中丞爲理匭使，諫議大夫一人爲知匭使；投匭者，使先驗副本。開成三年，知匭使李中敏以爲非所以廣聰明而慮幽枉也，乃奏罷驗副封。

武德元年置諫議大夫，龍朔二年曰正諫大夫，貞元四年分左右。

給事中四人，正五品上。掌侍左右，分判省事，察弘文館繕寫讎校之課。凡百司奏抄，侍中既審，則駁正違失。詔敕不便者，塗竄而奏還，謂之「塗歸」。季終，奏駁正之目。凡大事，覆奏；小事，署而頒之。三司詳決失中，則裁其輕重。發驛遣使，則與侍郎審其事宜。六品以下奏擬，則校功狀殿最、行藝，非其人，則白侍中而更焉。與御史、中書舍人聽天下冤滯而申理之。

門下省有錄事四人，從七品上；主事四人，從八品下。

有令史二十二人，書令史四十三人，甲庫令史十三人，能書一人，傳制二人，亭長六人，掌固十四人，脩補制敕匠五人，裝潢一人。起居郎領令史三人，贊者六人〔一〕。武德三年，改給事郎曰給事中。

左補闕六人，從七品上；左拾遺六人，從八品上。掌供奉諷諫，大事廷議，小則上封事。

武后垂拱元年，置補闕、拾遺，左右各二員。

起居郎二人，從六品上。掌錄天子起居法度。天子御正殿，則郎居左，舍人居右。有命，俯陛以聽，退而書之，季終以授史官。貞觀初，以給事中、諫議大夫兼知起居注，或知起居事。每仗下，議政事，起居郎一人執筆記錄于前，史官隨之。其後，復置起居舍人，分侍左右，秉筆隨宰相入殿；若仗在紫宸內閣，則夾香案分立殿下，直第二螭首，和墨濡筆，皆即坳處，時號螭頭。高宗臨朝不決事，有司所奏，唯辭見而已。許敬宗、李義府爲相，奏請多畏人之知也，命起居郎、舍人對仗承旨，仗下，與百官皆出，不復聞機務矣。長壽中，宰相姚璹建議：仗下後，宰相一人，錄軍國政要，爲時政紀，月送史館。然率推美讓善，事非其實，未幾亦罷。而起居郎猶因制敕，稍稍筆削，以廣國史之闕。起居舍人本記言之職，唯編詔書，不及它事。開元初，復詔脩史官非供奉者，皆隨仗而入，位於起居郎、舍人之次。及李林甫專權，又廢。大和九年，詔入閤日，起居郎、舍人具紙筆立螭頭下，復貞觀故事。

有令史三人，贊者六人。貞觀三年置起居郎，廢舍人。龍朔二年曰左史，天授元年亦如之。

典儀二人，從九品下。掌贊唱及殿中版位之次，侍中版奏中嚴、外辦，亦贊焉。

隋謁者臺有典儀，武德五年復置，隸門下省。

城門郎四人，從六品上。掌京城、皇城、宮殿諸門開闔之節，奉管鑰而出納之。開則先外後內，閤則先內後外；啓閉有時，不以時則詣閤覆奏。

有令史二人，書令史二人。武德五年，置門僕八百人，番上送管鑰。

符寶郎四人，從六品上。掌天子八寶及國之符節。有事則請於內，旣事則奉而藏之。大朝會，則奉寶進于御座；行幸，則奉以從焉。大事出符，則藏其左而班其右，以合中外之契；兼以敕書；小事則降符函封，使合而行之。凡命將、遣使，皆請旌、節，旌以顓賞，節以顓殺。

有令史二人，書令史三人，主寶二人，主符四人，主節四人。武后延載元年，改符璽郎曰符寶郎；開元元年，亦曰符寶郎。

弘文館　學士，掌詳正圖籍，教授生徒；朝廷制度沿革、禮儀輕重，皆參議焉。

武德四年，置修文館于門下省；九年，改曰弘文館。貞觀元年，詔京官職事五品已上子嗜書者二十四人，隸館習書，出禁中書法以授之。其後又置講經博士。儀鳳中，置詳正學士，校理圖籍。武德後，五品以上曰學士，六品已下曰直學士，又有文學直館，皆它官領之。武后垂拱後，以宰相兼領館務，號館主；給事中一人判館事。神龍元年，改弘文館曰昭文館，以避孝敬皇帝之名；二年曰脩文館。景龍二年，置大學士四人，以象四時；學士八人，以象八節；直學士十二人，以象十二時。景雲中，減其員數，復爲昭文館。開元七年曰弘文館，置校書郎，又有校理、讎校錯誤等官。長慶三年，與詳正學士、講經博士皆罷，顯以五品以上曰學士，六品以下曰直學士，未登朝爲直館。

校書郎二人，從九品上。掌校理典籍、刊正錯謬。凡學生教授、考試，如國子之制。有學生三十八人，令史二人，楷書十二人，供進筆二人，典書二人，搨書手三人，筆匠三人，熟紙裝潢匠八人，亭長二人，掌固四人。

中書省

中書令二人，正二品。掌佐天子執大政，而總判省事。凡王言之制有七：一曰册書，立皇后、皇太子，封諸王，臨軒册命則用之；二曰制書，大賞罰、赦宥慮囚、大除授則用之；三曰慰勞制書，褒勉贊勞則用之；四曰發敕，廢置州縣、增減官吏、發兵、除免官爵、授六品以上官則用之；五曰敕旨，百官奏請施行則用之；六曰論事敕書，戒約臣下則用之；七曰敕牒，隨事承制，不易於舊則用之。皆宣署申覆，然後行焉。大祭祀，則相禮；親征纂嚴，則戒飭百官；臨軒册命，則讀册；若命於朝，則宣授而已；册太子，則授璽綬。凡制詔文章獻納，以授記事之官。

武德三年，改內書省曰中書省，內書令曰中書令。龍朔元年，改中書省曰西臺，中書令曰右相。光宅元年，改中書省曰鳳閣，中書令曰內史。開元元年，改中書省曰紫微省，中書令曰紫微令。天寶元年曰右相，至大曆五年，紫微侍郎乃復爲中書侍郎。

侍郎二人，正三品。掌貳令之職，朝廷大政參議焉。臨軒册命，爲使，則持册書授之。四夷來朝，則受其表疏而奏之；獻贄幣，則受以付有司。

舍人六人，正五品上。掌侍進奏，參議表章。凡詔旨制敕、璽書册命，皆起草進畫；既下，則署行。其禁有四：一曰漏洩，二曰稽緩，三曰違失，四曰忘誤。制敕既行，有誤則奏改之。大朝會，諸方起居，則受其表狀；大捷、祥瑞，百寮表賀亦如之。册命大臣，則使持節讀册命；將帥有功及大賓客，則勞問。與給事中及御史三司鞫冤滯。百司奏議考課，皆預裁焉。以久次者一人爲閣老，判本省雜事；又一人知制誥，顓進畫，給食于政事堂；其餘分署制敕。以六員分押尚書六曹，佐宰相判案，同署乃奏，唯樞密遷授不預。姚崇爲紫微令，奏：大事，舍人爲商量狀，與本狀皆下紫微令，判二狀之是否，然後乃奏。開元初，以它官掌詔敕策命，謂之「兼知制誥」。肅宗即位，又以它官知中書舍人事。兵興，急於權便，政去臺閣，決遣顓出宰相，自是舍人不復押六曹之奏。會昌末，宰相李德裕建議：臺閣常務、州縣奏請，復以舍人平處可否。先是，知制誥率用前行正郎，宣宗時，選尚書郎爲之。

主書四人，從七品上。主事四人，從八品下。有令史二十五人，書令史五十人，能書四人，蕃書譯語十人，乘驛二十人，傳制十人，亭長十八人，掌固二十四人，裝制敕匠一人，脩補制敕匠五十人，掌函、掌案各二十人。

右散騎常侍二人，右諫議大夫四人，右補闕六人，右拾遺六人，掌如門下省。

起居舍人二人，從六品上。掌脩記言之史，錄制誥德音，如記事之制，季終以授國史。有楷書手四人，典二人。

通事舍人十六人，從六品上。掌朝見引納、殿庭通奏。凡近臣入侍、文武就列，則導其進退，而贊其拜起、出入之節。蠻夷納貢，皆受而進之。軍出，則受命勞遣；既行，則每月存問將士之家，視其疾苦；凱還，則郊迓。有令史十人，典謁十人，亭長十八人，掌固二十四人。武德四年，廢謁者臺，改通事謁者曰通事舍人。

集賢殿書院　學士、直學士、侍讀學士、脩撰官，掌刊緝經籍。凡圖書遺逸、賢才隱滯，則承旨以求之。謀慮可施於時，著述可行於世者，考其學術以聞。凡承旨撰集文章、校理經籍，月終則進課於內，歲終則考最於外。開元五年，乾元殿寫四部書，置乾元院使，有刊正官四人，以一人判事；押院中使一人，掌出入宣奏，領中官監守院門；知書官八人，分掌四庫書。六年，乾元院更號麗正脩書院，置使及檢校官，改脩書官爲麗正殿直學士。八年，加文學直，又加脩撰、校理、刊正、校勘官。十一年，置麗正院脩書學士；光順門外，亦置書院。十二年，東都明福門外亦置麗正書院。十三年，改麗正脩書院爲集賢殿書院，五品以上爲學士，六品以下爲直學士，宰相一人爲學士知院事，常侍一人爲副知院事，又置判院一人、押院中使一人。玄宗嘗選耆儒，日一人侍讀，以質史籍疑義，至是，置集賢院侍講學士、侍讀直學士。其後，又增脩撰官、校理官、待制官、留院官、知檢討官、文學直之員；募能書者爲書直及寫御書人，其後亦以前資、常選、三衞、散官五品以上子孫爲之；又置畫直。至十九年，以書直、畫直、搨書有官者爲直院。至德二年，置大學士。貞元初，置編錄官；四年，罷大學士；八年，罷校理，置校書四人、正字二人。元和二年，復置集賢校理，罷校書、正字；四年，集賢御書院學士、直學士皆用五品，如開元故事，以學士一人年高者判院事，非登朝官者爲校理，餘皆罷。初，太宗即位，命京官五品以上，更宿中書、門下兩省，以備訪問。永徽中，命弘文館學士一人，日待制于武德殿西門。文明元年，詔京官五品以上清官，日一人待制于章善、明福門。先天末，又命朝集使六品以上二人，隨仗待制。永泰時，勳臣罷節制，無職事，皆待制于集賢門，凡十三人。崔祐甫爲相，建議文官一品以上更直待制。其後著令，正衙待制官日二人。

校書四人，正九品下。正字二人，從九品上。

有中使一人，孔目官一人，專知御書檢討八人，知書官八人，書直、寫御書手九十人，畫直六人，裝書直十四人，造筆直四人，搨書六人，典四人。

史館　脩撰四人，掌脩國史。

貞觀三年，置史館於門下省，以他官兼領，或卑位有才者亦以直館稱，以宰相涖脩撰；又於中書省置祕書內省，脩五代史。開元二十年，李林甫以宰相監脩國史，建議以爲中書切密之地，史官記事隸門下省，疏遠。於是諫議大夫、史館脩撰尹愔奏徙于中書省。天寶後，他官兼史職者曰史館脩撰，初入爲直館。元和六年，宰相裴垍建議：登朝官領史職者爲脩撰，以官高一人判館事；未登朝官皆爲直館。大中八年，廢史館直館二員，增脩撰四人，分掌四季。有令史二人，楷書十二人，寫國史楷書十八人，楷書手二十五人，典書二人，亭長二人，掌固四人，熟紙匠六人。

祕書省

監一人，從三品；少監二人，從四品上；丞一人，從五品上。監掌經籍圖書之事，領著作局，少監爲之貳。

武德四年，改少令曰少監。龍朔二年，改祕書省曰蘭臺，監曰太史，少監曰侍郎，丞曰大夫，祕書郎曰蘭臺郎。武后垂拱元年，祕書省曰麟臺；太極元年曰祕書省。有典書四人，楷書十人，令史四人，書令史九人，亭長六人，掌固八人，熟紙匠十人，裝潢匠十人，筆匠六人。

祕書郎三人，從六品上。掌四部圖籍。以甲乙丙丁爲部，皆有三本，一曰正，二曰副，三曰貯。凡課寫功程，皆分判。

校書郎十人，正九品上；正字四人，正九品下。掌讎校典籍，刊正文章。

著作局　郎二人，從五品上；著作佐郎二人，從六品上；校書郎二人，正九品上；正字二人，正九品下。著作郎掌撰碑誌、祝文、祭文，與佐郎分判局事。

武德四年，改著作曹曰局。龍朔二年，曰司文局；郎曰郎中，佐郎曰司文郎。有楷書五人，書吏二人，掌固四人。

司天臺　監一人，正三品；少監二人，正四品上；丞一人，正六品上；主簿二人，正七品上；主事一人，正八品下。監掌察天文，稽曆數。凡日月星辰、風雲氣色之異，率其屬而占。有通玄院，以藝學召至京師者居之。凡天文圖書、器物，非其任不得與焉。每季錄祥眚送門下、中書省，紀于起居注，歲終上送史館。歲頒曆于天下。

武德四年，改太史監曰太史局，隸祕書省；七年，廢監候。龍朔二年，改太史局曰祕書閣局，令曰祕書閣郎中。武后光宅元年，改太史局曰渾天監，不隸麟臺；俄改曰渾儀監，置副監及丞、主簿，改司辰師曰司辰。長安二年，渾儀監復曰太史局，廢副監及丞，隸麟臺如故，改天文博士曰靈臺郎，曆博士曰保章正。景龍二年，改太史局曰太史監，不隸祕書省，復置丞。景雲元年，又爲局，隸祕書省，踰月爲監，歲中復爲局；二年，改曰渾儀監。開元二年，復曰太史監，改令爲監，置少監。十四年，太史監復爲局，以監爲令，而廢少監。天寶元年，太史局復爲監，自是不隸祕書省。乾元元年，曰司天臺。藝術人韓穎、劉烜建議改令爲監，置通玄院及主簿，置五官監候及五官禮生十五人，掌布諸壇神位，五官楷書手五人，掌寫御書。有令史五人，天文觀生九十人，天文生五十人，曆生五十五人。初，有天文博士二人，正八品下；曆博士一人，從八品上；司辰師五人，正九品下；裝書曆生〔二〕。掌候天文，掌敎習天文氣色，掌寫御曆，後皆省。

春官、夏官、秋官、冬官、中官正，各一人，正五品上；副正各一人，正六品上。掌司四時，各司其方之變異。冠加一星珠，以應五緯；衣從其方色。元日、冬至、朔望朝會及大禮，各奏方事，而服以朝見。乾元三年，置五官正及副正。

五官保章正二人，從七品上；五官監候三人，正八品下；五官司曆二人，從八品上。掌曆法及測景分至表準。

五官靈臺郎各一人，正七品下。掌候天文之變。五官挈壺正二人，正八品上；五官司辰八人，正九品上；漏刻博士六人，從九品下。掌知漏刻。凡孔壺爲漏，浮箭爲刻，以考中星昏明，更以擊鼓爲節，點以擊鐘爲節。

武后長安二年，置挈壺正。乾元元年，與靈臺郎、保章正、司曆、司辰，皆加五官之名。有漏刻生四十人，典鐘、典鼓三百五十人。初，有刻漏視品、刻漏典事，掌知刻漏、檢校刻漏，後皆省。

殿中省

監一人，從三品；少監二人，從四品上；丞二人，從五品上。監掌天子服御之事。其屬有六局，曰尚食、尚藥、尚衣、尚乘、尚舍、尚輦。少監爲之貳。凡聽朝，率屬執繖扇列于左右；大朝會、祭祀，則進爵；行幸，則侍奉仗內、驂乘，百司皆納印而藏之，大事聽焉，有行從百司之印。

左右仗廄，左曰奔星，右曰內駒。兩仗內又有六廄：一曰左飛，二曰右飛，三曰左萬，四曰右萬，五曰東南內，六曰西南內。園苑有官馬坊，每歲河隴羣牧進其良者以供御。六閑馬，以殿中監及尚乘主之。武后萬歲通天元年，置仗內六閑：一曰飛龍，二曰祥麟，三曰鳳苑，四曰鵷鸞，五曰吉良，六曰六羣，亦號六廄。以殿中丞檢校仗內閑廄，以中官爲內飛龍使。聖曆中，置閑廄使，以殿中監承恩遇者爲之，分領殿中、太僕之事，而專掌輿輦牛馬。自是，宴游供奉，殿中監皆不豫。開元初，閑廄馬至萬餘匹，駱駝、巨象皆養焉。以駝、馬隸閑廏，而尚乘局名存而已。閑廏使押五坊，以供時狩：一曰鵰坊，二曰鶻坊，三曰鷂坊，四曰鷹坊，五曰狗坊。侍御尚醫二人，正六品上；主事二人，從九品上。武德元年，改殿內省曰殿中省〔三〕。龍朔二年，曰中御府，監曰大監，丞曰大夫。有令史四人，書令史十二人，左右仗、千牛各十人，掌固、亭長各八人。舊有天藏府，開元二十三年省。

進馬五人，正七品上。掌大陳設，戎服執鞭，居立仗馬之左，視馬進退。天寶八載，罷南衙立仗馬，因省進馬；十二載復置，乾元後又省，大曆十四年復。

尚食局　奉御二人，正五品下；直長五人，正七品上。諸奉御、直長，品皆如之。食醫八人，正九品下。奉御掌儲供，直長爲之貳。進御必辨時禁，先嘗之；饗百官賓客，則與光祿視品秩而供；凡諸陵月享，視膳乃獻。龍朔二年，改尚食局曰奉膳局，諸局奉御皆曰大夫。有書令史二人，書吏五人，主食十六人，主膳八百四十人，掌固八人。

尚藥局　奉御二人，直長二人。掌和御藥、診視。凡藥供御，中書、門下長官及諸衞上將軍各一人，與監、奉御涖之。藥成，醫佐以上先嘗，疏本方，具歲月日，涖者署奏；餌日，奉御先嘗，殿中監次之，皇太子又次之，然後進御。太常每季閱送上藥，而還其朽腐者。左右羽林軍，給藥；飛騎、萬騎病者，頒焉。

龍朔二年，改尚藥局曰奉醫局。有按摩師四人，呪禁師四人，書令史二人，書吏四人，直官十人，主藥十二人，藥童三十人，合口脂匠二人，掌固四人。

侍御醫四人，從六品上。掌供奉診候。

司醫五人，正八品下；醫佐十人，正九品下。掌分療衆疾。

皆貞觀中置。

尚衣局　奉御二人，直長四人，掌供冕服、几案。祭祀，則奉鎮圭於監，而進于天子；大朝會，設案。

龍朔二年，改尚衣局曰奉冕局。有書令史三人，書吏四人，主衣十六人，掌固四人。

尚舍局　奉御二人，直長六人，掌殿庭祭祀張設、湯沐、燈燭、汛掃。行幸，則設三部帳幕，有古帳、大帳、次帳、小次帳、小帳凡五等，各三部；其外，則蔽以排城。大朝會，設黼扆，施躡席，薰鑪。朔望，設幄而已。

龍朔二年，改尙舍局曰奉扆局。有書令史三人，書吏七人，掌固十人，幕士八十人。舊有給使百二十人，掌供御湯沐、燈燭、雜使，貞觀中省。

尙乘局　奉御二人，直長十人，掌內外閑廐之馬。左右六閑：一曰飛黃，二曰吉良，三曰龍媒，四曰騊駼，五曰駃騠，六曰天苑。凡外牧歲進良馬，印以三花、「飛」「鳳」之字。飛龍廐日以八馬列宮門之外，號南衙立仗馬，仗下，乃退。大陳設，則居樂縣之北，與象相次。

龍朔二年，改尙乘局曰奉駕局。有書令史六人，書吏十四人，直官二十人，習馭五百人，掌閑五千人，典事五人，獸醫七十人，掌固四人。習馭，掌調六閑之馬；掌閑，掌飼六閑之馬，治其乘具鞍轡；典事，掌六閑芻粟。太宗置司廩，司庫；高宗置習馭、獸醫。

司廩、司庫各一人，正九品下。掌六閑藁秸出納。奉乘十八人，正九品下。掌飼習御馬。

尙輦局　奉御二人；直長三人；尙輦二人，正九品下。掌輿輦、繖扇，大朝會則陳于庭，大祭祀則陳于廟，皆繖二、翰一、扇一百五十有六，既事而藏之。常朝則去扇，左右留者三。

龍朔二年，改尙輦局曰奉輿局。有書令史二人，書吏四人，七輦主輦各六人，掌扇六十人，掌翰三十人，掌輦四十二人〔四〕，奉輿十五人，掌固六人。掌扇、掌翰，掌執繖扇、紙筆硯雜供奉之事；掌輦，掌率主輦以供其事。高宗置掌翰。

內侍省

監二人，從三品；少監二人，內侍四人，皆從四品上。監掌內侍奉，宣制令。其屬六局，曰掖庭、宮闈、奚官、內僕、內府、內坊。少監、內侍爲之貳。皇后親蠶，則升壇執儀；大駕出入，爲夾引。

武德四年，改長秋監曰內侍監，內承奉曰內常侍，內承直曰內給事。龍朔二年，改監爲省。武后垂拱元年，曰司宮臺。天寶十三載，置內侍監，改內侍曰少監；尋更置內侍。有高品一千六百九十六人，品官白身二千九百三十二人，令史八人，書令史十六人。

內常侍六人，正五品下，通判省事。

內給事十人，從五品下。掌承旨勞問，分判省事。凡元日、冬至，百官賀皇后，則出入宣傳；宮人衣服費用，則具品秩，計其多少，春秋宣送于中書。主事二人，從九品下。

內謁者監十人，正六品下。掌儀法、宣奏、承敕令及外命婦名帳。凡諸親命婦朝會者，籍其數上內侍省；命婦下車，則導至朝堂奏聞。

唐廢內謁者局，置內典引十八人，掌諸親命婦朝參，出入導引。有內亭長六人，掌固八人。

內謁者十二人，從八品下。掌諸親命婦朝集班位，分涖諸門。

內寺伯六人，正七品下。掌糾察宮內不法，歲儺則涖出入。

寺人六人，從七品下。掌皇后出入執御刀宂從。

掖庭局　令二人，從七品下；丞三人，從八品下。掌宮人簿帳、女工。凡宮人名籍，司其除附；公桑養蠶，會其課業；供奉物皆取焉。婦人以罪配沒，工縫巧者隸之，無技能者隸司農。諸司營作須女功者，取於戶婢。

有書令史四人，書吏八人，計史二人，典事十人，掌固四人。計史掌料功程。

宮教博士二人，從九品下。掌教習宮人書、算、衆藝。

初，內文學館隸中書省，以儒學者一人爲學士，掌教宮人。武后如意元年，改曰習藝館，又改曰萬林內教坊，尋復舊。有內教博士十八人，經學五人，史、子、集綴文三人，楷書二人，莊老、太一、篆書、律令、吟詠、飛白書、算、碁各一人。開元末，館廢，以內教博士以下隸內侍省，中官爲之。

監作四人，從九品下。掌監涖雜作，典工役。

宮闈局　令二人，從七品下；丞二人，從八品下。掌侍宮闈，出入管籥。凡享太廟，皇后神主出入，則帥其屬輿之。總小給使學生之籍，給以糧稟。

有書令史三人，書吏六人，內閽史二十人，內掌扇十六人，內給使無常員，小給使學生五十人，掌固四人。凡無官品者，號曰內給使，掌諸門進物之曆；內閽史，掌承傳諸門，出納管鑰；內掌扇，掌中宮繖扇。

奚官局　令二人，正八品下；丞二人，正九品下。掌奚隸、工役、宮官之品。宮人病，則供醫藥；死，給衣服，各視其品。陪陵而葬者，將作給匠戶，衞士營冢，三品葬給百人，四品八十人，五品六十人，六品、七品十人，八品、九品七人；無品者，斂以松棺五釘，葬以犢車，給三人。皆監門校尉、直長涖之。內命婦五品以上無親戚者，以近冢同姓中男一人主祭于墓；無同姓者，春、秋祠以少牢。

有書令史三人，書吏六人，典事、藥童、掌固各四人。

內僕局　令二人，正八品下；丞二人，正九品下。掌中宮車乘。皇后出，則令居左、丞居右，夾引。

有書令史二人，書吏四人，駕士百四十人，典事八人，掌固八人。駕士掌習御車輿、雜畜。

內府局　令二人，正八品下；丞二人，正九品下。掌中藏寶貨給納之數，及供燈燭、湯沐、張設。凡朝會，五品已上及有功將士、蕃酋辭還，皆賜於庭。

有書令史二人，書吏、典史、掌固各四人，典事六人。

太子內坊局　令二人，從五品下；丞二人，從七品下。掌東宮閤內及宮人糧稟。坊事五人，從八品下。

初，內坊隸東宮。開元二十七年，隸內侍省，爲局，改典內曰令，置丞。坊事及導客舍人六人，掌序導賓客；有閤帥六人，掌帥閹人、內給使以供其事；內閹人八人，掌承諸門出入管鑰，內繖扇、燈燭；內廄尉二人，掌車乘。有錄事一人，令史三人，書令史五人，典事二人，駕士三十人，亭長、掌固各一人。

典直四人，正九品下。掌宮內儀式導引，通傳勞問，糾劾非違，察出納。

內官

貴妃、惠妃、麗妃、華妃，各一人，正一品。掌佐皇后論婦禮於內，無所不統。唐因隋制，有貴妃、淑妃、德妃、賢妃，各一人，爲夫人，正一品；昭儀、昭容、昭媛、脩儀、脩容、脩媛、充儀、充容、充媛，各一人，爲九嬪，正二品；婕妤九人，正三品；美人四人，正四品；才人五人，正五品；寶林二十七人，正六品；御女二十七人，正七品；采女二十七人，正八品。六尚亦曰諸尚書，正三品；二十四司亦曰諸司事，正四品；二十四典亦曰諸典事，正六品；二十四掌亦曰諸掌事。龍朔二年，置贊德二人，正一品；宣儀四人，正二品；承閨五人，正四品；承旨五人，正五品；衞仙六人，正六品；供奉八人，正七品；侍櫛二十人，正八品；侍巾三十人，正九品。咸亨復舊。開元中，玄宗以后妃四星，一爲后，有后而復置四妃，非典法，乃置惠妃、麗妃、華妃，以代三夫人；又置六儀、美人、才人，增尚宮、尚儀、尚服三局。諸司諸典，自六品至九品而止。其後復置貴妃。

淑儀、德儀、賢儀、順儀、婉儀、芳儀，各一人，正二品。掌教九御四德，率其屬以贊后禮。

美人四人，正三品。掌率女官脩祭祀、賓客之事。才人七人，正四品。掌敍燕寢，理絲枲，以獻歲功。

宮官

尚宮局　尙宮二人，正五品。六尙皆如之。掌導引中宮，總司記、司言、司簿、司闈。凡六尙事物出納文籍，皆涖其印署。

司記二人，正六品；二十四司皆如之。掌宮內文簿入出，錄爲抄目，審付行焉。牒狀無違，然後加印。典記佐之。典記二人，正七品；二十四典皆如之。掌記二人，正八品；二十四掌皆如之。

有女史六人，掌執文書。

司言、典言，各二人，掌承敕宣付，別鈔以授司闈傳外。掌言二人，掌宣傳，外司附奏受事者，奏聞；承敕處分，則錄所奏爲案記。

有女史四人。

司簿、典簿、掌簿，各二人，掌女史以上名簿。稟賜，則品別條錄爲等。

有女史六人。

司闈六人，掌諸閤管鑰。典闈、掌闈，各六人，掌分涖啓閉。

有女史四人。

尙儀局　尙儀二人，掌禮儀起居。總司籍、司樂、司賓、司贊。

司籍、典籍、掌籍，各二人，掌供御經籍。分四部，部別爲目，以時暴涼。教學則簿記課業，供奉几案、紙筆，皆預偫焉。

有女史十人。

司樂、典樂、掌樂，各四人，掌宮縣及諸樂陳布之儀，涖其閱習。

有女史二人。

司賓、典賓、掌賓，各二人，掌賓客朝見，受名以聞。宴會，則具品數以授尙食；有賜物，與尙功涖給。

有女史二人。

司贊、典贊、掌贊，各二人，掌賓客朝見、宴食，贊相導引。會日，引客立于殿庭，司言宣敕坐，然後引卽席。酒至，起再拜；食至，亦起。皆相其儀。

彤史二人，正六品。

有女史二人。

尙服局　尙服二人，掌供服用釆章之數，總司寶、司衣、司飾、司仗。

司寶二人，掌神寶、受命寶、六寶及符契，皆識其行用，記以文簿。典寶、掌寶，各二人，凡出付皆旬別案記，還則朱書注入。

司衣、典衣、掌衣，各二人，掌宮內御服、首飾整比，以時進奉。有女史四人。

司飾、典飾、掌飾，各二人，掌湯沐、巾櫛。凡供進，識其寒溫之節。有女史四人。

司仗、典仗、掌仗，各二人，掌仗衞之器。凡立儀衞，尙服率司仗等供其事。有女史二人。

尙食局　尙食二人，掌供膳羞品齊。總司膳、司醞、司藥、司饎。凡進食，先嘗。

司膳二人，掌烹煎及膳羞、米麪、薪炭。凡供奉口味，皆種別封印。典膳、掌膳，各四人，掌調和御食，溫、涼、寒、熱，以時供進則嘗之。有女史四人。

司醞、典醞、掌醞，各二人，掌酒醴酏飮，以時進御。

有女史二人。

司藥、典藥、掌藥，各二人，掌醫方。凡藥外進者，簿案種別。

有女史四人。

司饎、典饎、掌饎，各二人，掌給宮人廩食、薪炭，皆有等級，受付則旬別案記。

有女史四人。

尙寢局　尙寢二人，掌燕見進御之次敍，總司設、司輿、司苑、司燈。

司設、典設、掌設，各二人，掌牀帷茵席鋪設，久故者以狀聞。凡汛掃之事，典設以下分視。

有女史四人。

司輿、典輿、掌輿，各二人，掌輿輦、繖扇、文物、羽旄，以時暴涼。典輿以下分察。

有女史二人。

司苑、典苑、掌苑，各二人，掌園苑蒔植蔬果。典苑以下分察之。果熟，進御。

有女史二人。

司燈、典燈、掌燈，各二人，掌門閤燈燭。晝漏盡一刻，典燈以下分察。

有女史二人。

尙功局　尙功二人，掌女功之程，總司製、司珍、司綵、司計。

司製、典製、掌製，各二人，掌供御衣服裁縫。

有女史二人。

司珍、典珍、掌珍，各二人，掌珠珍、錢貨。

有女史六人。

司綵、典綵、掌綵，各二人，掌錦綵、縑帛、絲枲。有賜用，則旬別案記。

有女史二人。

司計、典計、掌計，各二人，給衣服、飲食、薪炭。

有女史二人。

宮正一人，正五品；司正二人，正六品；典正二人，正七品。宮正掌戒令、糾禁、讁罰之事。宮人不供職者，司正以牒取裁，小事決罰，大事奏聞。

有女史四人。阿監、副監，視七品。

太子內官

良娣二人，正三品；良媛六人，正四品；承徽十人，正五品；昭訓十六人，正七品；奉儀二十四人，正九品。

司閨二人，從六品；三司皆如之。掌導引妃及宮人名簿，總掌正、掌書、掌筵。

掌正三人，從八品，九掌皆如之。掌文書出入、管鑰、糾察推罰。

有女史三人。

掌書三人，掌符契、經籍、宣傳、啓奏、教學、稟賜、紙筆。

有女史三人。

掌筵三人，掌幄帟、牀褥、几案、輿繖、汛掃、鋪設。

司則二人，掌禮儀參見，總掌嚴、掌縫、掌藏。

掌嚴三人，掌首飾、衣服、巾櫛、膏沐、服玩、仗衞。

有女史三人。

掌縫三人，掌裁紉、織績。

有女史三人。

掌藏三人，掌財貨、珠寶、縑綵。

司饌二人，掌進食先嘗，總掌食、掌醫、掌園。

有女史四人。

掌食三人，掌膳羞、酒醴、燈燭、薪炭、器皿。

有女史四人。

掌醫三人，掌方藥、優樂。

有女史二人。

掌園三人，掌種植蔬果。

有女史二人。

校勘記

〔一〕起居郎領令史三人贊者六人　按此與下文「起居郎」注「有令史三人，贊者六人」重複，疑爲衍文。

〔二〕裝書曆生　唐六典卷一〇作「裝書曆生五人」。

〔三〕殿內省　「省」，各本原作「監」，據唐六典卷一一、通典卷二六、唐會要卷六五及舊書卷四四職官志改。

〔四〕掌輦四十二人　唐六典卷一一云：「掌輦二人，正九品下。」注：「皇朝初置四人，開元二十三年減二人。」又云：「主輦四十二人。」注：「凡七輦，輦六人。」與本卷上文主輦員數合。此蓋誤以主輦員數爲掌輦員數。

唐書卷四十八

志第三十八

百官三

御史臺

大夫一人，正三品；中丞二人，正四品下。大夫掌以刑法典章糾正百官之罪惡，中丞爲之貳。其屬有三院：一曰臺院，侍御史隸焉；二曰殿院，殿中侍御史隸焉；三曰察院，監察御史隸焉。

凡冤而無告者，三司詰之。三司，謂御史大夫、中書、門下也。大事奏裁，小事專達。凡有彈劾，御史以白大夫，大事以方幅，小事署名而已。有制覆囚，則與刑部尙書平閱。行幸，乘路車爲導。朝會，則率其屬正百官之班序，遲明列於兩觀，監察御史二人押班，侍御史顓舉不如法者。

文武官職事九品以上及二王後，朝朔望。文官五品以上及兩省供奉官、監察御史、員外郎、太常博士，日參，號常參官。武官三品以上，三日一朝，號九參官；五品以上及折衝當番者，五日一朝，號六參官。弘文、崇文館、國子監學生，四時參。凡諸王入朝及以恩追至者，日參。九品以上，自十月至二月，袴褶以朝；五品以上有珂，蕃官及四品非淸官則否。

凡朝位以官，職事同者先爵，爵同以齒，致仕官居上；職事與散官、勳官合班，則文散官居職事之下，武散官次之，勳官又次之；官同者，異姓爲後。親王、嗣王任文武官者，從其班，官卑者從王品；郡王任三品以下職事者，居同階品之上，非任文武官者，嗣王居太子太保之下，郡王次之，國公居三品之下，郡公居從三品之下，縣公居四品之下，侯居從四品之下，伯居五品之下，子居從五品之上，男居從五品之下。以前官召見者，居本品見任之上，以理解者，居同品之下。本司參集者，以職事爲上下。文武三品非職事官者，朝參名簿，皆稱曰諸公。

凡出，不踰四面關則不辭見。都督、刺史、都護旣辭，候旨於側門。

左右僕射、侍中、中書令初拜，以表讓。中書門下五品以上及諸司長官，謝於正衙，復進狀謝於側門。

兩班三品以朔望朝，就食廊下，殿中侍御史二人爲使涖之。

高宗改治書侍御史中丞，以避帝名；龍朔二年，改御史臺曰憲臺，大夫曰大司憲，中丞曰司憲大夫。武后文明元年，改御史臺曰肅政臺。光宅元年，分左右臺：左臺知百司，監軍旅；右臺察州縣、省風俗。尋命左臺兼察州縣。兩臺歲再發使八人，春曰風俗，秋曰廉察，以四十八條察州縣。兩臺御史，有假、有檢校、有員外、有試，至神龍初皆廢。景雲三年，以兩臺望齊，糾擧苛察，百僚厭其煩，乃廢右臺。延和元年，復置，歲中以尙書省隸左臺，月餘而右臺復廢。至德後，諸道使府參佐，皆以御史爲之，謂之外臺；復有檢校、裏行、內供奉，或兼或攝，諸使下官亦如之。會昌初，升大夫、中丞品。東都留臺，有中丞一人、侍御史一人、殿中侍御史二人、監察御史三人；元和後，不置中丞，以侍御史、殿中侍御史、監察御史主留臺務，而三院御史亦不常備。

侍御史六人，從六品下。掌糾擧百寮及入閤承詔，知推、彈、雜事。凡三司理事，與給事中、中書舍人更直朝堂。若三司所按而非其長官，則與刑部郎中、員外郎、大理司直、評事往訊。彈劾，則大夫、中丞押奏。大事，法冠、朱衣、纁裳、白紗中單；小事，常服。久次者一人知雜事，謂之雜端，殿中監察職掌、進名、遷改及令史考第，臺內事顓決，亦號臺端。次一人知公廨。次一人知彈。分京城諸司及諸州爲東、西：次一人知西推、贓贖、三司受事，號副端；次一人知東推、理匭等，有不糾擧者罰之；以殿中侍御史第一人同知東推，莅太倉出納；第二人同知西推，莅左藏出納。號四推御史。隻日，臺院受事；雙日，殿院受事。次侍御史一人，分司東都臺。凡御史以下遇長官於路，去轅下馬，長官斂轡止之。出入行止，殿中以下視以爲法，先後有罰。入朝，則與殿中侍御史隨仗分入，東則居侍中、黄門侍郎、給事中之次，西則居中書令、侍郎、舍人之次，各居中丞、大夫下。每一人東嚮承詔五日，有旨召御史，不呼名則承詔者出。樂彦瑋爲大夫，以嘗召兩御史，乃加副承詔一人，闕則殿中承之。監察御史分日直朝堂，入自側門，非奏事不至殿庭，正門無籍；天授中，詔側門置籍，得至殿庭；開元七年，又詔隨仗入閤。分左右巡，糾察違失，左巡知京城內，右巡知京城外，盡雍、洛二州之境，月一代，將晦，即巡刑部、大理、東西徒坊、金吾、縣獄。蒐狩，則監圍，察斷絕失禽者。其後，以殿中掌左右巡；尋以務劇，選用京畿縣尉。又置御史裏行使、侍御史裏行使、殿中裏行使、監察裏行使，以未爲正官，無員數。

唐法，殿中侍御史遷拜及職事，與侍御史鈞。開元以降，權屬侍御史，而殿中兼知庫藏、宮門內事。故事，御史臺不受訟，有訴可聞者略其姓名，託以風聞。其後，御史嫉惡者少，通狀壅絕。十四年，乃定授事御史一人，知其日劾狀，題告事人姓名。其後，宰相以御史權重，建議彈奏先白中丞、大夫，復通狀中書、門下，然後得奏。自是御史之任輕矣。建中元年，以侍御史分掌公廨、推、彈，自是雜端之任輕矣。元和八年，命四推御史受事，周而復始，罷東西分日之限。

隋末，廢殿內侍御史；義寧元年，承相府置察非掾二人；武德元年，改曰殿中侍御史；龍朔元年，置監察御史裏行；武后文明元年，置殿中裏行，後亦顓以裏行名官；長安二年，置內供奉。

主簿一人，從七品下。掌印，受事發辰，覈臺務，主公廨及戶奴婢、勳散官之職。錄事二人，從九品下。

有主事二人。臺院有令史七十八人〔一〕，書令史二十五人，亭長六人，掌固十二人。殿院有令史八人，書令史十八人。察院有計史三十四人，令史十人，掌固十二人。

殿中侍御史九人，從七品下。掌殿庭供奉之儀，京畿諸州兵皆隸焉。正班，列於閤門之外，糾離班、語不肅者。元日、冬至朝會，則乘馬、具服、戴黑豸升殿。巡幸，則往來門旗之內，檢校文物虧失者。一人同知東推，監太倉出納；一人同知西推，監左藏出納；二人爲廊下食使；二人分知左右巡；三人內供奉。

監察御史十五人，正八品下。掌分察百寮，巡按州縣，獄訟、軍戎、祭祀、營作、太府出納皆莅焉；知朝堂左右廂及百司綱目。

凡十道巡按，以判官二人爲佐，務繁則有支使。其一，察官人善惡；其二，察戶口流散，籍帳隱沒，賦役不均；其三，察農桑不勤，倉庫減耗；其四，察妖猾盜賊，不事生業，爲私蠹害；其五，察德行孝悌，茂才異等，藏器晦跡，應時用者；其六，察黠吏豪宗兼幷縱暴，貧弱冤苦不能自申者。

凡戰伐大克獲，則數俘馘、審功賞，然後奏之。屯田、鑄錢，嶺南、黔府選補，亦視功過糾察。決囚徒，則與中書舍人、金吾將軍莅之。國忌齋，則與殿中侍御史分察寺觀。莅宴射、習射及大祠、中祠，視不如儀者以聞。

初，開元中，兼巡傳驛，至二十五年，以監察御史檢校兩京館驛。大曆十四年，兩京以御史一人知館驛，號館驛使。監察御史分察尙書省六司，繇下第一人爲始，出使亦然。興元元年，以第一人察吏部、禮部，兼監祭使；第二人察兵部、工部，兼館驛使；第三人察戶部、刑部。歲終議殿最。元和中，以新人不出使無以觀能否，乃命顓察尙書省，號曰六察官。開元十九年，以監察御史二人莅太倉、左藏庫。三院御史，皆初領繁劇外府推事。其後，以殿中侍御史上一人爲監太倉使，第二人爲監左藏庫使。

凡諸使下三院御史內供奉，其班居正臺監察御史之上。

太常寺

卿一人，正三品；少卿二人，正四品上。掌禮樂、郊廟、社稷之事，總郊社、太樂、鼓吹、太醫、太卜、廩犧、諸祠廟等署，少卿爲之貳。凡大禮，則贊引；有司攝事，則爲亞獻；三公行園陵，則爲副；大祭祀，省牲、器，則謁者爲之導；小祀及公卿嘉禮，命謁者贊相。凡巡幸、出師、克獲，皆擇日告太廟。

凡藏大享之器服，有四院：一曰天府院，藏瑞應及伐國所獲之寶，禘祫則陳于廟庭；二曰御衣院，藏天子祭服；三曰樂縣院，藏六樂之器；四曰神廚院，藏御廩及諸器官奴婢〔三〕。

初，有衣冠署，令，正八品上；貞觀元年，署廢。高宗即位，改治禮郎曰奉禮郎，以避帝名；龍朔二年，改太常寺曰奉常寺，九寺卿皆曰正卿，少卿曰大夫。武后光宅元年，復改太常寺曰司禮寺。

丞二人，從五品下。掌判寺事。凡享太廟，則脩七祀于西門之內。主簿二人，從七品上。博士四人，從七品上。掌辨五禮；按王公、三品以上功過善惡爲之謚；大禮，則贊卿導引。

太祝六人，正九品上。掌出納神主；祭祀則跪讀祝文；卿省牲則循牲告充，牽以授太官。

奉禮郎二人，從九品上。掌君臣版位，以奉朝會、祭祀之禮。宗廟則設皇帝位於庭，九廟子孫列焉，昭、穆異位，去爵從齒。凡樽、彝、勺、冪、篚、坫、簠、簋、登、鉶、籩、豆，皆辨其位。凡祭祀、朝會，在位拜跪之節，皆贊導之。公卿巡行諸陵，則主其威儀鼓吹，而相其禮。

協律郎二人，正八品上。掌和律呂。錄事二人，從九品上；八寺錄事品同。

有禮院修撰、檢討官各一人，府十二人，史二十三人，謁者十人，贊引二十人，贊者四人，祝史六人，贊者十六人〔三〕。太常寺、禮院禮生各三十五人，亭長八人，掌固十二人。

兩京郊社署　令各一人，從七品下；丞各一人，從八品上。令掌五郊、社稷、明堂之位，與奉禮郎設樽、罍、篚、冪，而太官令實之。立燎壇，積柴。合朔有變，則巡察四門，以俟變過，明則罷。

有府二人，史四人，典事五人，掌固五人，門僕八人，齋郎百一十人。齋郎掌供郊廟之役。太廟九室，室有長三人，以主樽、罍、篚、冪、鎖鑰，又有罍洗二人；郊壇有掌坐二十四人，以主神御之物。皆禮部奏補。凡室長十年、掌座十二年，皆授官。祭饗而員少，兼取三館學生，皆絳衣絳幘。更一番者，戶部下蠲符，歲一申考諸署所擇者，太常以十月申解於禮部，如貢舉法，帖論語及一大經。中第者，錄奏，吏部注冬集散官，否者番上如初。六試而絀，授散官。唐初，以郊社、太樂、鼓吹、太醫、太官、左藏、乘黃、典廏、典客、上林、太倉、平準、常平、典牧、左尚、右尚爲上署，鉤盾、右藏、織染、掌冶爲中署，珍羞、良醞、掌醢、守宮、武器、車府、司儀、崇玄、導官、甄官、河渠、弩坊、甲坊、舟楫、太卜、廩犧、中校、左校、右校爲下署。

太樂署　令二人，從七品下；丞一人，從八品下；樂正八人，從九品下。令掌調鐘律，以供祭饗。

凡習樂，立師以教，而歲考其師之課業爲三等，以上禮部。十年大校，未成，則五年而校，以番上下。有故及不任供奉，則輸資錢，以充伎衣樂器之用。散樂，閏月人出資錢百六十，長上者復繇役，音聲人納資者歲錢二千。博士教之，功多者爲上第，功少者爲中第，不勤者爲下第，禮部覆之。十五年有五上考、七中考者，授散官，直本司，年滿考少者，不敍。教長上弟子四考，難色二人、次難色二人業成者，進考，得難曲五十以上任供奉者爲業成。習難色大部伎三年而成，次部二年而成，易色小部伎一年而成，皆入等第三爲業成。業成、行脩謹者，爲助教；博士缺，以次補之。長上及別教未得十曲，給資三之一；不成者隸鼓吹署。習大小橫吹，難色四番而成，易色三番而成；不成者，博士有謫。內教博士及弟子長教者，給資錢而留之。

武德後，置內教坊于禁中。武后如意元年，改曰雲韶府，以中官爲使。開元二年，又置內教坊于蓬萊宮側，有音聲博士、第一曹博士、第二曹博士。京都置左右教坊，掌俳優雜技。自是不隸太常，以中官爲教坊使。

唐改太樂爲樂正，有府三人，史六人，典事八人，掌固六人，文武二舞郎一百四十人，散樂三百八十二人，仗內散樂一千人，音聲人一萬二十七人。有別教院。開成三年，改法曲所處院曰仙韶院。

鼓吹署　令二人，從七品下；丞二人，從八品下；樂正四人，從九品下。令掌鼓吹之節。合朔有變，則帥工人設五鼓于太社，執麾旒于四門之塾，置龍牀，有變則舉麾擊鼓，變復而止。馬射，設㧓鼓金鉦，施龍牀。大儺，帥鼓角以助侲子之唱。

有府三人，史六人，典事四人，掌固四人。唐并清商、鼓吹爲一署，增令一人。

太醫署　令二人，從七品下；丞二人，醫監四人，并從八品下；醫正八人，從九品下。令掌醫療之法，其屬有四：一曰醫師，二曰針師，三曰按摩師，四曰咒禁師。皆教以博士，考試登用如國子監。醫師、醫正、醫工療病，書其全之多少爲考課。歲給藥以防民疾。凡陵寢廟皆儲以藥，尚藥、太常醫各一人受之。宮人患坊有藥庫，監門莅出給；醫師、醫監、醫正番別一人涖坊。凡課藥之州，置採藥師一人。京師以良田爲園，庶人十六以上爲藥園生，業成者爲師。凡藥，辨其所出，擇其良者進焉。

有府二人，史四人，主藥八人，藥童二十四人，藥園師二人，藥園生八人，掌固四人，醫師二十人，醫工百人，醫生四十人，典藥一人，針工二十人，針生二十人，按摩工五十六人，按摩生十五人，呪禁師二人，呪禁工八人，呪禁生十人。

醫博士一人，正八品上；助教一人，從九品上。掌教授諸生以本草、甲乙、脈經，分而爲業：一曰體療，二曰瘡腫，三曰少小，四曰耳目口齒，五曰角法。

針博士一人，從八品上；助教一人，針師十人，並從九品下。掌教針生以經脈、孔穴，教如醫生。

按摩博士一人，按摩師四人，幷從九品下。掌教導引之法以除疾，損傷折跌者，正之。

呪禁博士一人，從九品下。掌教呪禁祓除爲厲者，齋戒以受焉。

太卜署

令一人，從七品下；丞二人，從八品下；卜正、博士各二人，從九品下。掌卜筮之法：一曰龜，二曰五兆，三曰易，四曰式。祭祀、大事，率卜正卜日，示高於卿，退而命龜，既灼而占，先上旬，次中旬，次下旬。小祀、小事者，則卜正示高、命龜、作，而太卜令佐莅之。季冬，帥侲子堂贈大儺，天子六隊，太子二隊，方相氏右執戈、左執楯而導之，唱十二神名，以逐惡鬼，儺者出，磔雄鷄于宮門、城門。有卜助教二人，卜師二十人，巫師十五人，卜筮生四十五人，府一人，史二人，掌固二人。

廩犧署　令一人，從八品下；丞二人，正九品下。掌犧牲粢盛之事。祀用太牢者，三牲加酒、脯、醢，與太祝牽牲就牓位，卿省牲，則北面告腯，以授太官。籍田，則供耒于司農卿，卿以授侍中；籍田所收以供粢盛、五齊、三酒之用，以餘及稾飼犧牲。有府一人，史二人，典事二人，掌固二人。

汾祠署　令一人，從七品下；丞一人，從八品上。掌享祭灑掃之制。有府二人，史四人，廟幹二人。開元二十一年置署。

三皇五帝以前帝王、三皇、五帝、周文王、周武王、漢高祖、兩京武成王廟　令一人，從六品下；丞一人，正八品下。掌開闔、灑掃、釋奠之禮。有錄事一人，府二人，史四人，廟幹二人，掌固四人，門僕八人。神龍二年，兩京置齊太公廟署，其後廢；開元十九年復置。天寶三載，初置周文王廟署；六載，置三皇五帝廟署；七載，置三皇五帝以前帝王廟署；九載，置周武王漢高祖廟署。上元元年，改齊太公署爲武成王廟署，朱全忠曰武明。

光祿寺

卿一人，從三品；少卿二人，從四品上；丞二人，從六品上；主簿二人，從七品上。掌酒醴膳羞之政，總太官、珍羞、良醞、掌醢四署。凡祭祀，省牲鑊、濯漑；三公攝祭，則爲終獻。朝會宴享，則節其等差。錄事二人。

龍朔二年，改光祿寺曰司宰寺。武后光宅元年，曰司膳寺。有府十一人，史二十一人，亭長六人，掌固六人。

太官署　令二人，從七品下；丞四人，從八品下。掌供祠宴朝會膳食。祭日，令白卿詣廚省牲鑊，取明水、明火，帥宰人割牲，取毛血實豆，遂烹。又實簠簋，設于饌幕之內。

有府四人，史八人，監膳十人，監膳史十五人，供膳二千四百人，掌固四人。

珍羞署　令一人，正八品下；丞二人，正九品下。掌供祭祀、朝會、賓客之庶羞，榛栗、脯脩、魚鹽、菱芡之名數。

武后垂拱元年，改肴藏署曰珍羞署，神龍元年復舊，開元元年又改。有府三人，史六人，典書八人，餳匠五人，掌固四人。

良醞署　令二人，正八品下；丞二人，正九品下。掌供五齊、三酒。享太廟，則供鬱鬯以實六彝；進御，則供春暴、秋清、酴醾、桑落之酒。

有府三人，史六人，監事二人，掌醞二十人，酒匠十三人，奉觶百二十人，掌固四人。

掌醢署　令一人，正八品下；丞二人，正九品下。掌供醢醯之物：一曰鹿醢，二曰兔醢，三曰羊醢，四曰魚醢。宗廟，用菹以實豆；賓客、百官，用醯醬以和羹。

有府二人，史二人，主醢十人，醬匠二十三人，酢匠十二人，豉匠十二人，葅醯匠八人，掌固四人。

衞尉寺

卿一人，從三品；少卿二人，從四品上；丞二人，從六品上。掌器械文物，總武庫、武器、守宮三署。兵器入者，皆籍其名數。祭祀、朝會，則供羽儀、節鉞、金鼓、帷帟、茵席。凡供宮衞者，歲再閱，有敝則脩於少府。主簿二人，從七品上。錄事一人。

龍朔二年，改曰司衞寺。武后光宅元年又改。有府六人，史十一人，亭長四人，掌固六人。

丞，掌判寺事，辨器械出納之數。大事承制敕，小事則聽於尚書省。

兩京武庫署　令各二人，從六品下；丞各二人，從八品下。掌藏兵械。有赦，建金雞，置鼓宮城門之右，大理及府縣囚徒至，則擊之。監事各一人，正九品上。諸署監事，品同。

有府各六人，史各六人，典事各二人，掌固各五人。開元二十五年，東都亦置署。

武器署　令一人，正八品下；丞二人，正九品下。掌外戎器。祭祀、巡幸，則納於武庫。給六品以上葬鹵簿、棨戟。凡戟，廟、社、宮、殿之門二十有四，東宮之門一十八，一品之門十六，二品及京兆河南太原尹、大都督、大都護之門十四，三品及上都督、中都督、上都護、上州之門十二，下都督、下都護、中州、下州之門各十。衣幡壞者，五歲一易之。薨卒者既葬，追還。監事二人。

有府二人，史六人，典事二人，掌固四人。貞觀中，東都亦置署。

守宮署　令一人，正八品下；丞二人，正九品下。掌供帳帝。祭祀、巡幸，則設王公百官之位。吏部、兵部、禮部試貢舉人，則供帷幕。王公婚禮，亦供帳具。京諸司長上官，以品給其牀罽。供蕃客帷帝，則題歲月。席壽三年，氈壽五年，褥壽七年；不及期而壞，有罰。監事二人。

有府二人，史四人，掌設六人，幕士八十人，掌固四人。

宗正寺

卿一人，從三品；少卿二人，從四品上；丞二人，從六品上。掌天子族親屬籍，以別昭穆；領陵臺、崇玄二署。凡親有五等，先定於司封：一曰皇帝周親、皇后父母，視三品；二曰皇帝大功親、小功尊屬，太皇太后、皇太后、皇后周親，視四品；三曰皇帝小功親、緦麻尊屬，太皇太后、皇太后、皇后大功親，視五品；四曰皇帝緦麻親、祖免尊屬，太皇太后、皇太后、皇后小功親；五曰皇帝祖免親，太皇太后小功卑屬，皇太后、皇后緦麻親，視六品。皇帝親之夫婦男女，降本親二等，餘親降三等，尊屬進一等，降而過五等者不爲親。諸王、大長公主、長公主親，本品；嗣王、郡王非三等親者，亦視五品；駙馬都尉，視諸親。祭祀、册命、朝會，陪位、襲封者皆以簿書上司封。主簿二人，從七品上。知圖譜官一人，脩玉牒官一人，知宗子表疏官一人，錄事二人。

武德二年，置宗師一人，後省。龍朔二年，改宗正寺曰司宗寺。武后光宅元年曰司屬寺。有府五人，史五人，亭長四人，掌固四人。京都太廟齋郎各一百三十人，門僕各三十三人，主簿、錄事各二人。

諸陵臺　令各一人，從五品上；丞各一人，從七品下。建初、啓運、興寧、永康陵，令各一人，從七品下；丞各一人，從八品下。掌守衞山陵。凡陪葬，以文武分左右，子孫從父祖者亦如之；宮人陪葬，則陵戶成墳。諸陵四至有封，禁民葬，唯故墳不毀。

開元二十四年，以宗廟所奉不可名以署，太常少卿韋縚奏廢太廟署，以少卿一人知太廟事。二十五年，濮陽王徹爲宗正卿，恩遇甚厚，建議以宗正司屬籍，乃請以陵寢、宗廟隸宗正。天寶十二載，駙馬都尉張垍爲太常卿，得幸，又以太廟諸陵署隸太常。十載，改獻、昭、乾、定、橋五陵署爲臺，升令品，永康、興寧二陵稱署如故。至德二年，復以陵廟隸宗正。永泰元年，太常卿姜慶初復奏以陵廟隸太常，大曆二年復舊。陵臺有錄事各一人，府各二人，史各四人，主衣、主輦、主藥各四人，典事各三人，掌固各二人，陵戶各三百人，昭陵、乾陵、橋陵增百人。諸陵有錄事各一人，府各一人，史各二人，典事各二人，掌固各二人，陵戶各百人。

諸太子廟　令各一人，從八品上；丞各一人，正九品下；錄事各一人。令掌灑掃開闔之節，四時享祭焉。

有府各一人，史各二人，典事各二人，掌固各一人。

諸太子陵　令各一人，從八品下；丞各一人，從九品下；錄事各一人。

有府各一人，史各二人，典事各二人，掌固各一人，陵戶各三十人。太常舊有太廟署，令一人，從七品下；丞二人，從七品下；齋郎二十四人。

崇玄署　令一人，正八品下；丞一人，正九品下。掌京都諸觀名數與道士帳籍、齋醮之事〔四〕。新羅、日本僧入朝學問，九年不還者編諸籍。道士、女官、僧、尼，見天子必拜。凡止民家，不過三夜。出踰宿者，立案連署，不過七日，路遠者州縣給程。天下觀一千六百八十七，道士七百七十六，女官九百八十八；寺五千三百五十八，僧七萬五千五百二十四，尼五萬五百七十六。兩京度僧、尼、道士、女官，御史一人涖之。每三歲州、縣爲籍，一以留縣，一以留州；僧、尼，一以上祠部，道士、女官，一以上宗正，一以上司封。

有府二人，史三人，典事六人，掌固二人，崇玄學博士一人，學生百人。隋以署隸鴻臚，又有道場、玄壇。唐置諸寺觀監，隸鴻臚寺，每寺觀有監一人。貞觀中，廢寺觀監。上元二年，置漆園監，尋廢。開元二十五年，置崇玄學於玄元皇帝廟。天寶元年，兩京置博士、助教各一員，學生百人，每祠享，以學生代齋郎。二載，改崇玄學曰崇玄館，博士曰學士，助教曰直學士，置大學士一人，以宰相爲之，領兩京玄元宮及道院，改天下崇玄學爲通道學，博士曰道德博士，未幾而罷。寶應、永泰間，學生存者亡幾。大曆三年，復增至百人。初，天下僧、尼、道士、女官，皆隸鴻臚寺，武后延載元年，以僧、尼隸祠部。開元二十四年，道士、女官隸宗正寺，天寶二載，以道士隸司封。貞元四年，崇玄館罷大學士，後復置左右街大功德使、東都功德使、脩功德使，總僧、尼之籍及功役。元和二年，以道士、女官隸左右街功德使。會昌二年，以僧、尼隸主客，太清宮置玄元館，亦有學士，至六年廢，而僧、尼復隸兩街功德使。

太僕寺

卿一人，從三品；少卿二人，從四品上；丞四人，從六品上；主簿二人，從七品上；錄事二人。卿掌廏牧、輦輿之政，總乘黃、典廏、典牧、車府四署及諸監牧。行幸，供五路屬車。凡監牧籍帳，歲受而會之，上駕部以議考課。

永徽中，太僕寺曰司馭寺，武后光宅元年改曰司僕寺。有府十七人，史三十四人，獸醫六百人，獸醫博士四人，學生百人，亭長四人，掌固六人。

乘黃署　令一人，從七品下；丞一人，從八品下。掌供車路及馴馭之法。凡有事，前期四十日，率駕士調習，尙乘隨路色供馬；前期二十日，調習於內侍省。有府一人，史二人，駕士一百四十人，羊車小史十四人，掌固六人。

典廄署　令二人，從七品下；丞四人，從八品下。掌飼馬牛、給養雜畜。良馬一丁，中馬二丁，駑馬三丁，乳駒、乳犢十給一丁。有府四人，史八人，主乘六人，典事八人，執馭百人，駕士八百人，掌固六人。

典牧署　令三人，正八品上；丞六人，從九品上。掌諸牧雜畜給納及酥酪脯腊之事。羣牧所送羊犢，以供廩犧、尙食。監事八人。有府四人，史八人，典事十六人，主酪七十四人，駕士百六十人，掌固四人。

車府署　令一人，正八品下；丞一人，正九品下。掌王公以下車路及馴馭之法。從官三品以上婚、葬，給駕士。凡路車之馬牛，率馭士調習。有府一人，史二人，典書四人，馭士百七十五人，掌固六人。

諸牧監　上牧監：監各一人，從五品下；副監各二人，正六品下；丞各二人，正八品上；主簿各一人，正九品下。中牧監：監，正六品下；副監，從六品下；丞，從八品上；主簿，從九品上。下牧監：監，從六品下；副監，正七品下；丞，正九品上；主簿，從九品下。中牧監副監、丞，減上牧監一員。南使、西使，丞各三人，從七品下；錄事各一人，從九品下。北使、鹽州使，丞各二人，從七品下。掌羣牧孳課。

凡馬五千爲上監，三千爲中監，不及爲下監。馬牛之羣，有牧長，有尉。馬之駑、良，皆著籍，良馬稱左，駑馬稱右。每歲孟秋，羣牧使以諸監之籍合爲一，以仲秋上於寺。凡細馬，則有牽夫、識馬小兒、獸醫等。凡馬游牝以三月，駒犢在牧者，三歲別羣。孳生過分有賞，死耗亦以率除之。歲終監牧使巡按，以功過相除爲考課。

上牧監，有錄事各一人，府各三人，史各六人，典事各八人，掌固各四人。中牧監，減府一人，史、典事各減二人。下牧監，典事、掌固減二人。南使、西使，錄事、史各一人，府各五人，史各九人；北使、鹽州使，錄事以下員數及品，如南使。麟德中，置八使，分總監坊。秦、蘭、原、渭四州及河曲之地。凡監四十有八：南使有監十五，西使有監十六，北使有監七，鹽州使有監八，嵐州使有監二。自京師西屬隴右，有七馬坊，置隴右三使領之。又有沙苑、樓煩、天馬監。沙苑監掌畜隴右諸牧牛羊，給宴祭及尚食所用，每歲與典牧署供焉。自監以下，品數如下牧監。至開元二十三年，廢監。

東宮九牧監　丞二人，正八品上；錄事一人，從九品下。掌牧養馬牛，以供皇太子之用。

有錄事史各一人，府三人，史六人。初，監有監、副監、丞、主簿、錄事各一人，府二人，史四人，典事四人，掌固二人。自監以下，品同下牧監。又有馬牧使，有丞以下官。

大理寺

卿一人，從三品；少卿二人，從五品下。掌折獄、詳刑。凡罪抵流、死，皆上刑部，覆於中書、門下。繫者五日一慮。

龍朔二年，改曰詳刑寺；武后光宅元年，改曰司刑寺；中宗時廢獄丞　有府二十八人，史五十六人，司直史十二人，評事史二十四人，獄史六人，亭長四人，掌固十八人，問事百人。

正二人，從五品下。掌議獄，正科條。凡丞斷罪不當，則以法正之。五品以上論者，莅決。巡幸，則留總持寺事。

丞六人，從六品上。掌分判寺事，正刑之輕重。徒以上囚，則呼與家屬告罪，問其服否。

主簿二人，從七品上。掌印，省署鈔目，句檢稽失。凡官吏抵罪及雪免，皆立簿。私罪贖銅一斤，公罪二斤，皆爲一負；十負爲一殿。每歲，吏部、兵部牒覆選人殿負，錄報焉。

獄丞二人，從九品下。掌率獄史，知囚徒。貴賤、男女異獄。五品以上月一沐，暑則置漿。禁紙筆、金刃、錢物、杵梃入者。囚病，給醫藥，重者脫械鎖，家人入侍。

司直六人，從六品上；評事八人，從八品下。掌出使推按。凡承制推訊長吏，當停務禁錮者，請魚書以往。錄事二人。

鴻臚寺

卿一人，從三品；少卿二人，從四品上；丞二人，從六品上。掌賓客及凶儀之事。領典客、司儀二署。凡四夷君長，以蕃望高下爲簿，朝見辨其等位，第三等居武官三品之下，第四等居五品之下，第五等居六品之下，有官者居本班。御史察食料。二王後、夷狄君長襲官爵者，辨嫡庶。諸蕃封命，則受册而往。海外諸蕃朝賀進貢使有下從，留其半於境；繇海路朝者，廣州擇首領一人、左右二人入朝；所獻之物，先上其數於鴻臚。凡客還，鴻臚籍衣齎賜物多少以報主客，給過所。蕃客奏事，具至日月及所奏之宜，方別爲狀，月一奏，爲簿，以副藏鴻臚。獻馬，則殿中、太僕寺涖閱，良者入殿中，駑病入太僕。獻藥者，鴻臚寺驗覆，少府監定價之高下。鷹、鶻、狗、豹無估，則鴻臚定所報輕重。凡獻物，皆客執以見，駝馬則陳于朝堂，不足進者州縣留之。皇帝、皇太子爲五服親及大臣發哀臨弔，則卿贊相。大臣一品葬，以卿護；二品，以少卿；三品，以丞。皆司儀示以禮制。

主簿一人，從七品上。錄事二人。

龍朔二年，改鴻臚寺曰同文寺，武后光宅元年，改曰司賓寺。有府五人，史十人，亭長四人，掌固六人。

典客署　令一人，從七品下；丞三人，從八品下。掌二王後介公、酅公之版籍及四夷歸化在藩者，朝貢、宴享、送迎皆預焉。酋渠首領朝見者，給稟食；病，則遣醫給湯藥；喪，則給以所須；還蕃賜物，則佐其受領，敎拜謝之節。

有典客十三人，府四人，史八人，掌固二人。

掌客十五人，正九品上。掌送迎蕃客，顓莅館舍。

司儀署　令一人，正八品下；丞一人，正九品下。掌凶禮喪葬之具。京官職事三品以上、散官二品以上祖父母、父母喪，職事散官五品以上、都督、刺史卒于京師，及五品死王事者，將葬，祭以少牢，率齋郎執俎豆以往。三品以上贈以束帛，黑一、纁二，一品加乘馬；既引，遣使贈於郭門之外，皆有束帛，一品加璧。五品以上葬，給營墓夫。

有司儀六人，府二人，史四人，掌設十八人，齋郎三十人，掌固四人，幕士六十人。

司農寺

卿一人，從三品；少卿二人，從四品上。掌倉儲委積之事。總上林、太倉、鉤盾、導官四署及諸倉、司竹、諸湯、宮苑、鹽池、諸屯等監。凡京都百司官吏祿稟、朝會、祭祀所須，皆供焉。藉田，則進耒耜。

丞六人，從六品上。總判寺事。凡租及藁秸至京都者，閱而納焉。官戶奴婢有技能者配諸司，婦人入掖庭，以類相偶，行宮監牧及賜王公、公主皆取之。凡孳生鷄彘，以戶奴婢課養。俘口則配輕使，始至給稟食。

主簿二人，從七品上；錄事二人。

龍朔二年，改司農寺曰司稼寺。有府三十八人，史七十六人，計史三人，亭長九人，掌固七人。

上林署　令二人，從七品下；丞四人，從八品下。掌苑囿園池。植果蔬，以供朝會、祭祀及尙食諸司常料。季冬，藏冰千段，先立春三日納之冰井，以黑牡、秬黍祭司寒，仲春啓冰亦如之。監事十人。

有府七人，史十四人，典事二十四人，掌固五人。

太倉署　令三人，從七品下；丞五人，從八品下；監事八人。掌廩藏之事。

有府十人，史二十人，典事二十四人，掌固八人。

鉤盾署　令二人，正八品上；丞四人，正九品上；監事十人。掌供薪炭、鵝鴨、蒲藺、陂池藪澤之物，以給祭祀、朝會、饗燕賓客。

有府七人，史十四人，典事十九人，掌固五人。

導官署　令二人，正八品下；丞四人，正九品上；監事十人。掌導擇米麥。凡九穀，皆隨精粗差其耗損而供焉。

有府八人，史十六人，典事二十四人，掌固五人。初有御細倉督、麴麪倉督，貞觀中省。

太原、永豐、龍門等倉　每倉，監一人，正七品下；丞二人，從八品上。掌倉廩儲積。凡出納帳籍，歲終上寺。

有錄事一人，府三人，史六人，典事八人，掌固六人；龍門等倉，減府一人，史、典事、掌固各減二人。

司竹　監一人，從六品下；副監一人，正七品下；丞二人，正八品上。掌植竹、葦，供宮中百司簾篚之屬，歲以筍供尚食。

有錄事一人，府二人，史四人，典事三十人，掌固四人，葦園匠一百人。

慶善、石門、温泉湯等監　每監，監一人，從六品下；丞一人，正七品下。掌湯池、宮禁、防堰及偫粟芻、脩調度，以備供奉。王公以下湯館，視貴賤爲差。凡近湯所潤瓜蔬，先時而熟者，以薦陵廟。

有錄事一人，府一人，史二人，掌固四人。

京都諸宮苑總監　監各一人，從五品下；副監各一人，從六品下；丞各二人，從七品下；主簿各二人，從九品上。掌苑內宮館、園池、禽魚、果木。凡官屬人畜出入，皆有籍。

有錄事各二人，府各八人，史各十六人，亭長各四人，掌固各六人，獸醫各五人。

京都諸園苑監、苑四面監　監各一人，從六品下；副監各一人，從七品下；丞各二人，正八品下。掌完葺苑面、宮館、園池與種蒔、蕃養六畜之事。

顯慶二年，改青城宮監曰東都苑北面監，明德宮監曰東都苑南面監，洛陽宮農圃監曰東都苑東面監，倉貨監曰東都苑西面監。有錄事各一人，府各三人，史各六人，典事各六人，掌固各六人。

九成宮總監　監一人，從五品下；副監一人，從六品下；丞一人，從七品下；主簿一人，從九品上。掌脩完宮苑，供進鍊餌之事。

有錄事一人，府三人，自監以下，品同宮苑。武德初，改隋仁壽宮監曰九成宮監。

諸鹽池監　監一人，正七品下，掌鹽功簿帳。

有錄事一人，史二人。

諸屯　監一人，從七品下；丞一人，從八品下。掌營種屯田，句會功課及畜產簿帳，以水旱蝝蝗定課。屯主勸率營農，督斂地課。有錄事一人，府一人，史二人，典事二人，掌固四人。每屯主一人，屯副一人，主簿一人，錄事一人，府三人，史五人。

太府寺

卿一人，從三品；少卿二人，從四品上。掌財貨、廩藏、貿易，總京都四市、左右藏、常平七署。凡四方貢賦、百官俸秩，謹其出納。賦物任土所出，定精粗之差，祭祀幣帛皆供焉。龍朔二年，改太府寺曰外府寺。武后光宅元年，改曰司府寺。中宗即位，復曰太府寺。有府二十五人，史五十人，計史四人，亭長七人，掌固七人。

丞四人，從六品上。掌判寺事。凡元日、冬至以方物陳于庭者，受而進之。會賜及別敕六品以下賜者，給於朝堂。以一人主左、右藏署帳，凡在署爲簿，在寺爲帳，三月一報金部。

主簿二人，從七品上。掌印，省鈔目，句檢稽失，平權衡度量，歲以八月印署，然後用之。

錄事二人。

兩京諸市署　令一人，從六品上；丞二人，正八品上。掌財貨交易、度量器物，辨其眞僞輕重。市肆皆建標築土爲候，禁權固及參市自殖者。凡市，日中擊鼓三百以會衆，日入前七刻，擊鉦三百而散。有果毅巡迣。平貨物爲三等之直，十日爲簿。車駕行幸，則立市于頓側互市，有衞士五十人，以察非常。

有錄事一人，府三人，史七人，典事三人，掌固一人。

左藏署　令三人，從七品下；丞五人，從八品下；監事八人。掌錢帛、雜綵。天下賦調，卿及御史監閱。

有府九人，史十八人，典事十二人，掌固八人。

右藏署　令二人，正八品上；丞三人，正九品上；監事四人。掌金玉、珠寶、銅鐵、骨角、齒毛、綵畫。

有府五人，史十二人，典事七人，掌固十人。

常平署 令一人，從七品上；丞二人，從八品下；監事五人。掌平糴、倉儲、出納。

有府四人，史八人，典事五人，掌固六人。顯慶三年，置署。武后時，東都亦置署。

國子監

祭酒一人，從三品；司業二人，從四品下。掌儒學訓導之政，總國子、太學、廣文、四門、律、書、算凡七學。天子視學，皇太子齒胄，則講義。釋奠，執經論議，奏京文武七品以上觀禮。凡授經，以周易、尚書、周禮、儀禮、禮記、毛詩、春秋左氏傳、公羊傳、穀梁傳各爲一經，兼習孝經、論語、老子，歲終，考學官訓導多少爲殿最。

丞一人，從六品下，掌判監事。每歲，七學生業成，與司業、祭酒莅試，登第者上於禮部。主簿一人，從七品下。掌印，句督監事。七學生不率教者，舉而免之。錄事一人，從九品下。

武德初，以國子監曰國子學，隸太常寺，貞觀二年復曰監。龍朔二年，改國子監曰司成館，祭酒曰大司成，司業曰少司成。咸亨元年復曰監。垂拱元年，改國子監曰成均監。有府七人，史十三人，亭長六人，掌固八人。

國子學　博士五人，正五品上。掌教三品以上及國公子孫、從二品以上曾孫爲生者。五分其經以爲業：周禮、儀禮、禮記、毛詩、春秋左氏傳各六十人，暇則習隸書、國語、說文、字林、三倉、爾雅。每歲通兩經。求仕者，上於監，秀才、進士亦如之。學生以長幼爲序，習正業之外，教吉、凶二禮，公私有事則相儀。

龍朔二年，改博士曰宣業。有大成十人，學生八十人，典學四人，廟幹二人，掌固四人，東都學生十五人。

助教五人，從六品上。掌佐博士分經教授。

直講四人，掌佐博士、助教以經術講授。

五經博士各二人，正五品上。掌以其經之學教國子。周易、尙書、毛詩、左氏春秋、禮記爲五經，論語、孝經、爾雅不立學官，附中經而已。

太學　博士六人，正六品上；助教六人，從七品上。掌教五品以上及郡縣公子孫、從三品曾孫爲生者，五分其經以爲業，每經百人。

有學生七十人，典學四人，掌固六人，東都學生十五人。

廣文館　博士四人，助教二人。掌領國子學生業進士者。有學生六十人，東都十人。天寶九載，置廣文館，有知進士助教，後罷知進士之名。

四門館　博士六人，正七品上；助教六人，從八品上；直講四人。掌教七品以上、侯伯子男子爲生及庶人子爲俊士生者。有學生三百人，典學四人，掌固六人；東都學生五十人。

律學　博士三人，從八品下；助教一人，從九品下。掌教八品以下及庶人子爲生者。律令爲顓業，兼習格式法例。隋，律學隸大理寺，博士八人。武德初，隸國子監，尋廢；貞觀六年復置，顯慶三年又廢，以博士以下隸大理寺；龍朔二年復置。有學生二十人，典學二人。元和初，東都置學生五人。

書學　博士二人，從九品下；助教一人。掌教八品以下及庶人子爲生者。石經、說文、字林爲顓業，兼習餘書。武德初，廢書學，貞觀二年復置，顯慶三年又廢，以博士以下隸祕書省，龍朔二年復。有學生十人，典學二人，東都學生三人。

算學　博士二人，從九品下；助敎一人。掌敎八品以下及庶人子爲生者。二分其經以爲業：九章、海島、孫子、五曹、張丘建、夏侯陽、周髀、五經算、綴術、緝古爲顓業，兼習記遺、三等數。唐廢算學，顯慶元年復置，三年又廢，以博士以下隸太史局。龍朔二年復。有學生十人，典學二人，東都學生二人。

凡六學束脩之禮、督課、試舉，皆如國子學；助教以下所掌亦如之。

少府

監一人，從三品；少監二人，從四品下。掌百工技巧之政。總中尙、左尙、右尙、織染、掌冶五署及諸冶、鑄錢、互市等監。供天子器御、后妃服飾及郊廟圭玉、百官儀物。凡武庫袍襦，皆識其輕重乃藏之，冬至、元日以給衞士。諸州市牛皮角以供用，牧畜角筋腦革悉輸焉。鈿鏤之工，教以四年；車路樂器之工，三年；平漫刀矟之工，二年；矢鏃竹漆屈柳之工半焉；冠冕弁幘之工，九月。教作者傳家技，四季以令丞試之，歲終以監試之，皆物勒工名。

丞六人，從六品下。掌判監事。給五署所須金石、齒革、羽毛、竹木，所入之物，各以名數州土爲籍。工役衆寡難易有等差，而均其勞逸。

主簿二人，從七品下；錄事二人，從九品上。

武德初，廢監，以諸署隸太府寺。貞觀元年復置。龍朔二年改曰內府監，武后垂拱元年曰尚方監。有府二十七人，史十七人，計史三人，亭長八人，掌固六人，短蕃匠五千二十九人，綾錦坊巧兒三百六十五人，內作使綾匠八十三人，掖庭綾匠百五十人，內作巧兒四十二人，配京都諸司諸使雜匠百二十五人。

中尚署　令一人，從七品下；丞二人，從八品下。掌供郊祀圭璧及天子器玩、后妃服飾彫文錯綵之制。凡金木齒革羽毛，任土以時而供。赦日，樹金雞於仗南，竿長七丈，有雞高四尺，黃金飾首，銜絳幡長七尺，承以綵盤，維以絳繩，將作監供焉。擊㧎鼓千聲，集百官、父老、囚徒。坊小兒得雞首者官以錢購，或取絳幡而已。歲二月，獻牙尺。寒食，獻毬。五月，獻綬帶。夏至，獻雷車。七月，獻鈿針。臘日，獻口脂。唯筆、琴瑟絃，月獻。金銀暨紙，非旨不獻。製魚袋以給百官；蕃客賜寶鈿帶魚袋，則授鴻臚寺丞、主簿。監作四人，從九品下。凡監作，皆同品。

有府九人，史十八人，典事四人，掌固四人。唐改內尙方署曰中尙方署。武后改少府監曰尙方監，而中左右尙方、織染方、掌冶方五署，皆去方以避監。自是不改矣。有金銀作坊院。

左尙署　令一人，從七品下；丞五人，從八品下。掌供翟扇、蓋繖、五路、五副、七輦、十二車，及皇太后、皇太子、公主、王妃、內外命婦、王公之車路。凡畫素刻鏤與宮中蠟炬雜作，皆領之。監作六人。

有府七人，史二十人，典事十八人，掌固十四人。

右尙署　令二人，從七品下；丞四人，從八品下。掌供十二閑馬之轡。每歲取於京兆、河南府，加飾乃進。凡五品三部之帳，刀劍、斧鉞、甲冑、紙筆、茵席、履舄，皆儗其用，皮毛之工亦領焉。監作六人。

有府七人，史二十人，典事十三人，掌固十人。

織染署　令一人，正八品上；丞二人，正九品上。掌供冠冕、組綬及織紝、色染。錦、羅、紗、縠、綾、紬、絁、絹、布，皆廣尺有八寸，四丈爲匹。布五丈爲端，綿六兩爲屯，絲五兩爲絢，麻三斤爲綟。凡綾錦文織，禁示於外。高品一人專莅之，歲奏用度及所織。每掖庭經錦，則給酒羊。七月七日，祭杼。監作六人。

有府六人，史十四人，典事十一人，掌固五人。

掌冶署　令一人，正八品上；丞二人，正九品上。掌范鎔金銀銅鐵及塗飾琉璃玉作。銅鐵人得採，而官收以稅，唯鑞官市。邊州不置鐵冶，器用所須，皆官供。凡諸冶成器，上數于少府監，然後給之。監作二人。

有府六人，史十二人，典事二十三人，掌固四人。

諸冶監　令各一人，正七品下；丞各一人，從八品上。掌鑄兵農之器，給軍士、屯田居民，唯興農冶顥供隴右監牧。監作四人。

有錄事一人，府一人，史二人，典事二人，掌固四人。太原冶，減監作二人。

諸鑄錢監　監各一人，副監各二人，丞各一人。以所在都督、刺史判焉；副監，上佐；丞，以判司；監事以參軍及縣尉爲之。監事各一人。

有錄事各一人，府各三人，史各四人，典事各五人。凡鑄錢有七監，會昌中，增至八監　每道置鑄錢坊一。大中初，三監廢。

互市監　每監，監一人，從六品下；丞一人，正八品下。掌蕃國交易之事。

隋以監隸四方館。唐隸少府。貞觀六年，改交市監曰互市監，副監曰丞，武后垂拱元年曰通市監。有錄事一人，府二人，史四人，價人四人，掌固八人。

將作監

監一人，從三品；少監二人，從四品下。掌土木工匠之政，總左校、右校、中校、甄官等署，百工等監。大明、興慶、上陽宮，中書、門下、六軍仗舍、閑廄，謂之內作；郊廟、城門、省、寺、臺、監、十六衞、東宮、王府諸廨，謂之外作。自十月距二月，休冶功；自冬至距九月，休土功。凡治宮廟，太常擇日以聞。

丞四人，從六品下。掌判監事。凡外營繕、大事則聽制敕，小事則須省符。功有長短，役有輕重。自四月距七月，爲長功；二月、三月、八月、九月，爲中功；自十月距正月，爲短功。長上匠，州率資錢以酬雇。軍器則勒歲月與工姓名。

武德初，改令曰大匠，少令曰少匠。龍朔二年，改將作監曰繕工監，大匠曰大監，少匠曰少監。咸亨元年，繕工監曰營繕監。天寶十一載，改大匠曰大監，少匠曰少監。有府十四人，史二十八人，計史三人，亭長四人，掌固六人，短蕃匠一萬二千七百四十四人，明資匠二百六十人。

主簿二人，從七品下。掌官吏糧料、俸食，假使必由之。諸司供署監物有闕，舉焉。錄事二人，從九品上。

左校署　令二人，從八品下；丞一人，正九品下。掌梓匠之事。樂縣、簨簴、兵械、喪葬儀物皆供焉。宮室之制，自天子至士庶有等差，官脩者左校爲之。監作十人。

有府六人，史十二人，監作十二人。

右校署　令二人，正八品下；丞三人，正九品下。掌版築、塗泥、丹堊、匽廁之事。有所須，則審其多少而市之。監作十人。

有府五人，史十人，典事二十四人。

中校署　令一人，從八品下；丞三人，正九品下。掌供舟車、兵械、雜器。行幸陳設則供竿柱，閑廄繫秣則供行槽，禱祀則供棘葛，內外營作所須皆取焉。監牧車牛，有年支芻豆，則受之以給車坊。監事四人。

武后時，改曰營繕署。垂拱元年復舊，尋廢。開元初復置。有府三人，史六人，典事八人，掌固二人。

甄官署　令一人，從八品下；丞二人，正九品下。掌琢石、陶土之事，供石磬、人、獸、碑、柱、碾、磑、瓶、缶之器，敕葬則供明器。監作四人。

有府五人，史十人，典事十八人。

百工、就谷、庫谷、斜谷、太陰、伊陽監　監各一人，正七品下；副監一人，從七品下；丞一人，正八品上。掌采伐材木。監作四人。

武德初，置百工監，掌舟車及營造雜作，有監、少監各一人，丞四人，主簿一人。又置就谷、庫谷、斜谷、太陰、伊陽五監。貞觀中，廢百工監。高宗置百工署，掌東都土木瓦石之功。開元十五年爲監。有錄事一人，府一人，史三人，典事二十人。

軍器監

監一人，正四品上；丞一人，正七品上。掌繕甲弩，以時輸武庫。總署二：一曰弩坊，二曰甲坊。主簿一人，正八品下；錄事一人，從九品下。

武德初，有武器監一人，正八品下。掌兵仗、廄牧。少監一人，丞二人，主簿一人。七年廢軍器監，八年復置，九年又廢。貞觀六年，廢武器監。開元以前，軍器皆出右尙署，三年置軍器監，十一年復廢爲甲弩坊，隸少府，十六年復爲監。有府八人，史十二人，亭長二人，掌固四人。

弩坊署　令一人，正八品下；丞一人，正九品下。掌出納矛矟、弓矢、排弩、刃鏃、雜作及工匠。監作二人。

有府二人，史五人，典事二人。貞觀六年，改弓弩署爲弩坊署，甲鎧署爲甲坊署。

甲坊署　令一人，正八品下；丞一人，正九品下。掌出納甲冑、綅繩、筋角、雜作及工匠。監作二人。有府二人，史五人，典事二人。

都水監

使者二人，正五品上。掌川澤、津梁、渠堰、陂池之政，總河渠、諸津監署。凡漁捕有禁，溉田自遠始，先稻後陸，渠長、斗門長節其多少而均焉。府縣以官督察。

丞二人，從七品上。掌判監事。凡京畿諸水，因灌溉盜費者有禁。水入內之餘，則均王公百官。

主簿一人，從八品下。掌運漕、漁捕程，會而糾舉之。

武德初，廢都水監爲署。貞觀六年復爲監，改令曰使者。龍朔二年，改都水監曰司津監，使者曰監。武后垂拱元年，改都水監曰水衡監，使者曰都尉。開元二十五年，不隸將作監。有錄事一人，府五人，史十人，亭長一人，掌固四人。初，貞觀六年，置舟檝署，有令一人，正八品下，掌舟檝、運漕；漕正一人，府三人，史六人，監漕一人，漕史二人，典事六人，掌固八人。上元二年，置丞二人，正九品下，掌運漕隳失。開元二十六年，署廢。

河渠署　令一人，正八品下；丞一人，正九品上。掌河渠、陂池、隄堰、魚醢之事。凡溝渠開塞，漁捕時禁，皆顓之。饗宗廟，則供魚鱐；祀昊天上帝，有司攝事，則供腥魚。日供尚食及給中書、門下，歲供諸司及東宮之冬藏。渭河三百里內漁釣者，五坊捕治之。供祠祀，則自便橋至東渭橋禁民漁。三元日，非供祠不採魚。

唐有河隄使者。貞觀初改曰河隄謁者。有府三人，史六人，典事三人，每渠及斗門有長一人，掌固三人，魚師十二人。初，有監漕十人，從九品上，大曆後省。興成、五門、六門、龍首、涇堰、滋隄，凡六堰，皆有丞一人，從九品下。府一人，史二人，典事二人，掌固二人。貞觀六年皆廢。

河隄謁者六人，正八品下。掌完隄堰、利溝瀆、漁捕之事。涇、渭、白渠，以京兆少尹一人督視。

諸津　令各一人，正九品上；丞二人，從九品下。掌天下津濟舟梁。灞橋、永濟橋，以勳官散官一人蒞之；天津橋、中橋，則以衛士抍掃。凡舟渠之備，皆先儗其半，𣚍塞、竹篝，所在供焉。

唐改津尉曰令，有錄事一人，府一人，史二人，典事三人，津吏五人，橋丁各三十人，匠各八人。京兆、河南諸津，隸都水監；便橋、渭橋、萬年三橋，有丞一人，從九品下；府一人，史十人，典事二人，掌固二人。貞觀中廢。

校勘記

〔一〕臺院有令史七十八人　「七十八人」，唐六典卷一三作「十五人」，舊書卷四四職官志作「十七人」。

〔二〕四曰神廚院藏御廩及諸器官奴婢　按唐六典卷一四、玉海卷一二四，神廚院惟藏御廩及諸器，此多「官奴婢」，疑衍或有脫文。

〔三〕贊者四人……贊者十六人　按唐六典卷一四、舊書卷四四均謂太常寺有「贊者十六人」，「贊者四人」疑爲誤衍。

〔四〕諸觀名數　「觀」，各本原作「親」，據唐六典卷一六及舊書卷四四職官志改。

唐書卷四十九上

志第三十九上

百官四上

十六衛

左右衛　上將軍各一人，從二品；大將軍各一人，正三品；將軍各二人，從三品。掌宮禁宿衞，凡五府及外府皆總制焉。凡五府三衞及折衝府驍騎番上者，受其名簿而配以職。皇帝御正殿，則守諸門及內廂宿衞仗。非上日，亦將軍一人押仗，將軍缺，以中郎將代將軍，掌貳上將軍之事。

左右驍衞、左右武衞、左右威衞、左右領軍、左右金吾、左右監門衞上將軍以下，品同。

武德五年，改左右翊衞曰左右衞府，左右驍騎衞曰左右驍騎府，左右屯衞曰左右威衞，左右禦衞曰左右領軍衞，左右備身府曰左右府，唯左右武衞府、左右監門府、左右候衞，仍隋不改。顯慶五年，改左右府曰左右千牛府。龍朔二年，左右衞府、驍衞府、武衞府，皆省「府」字，左右威衞曰左右武威衞，左右領軍衞曰左右戎衞，左右候衞曰左右金吾衞，左右監門府曰左右監門衞，左右千牛府曰左右奉宸衞，後又曰左右千牛衞。咸亨元年，改左右戎衞曰領軍衞。武后光宅元年，改左右驍衞曰左右武威，左右武衞曰左右鷹揚衞，左右威衞曰左右豹韜衞，左右領軍衞曰左右玉鈐衞。貞元二年，初置十六衞上將軍。左右衞有錄事一人，府一人，史二人，亭長八人，掌固四人。

長史各一人，從六品上。掌判諸曹、五府、外府稟祿，卒伍、軍團之名數，器械、車馬之多少，小事得專達，每歲秋，贊大將軍考課。

錄事參軍事各一人，正八品上。掌受諸曹及五府、外府之事〔一〕，句稽抄目，印給紙筆。

倉曹參軍事各二人，正八品下。掌五府文官勳考、假使、祿俸、公廨、田園、食料、醫藥、過所。自倉曹以下同品。有府二人，史四人。兵曹，府四人，史七人。騎曹，府二人，史四人。胄曹，府三人，史三人。武后長安初，改鎧曹曰胄曹，中宗即位復舊，先天元年又曰胄曹。開元初，諸衞司倉、司兵、騎兵參軍，改曰倉曹、兵曹、騎曹、胄曹參軍事。

兵曹參軍事各二人，掌五府武官宿衞番第，受其名數，而大將軍配焉。

騎曹參軍事各一人，掌外府雜畜簿帳、牧養。凡府馬承直，以遠近分七番，月一易之。

以敕出宮城者，給馬。

冑曹參軍事各一人，掌兵械、公廨興繕、罰讁。大朝會行從，則受黃質甲鎧、弓矢於衞尉。

奉車都尉，掌馭副車。有其名而無其人，大陳設則它官攝。駙馬都尉無定員，與奉車都尉皆從五品下。

司階各二人，正六品上；中候各三人，正七品下；司戈各五人，正八品下；執戟各五人，正九品下；長上各二十五人，從九品下。

武后天授二年，置諸衞司階、中候、司戈、執戟，謂之四色官。

親衞之府一：曰親府。勳衞之府二：一曰勳一府，二曰勳二府。翊衞之府二：一曰翊一府，二曰翊二府。凡五府。每府，中郎將一人，正四品下；左右郎將一人，正五品上；親衞，正七品上；勳衞，從七品上；翊衞，正八品上。總四千九百六十三人。兵曹參軍事各一人，正九品上；校尉各五人，正六品上。每校尉有旅帥二人，從六品上；每旅帥各有隊正二十人，正七品上，副隊正二十人，正七品下。

五府中郎將掌領校尉、旅帥、親衞、勳衞之屬宿衞者，而總其府事；左右郎將貳焉。番上者，以名簿上于大將軍而配以職。武德、貞觀世重資蔭，二品、三品子，補親衞；二品曾孫、三品孫、四品子、職事官五品子若孫、勳官三品以上有封及國公子，補勳衞及率府親衞；四品孫、五品及上柱國子，補翊衞及率府勳衞；勳官二品及縣男以上、散官五品以上子若孫，補諸衞及率府翊衞。王府執仗親事、執乘親事，每月番上者數千人，宿衞內廡及城門，給稟食。執扇三衞三百人，擇少壯肩膊齊、儀容整美者，本衞印臂，送殿中省肄習，仗下，每番三衞一人，爲太僕寺引輅。其後入官路艱，三衞非權勢子弟輒退番，柱國子有白首不得進者；流外雖鄙，不數年給祿稟。故三衞益賤，人罕趨之。

有錄事一人，府一人，史三人。唐親衞、勳衞置驃騎將軍、車騎將軍，翊衞置車騎將軍。武德七年，改驃騎將軍爲中郎將，車騎將軍皆爲郎將，分左右，以親衞曰一府，勳衞、翊衞曰二府，謂之三府衞。諸衞翊衞及率府親、勳衞，亦曰三衞。永徽三年，避太子諱，改中郎將曰旅賁郎，郎將曰翊軍郎。太子廢，復舊。

左右驍衞　上將軍各一人，大將軍各一人，將軍各二人。掌同左右衞。凡翊府之翊衞、外府豹騎番上者，分配之。凡分兵守諸門，在皇城四面、宮城內外，則與左右衞分知助鋪。

長史各一人，錄事參軍事各一人，倉曹參軍事各二人，兵曹參軍事各二人，騎曹參軍事各一人，冑曹參軍事各一人，左右司階各二人，左右中候各三人，左右司戈各五人，左右執戟各五人。左右翊中郎將府中郎將各一人，左郎將各一人，右郎將各一人，兵曹參軍事各一人，校尉各五人，旅帥各十人，隊正各二十人，副隊正各二十人。

有錄事一人，史二人，亭長二人，掌固四人。倉曹，府二人，史二人；兵曹，府三人，史五人；騎曹，府二人，史四人；胄曹，府三人，史三人。左右翊中郎將府錄事一人、府一人、史二人。

左右武衞　上將軍各一人，大將軍各一人，將軍各二人。掌同左右衞。凡翊府之翊衞、外府熊渠番上者，分配之。

長史各一人，錄事參軍事各一人，倉曹參軍事各二人，兵曹參軍事各二人，騎曹參軍事各一人，胄曹參軍事各一人，左右司階各二人，左右中候各三人，左右司戈各五人，左右執戟各五人，長上各二十五人。左右翊中郎將府官，同驍衞。

有稱長二人，錄事一人，史二人，亭長二人，掌固四人。倉曹，府二人，史四人；兵曹，府三人，史五人；騎曹，府二人，史四人；胄曹，府三人，史三人。稱長掌唱警，爲應蹕之節。

左右威衞　上將軍各一人，大將軍各一人，將軍各二人。掌同左右衞。凡翊府之翊衞、外府羽林番上者，分配之。凡分兵主守，則知皇城東面助鋪。

長史各一人，錄事參軍事各一人，倉曹參軍事各二人，兵曹參軍事各二人，騎曹參軍事各一人，胄曹參軍事各一人，左右司階各二人，左右中候各三人，左右司戈各五人，左右執戟各五人，長上各二十五人。左右翊中郎將府官，同驍衞。有錄事一人，史二人，亭長二人，掌固四人。倉曹，府二人，史四人；兵曹，府三人，史五人；騎曹，府二人，史四人；胄曹，府三人，史三人。

左右領軍衞　上將軍各一人，大將軍各一人，將軍各二人。掌同左右衞。凡翊府之翊衞、外府射聲番上者，分配之。凡分兵主守，則知皇城西面助鋪及京城、苑城諸門。長史各一人，錄事參軍事各一人，倉曹參軍事各二人，兵曹參軍事各二人，騎曹參軍事各一人，胄曹參軍事各一人，左右司階各二人，左右中候各三人，左右司戈各五人，左右執戟各五人，長上各二十五人。左右翊中郎將府官，同驍衞。有錄事一人，史二人，亭長二人，掌固四人。倉曹，府二人，史四人；兵曹，府三人，史五人；騎曹，府二人，史四人；胄曹，府三人，史三人。

左右金吾衞　上將軍各一人，大將軍各一人，將軍各二人。掌宮中、京城巡警，烽候、道路、水草之宜。凡翊府之翊衞及外府佽飛番上，皆屬焉。師田，則執左右營之禁，南衙宿衞官將軍以下及千牛番上者，皆配以職。大功役，則與御史循行。凡敝幕、故氈，以給病坊。

兵曹參軍事，掌翊府、外府武官，兼掌獵師。

騎曹參軍事，掌外府雜畜簿帳、牧養之事。

冑曹參軍事，掌同左右衞。大朝會行從，給青龍旗、⿰糸暴矟於衞尉。

長史各一人，錄事參軍事各一人，倉曹參軍事各二人，兵曹參軍事各二人，騎曹參軍事各一人，冑曹參軍事各一人，左右司階各二人，左右中候各三人，左右司戈各五人，左右執戟各五人，左右街使各一人，判官各二人。左右翊中郎將府官，如驍衞。

有錄事一人，史二人。倉曹，府二人，史四人；兵曹，府三人，史五人；騎曹，府二人，史四人；冑曹，府三人，史三人。左右街典二人，引駕仗三衞六十人，引駕佽飛六十六人，大角手六百人。隋有察非掾，至唐廢。

左右翊中郎將府中郎將，掌領府屬，督京城左右六街鋪巡警，以果毅二人助巡探。入閤日，中郎將一人升殿受狀，衞士六百爲大角手，六番閱習，吹大角爲昏明之節，諸營壘候以進退。

左右街使，掌分察六街徼巡。凡城門坊角，有武候鋪，衞士、彍騎分守，大城門百人，大鋪三十人，小城門二十人，小鋪五人，日暮，鼓八百聲而門閉；乙夜，街使以騎卒循行叫謼，武官暗探；五更二點，鼓自內發，諸街鼓承振，坊市門皆啓，鼓三千撾，辨色而止。

左右監門衞　上將軍各一人，大將軍各一人，將軍各二人。掌諸門禁衞及門籍。文武官九品以上，每月送籍於引駕仗及監門衞，衞以帳報內門。凡朝參、奏事、待詔官及繖扇儀仗出入者，閱其數。以物貨器用入宮者，有籍有傍。左監門將軍判入，右監門將軍判出，月一易其籍。行幸，則率屬於衙門監守。

長史，掌判諸曹及禁門，巡視出入而司其籍、傍。餘同左右衞。

兵曹參軍事兼掌倉曹，胄曹兼掌騎曹。

左右翊中郎將府中郎將，掌涖宮殿城門，皆左入右出。中郎將各四人，長史各一人，錄事參軍事各一人，兵曹參軍事各一人，胄曹參軍事各一人。

有錄事一人，史二人，亭長二人，掌固二人。兵曹，府三人，史五人；胄曹，府三人，史四人。監門校尉三百二十人，直長六百八十人，長入長上二十人〔三〕，直長長上二十人。監門校尉掌敍出入。唐改監門府郎將爲將軍。

左右千牛衞　上將軍各一人，大將軍各一人，將軍各二人。掌侍衞及供御兵仗。以千牛備身左右執弓箭宿衞，以主仗守戎器。朝日，領備身左右升殿列侍。親射，則率屬以從。

胄曹參軍事，掌甲仗。凡御仗之物二百一十有九，羽儀之物三百，自千牛以下分掌之。上日，執御弓箭者亦自備以入宿。主仗每月上，則配以職，行從則兼騎曹。中郎將各二人，長史各一人，錄事參軍事各一人，兵曹參軍事各一人，胄曹參軍事各一人。

唐改備身郎將曰將軍，備身將曰中郎將，千牛左右、備身左右曰千牛備身。初置備身主仗。有錄事一人，史二人，亭長二人，掌固四人。兵曹，府一人，史二人；胄曹，府一人，史一人。千牛備身十二人，備身左右十二人，備身一百人，主仗一百五十人。千牛備身掌執御刀，服花鈿繡衣綠，執象笏，宿衞侍從。備身左右掌執御弓矢，宿衞侍從。備身，掌宿衞侍從。主仗，掌守供御兵仗。

左右翊中郎將府中郎將，掌供奉侍衞。凡千牛及備身左右以御刀仗升殿供奉者，皆上將軍領之，中郎將佐其職。有口敕，通事舍人承傳，聲不下聞者，中郎將宣告。

諸衞折衝都尉府　每府折衝都尉一人，上府正四品上，中府從四品下，下府正五品下。左右果毅都尉各一人，上府從五品下，中府正六品上，下府正六品下。別將各一人，上府正七品下，中府從七品上，下府從七品下。長史各一人，上府正七品下，中府從七品上，下府從七品下。兵曹參軍事各一人，上府正八品下，中府正九品下，下府從九品上。校尉五人，從七品下。旅帥十人，從八品上。隊正二十人，正九品下；副隊正二十人，從九品下。

折衝都尉掌領屬備宿衞，師役則總戎具、資糧、點習，以三百人爲團，一校尉領之。捉鋪持更者，晨夜有行人必問，不應則彈弓而嚮之，復不應則旁射，又不應則射之。晝以排門人遠望，暮夜以持更人遠聽。有衆而囂，則告主帥。

左右果毅都尉，掌貳都尉。

每府有錄事一人，府一人，史二人。兵曹，府二人，史三人。每隊正領兵五十人。武德元年，改鷹揚郎將曰軍頭，正四品下；鷹擊郎將曰府副，正五品上；司馬曰長史，正八品下；校尉，正六品下；旅帥，正七品下。廢越騎、步兵二校尉及察非掾。又改軍頭曰驃騎將軍，府副曰車騎將軍，皆爲府。諸率府置驃騎將軍五人、車騎將軍十人。二年，以車騎將軍府隸驃騎府，置十二軍，分關內諸府皆隸焉。每軍，將軍一人，副一人。至六年廢。七年，改驃騎將軍府爲統軍府，車騎將軍爲別將。八年，復置十二軍。貞觀十年，改統軍府曰折衝都尉，別將曰果毅都尉。軍坊置坊主一人，檢校戶口，勸課農桑，以本坊五品勳官爲之。三輔及近畿州都督府皆置府，凡六百三十三。永徽中，廢長史，置司馬一人，總司兵、司騎二局。武后垂拱中，以千二百人爲上府，千人爲中府，八百人爲下府，赤縣爲赤府，畿縣爲畿府。聖曆元年，廢司馬，置長史、兵曹參軍事，又有別將一人，從六品下，居果毅都尉之次，其後分左右各一人，尋廢。久之，復置一人，降其品。開元初，衞士爲武士，諸衞折衝、果毅、別將，擇有行者爲展仗押官。右羽林軍十五人，左羽林軍二十五人，衣服同色。諸衞有弩手，左右驍衞各八十五人，餘衞各八十三人。

左右羽林軍　大將軍各一人，正三品；將軍各三人，從三品。掌統北衙禁兵，督攝左右廂飛騎儀仗。大朝會，則周衞階陛；巡幸，則夾馳道爲內仗。凡飛騎番上者，配其職。有敕上南衙者，大將軍承墨敕，白移於金吾，引駕仗官與監門奏覆，降墨敕，然後乃得入。

長史各一人，從六品上；錄事參軍事各一人，正八品上；倉曹參軍事各一人，兼總騎曹事；兵曹參軍事各一人；冑曹參軍事各一人。自倉曹參軍以下，皆正八品下。司階各二人，正六品上；中候各三人，正七品下；司戈各五人，正八品上；執戟各五人，正九品下；長上各十人。左右翊衞中郎將府中郎將一人，正四品下；左右中郎一人，左右郎將一人，皆正五品上；兵曹參軍事一人，正九品上；校尉五人，旅帥十人，隊正二十人，副隊正二十人。

有錄事一人，史二人，亭長二人，掌固四人。倉曹、兵曹各府二人、史四人；冑曹，府、史各二人。左右翊中郎將府，錄事一人，府一人，史二人；倉曹、兵曹各府二人，史四人；冑曹，府、史各二人。

左右龍武軍 大將軍各一人，正二品；統軍各一人，正三品；將軍三人，從三品。掌同羽林。長史、錄事參軍事、倉曹參軍事、兵曹參軍事、冑曹參軍事各一人，司階各二人，中候各三人，司戈、執戟各五人，長上各十人。景雲元年，置龍武將軍。開元元年，六軍各置統軍。貞元三年，龍武軍增將軍一員，有錄事一人，史二人，亭長二人，掌固四人。倉曹，府二人，史四人；兵曹，府二人，史四人；冑曹，府、史各二人。

左右神武軍 大將軍各一人，正二品；統軍各一人，正三品；將軍三人，從三品。總衙前射生兵。長史、錄事參軍事、倉曹參軍事、兵曹參軍事、冑曹參軍事各一人，司階各二人，中候各三人，司戈、執戟各五人，長上各十人。有錄事一人，史二人，倉曹、兵曹、冑曹府、史，皆如龍武軍。開元二十六年，分羽林置左右神武軍，尋廢；至德二年復置。

左右神策軍　大將軍各一人，正二品；統軍各二人，正三品；將軍各四人，從三品。掌衞兵及內外八鎮兵。

護軍中尉各一人，中護軍各一人，判官各三人，都句判官二人，句覆官各一人，表奏官各一人，支計官各一人，孔目官各二人，驅使官各二人。

自長史以下，員數如龍武軍。

左右龍武、左右神武、左右神策，號六軍。貞元二年，神策軍置大將軍、將軍，十四年置統軍，品秩同六軍。始，殿前左右神威軍，有大將軍二人，正二品；統軍二人，從三品；將軍二人，從五品。元和初，爲一軍，號天威軍。八年廢，以軍隸神策，有馬軍、步軍將軍及指揮使等，以馬軍大將軍知軍事。天復三年廢神策軍，四年復置神策軍。

東宮官

太子太師、太傅、太保，各一人，從一品。掌輔導皇太子。每見，迎拜殿門，三師答拜，每門必讓，三師坐，太子乃坐。與三師書，前名惶恐，後名惶恐再拜。太子出，則乘路備鹵簿以從。

少師、少傅、少保，各一人，從二品。掌曉三師德行，以諭皇太子，奉太子以觀三師之道德。自太師以下唯其人，不必備。

先天元年開府，置令、丞各一人，隸詹事府。尋廢。

太子賓客四人，正三品。掌侍從規諫，贊相禮儀，宴會則上齒。侍讀，無常員，掌講導經學。

貞觀十八年，以宰相兼賓客。開元中，定員四人。太宗時，晉王府有侍讀，及爲太子，亦置焉。其後，或置或否。開元初，十王宅引辭學工書者入教，亦爲侍讀。

詹事府　太子詹事一人，正三品；少詹事一人，正四品上。掌統三寺、十率府之政，少詹事爲之貳。皇太子書稱令，庶子以下署名奉行，書案、畫日。丞二人，正六品上。掌判府事，知文武官簿、假使。凡敕令及尚書省、二坊符牒下東宮諸司者，皆發焉。

主簿一人，從七品上；錄事二人，正九品下。

隋廢詹事府。武德初復置。龍朔二年曰端尹府，詹事曰端尹，少詹事曰少尹。武后光宅元年改曰宮尹府，詹事曰宮尹，少詹事曰少尹。有令史九人，書令史十八人。

司直二人，正七品上。掌糾劾宮寮及率府之兵。皇太子朝，則分知東西班。監國，則詹事、庶子爲三司使，司直一人與司議郎、舍人分日受理啓狀。太子出，則分察鹵簿之內。

有令史一人，書令史二人，亭長四人，掌固六人。

左春坊　左庶子二人，正四品上；中允二人，正五品下。掌侍從贊相，駁正啓奏。總司經、典膳、藥藏、內直、典設、宮門六局。皇太子出，則版奏外辦、中嚴；入則解嚴。凡令書下，則與中允、司議郎等畫諾、覆審，留所畫以爲案〔三〕，更寫印署，注令諾，送詹事府。

司議郎二人，正六品上。掌侍從規諫，駁正啓奏。凡皇太子出入、朝謁、從祀、釋奠、講學、監國之命，可傳於史册者，錄爲記注；宮坊祥眚，官長除拜、薨卒，歲終則錄送史館。

左諭德一人，正四品下。掌諭皇太子以道德，隨事諷贊。皇太子朝宮臣，則列侍左階，出入騎從。

左贊善大夫五人，正五品上。掌傳令，諷過失，贊禮儀，以經教授諸郡王。錄事二人，從八品下；主事三人，從九品下。

隋有內允。武德三年改曰中舍人，隸門下坊。貞觀初曰中允，十八年置司議郎。永徽三年，避皇太子名，復改中允曰內允。太子廢，復舊。龍朔二年，改門下坊曰左春坊，左庶子曰左中護，中允曰左贊善大夫，司議郎分左右，置左右諭德各一人。咸亨元年，皆復舊，司議郎不分左右，其後諭德廢而司議郎復分。儀鳳四年，置左右贊善大夫各十人，以同姓爲之。景雲二年，始兼用庶姓，改門下坊曰左春坊，復置諭德，庶子以比侍中，中允以比門下侍郎，司議郎以比給事中，贊善大夫以比諫議大夫，諭德以比散騎常侍。右坊，則庶子以比中書令，中舍人以比中書侍郎，太子監國則庶子比尚書令。有令史六人，書令史十二人，傳令四人，掌儀二人，贊者三人，亭長三人，掌固十人。

崇文館　學士二人，掌經籍圖書，教授諸生，課試擧送如弘文館。校書郎二人，從九品下。掌校理書籍。

貞觀十三年置崇賢館。顯慶元年，置學生二十人。上元二年，避太子名，改曰崇文館。有學士、直學士及讎校，皆無常員，無其人則庶子領館事。開元七年，改讎校曰校書郎。乾元初，以宰相爲學士，總館事。貞元八年，隸左春坊。有館生十五人，書直一人，令史二人，書令史二人，典書二人，搨書手二人，楷書手十人，熟紙匠一人，裝潢匠二人，筆匠一人。

司經局　洗馬二人，從五品下。掌經籍，出入侍從。圖書上東宮者，皆受而藏之。文學三人，正六品下。分知經籍，侍奉文章。校書四人，正九品下；正字二人，從九品上。掌校刊經史。

唐改太子正書曰正字。龍朔三年，改司經局曰桂坊，罷隸左春坊，領崇賢館，比御史臺；以詹事一人爲令，比御史大夫，司直二人比侍御史，以洗馬爲司經大夫。置文學四人，錄事一人，正九品下。三年，改司經大夫曰桂坊大夫〔四〕，糾正違失。咸亨元年，復隸左春坊，省錄事。有書令史二人，書吏二人，典書四人，楷書二十五人，掌固六人，裝潢匠二人，熟紙匠、筆匠各一人。

典膳局　典膳郎二人，從六品下；丞二人，正八品上。掌進膳、嘗食，丞爲之貳。每夕，更直於廚。

龍朔二年，改典膳監曰典膳郎。有書令史二人，書吏四人，主食六人，典食二百人，掌固四人。

藥藏局　藥藏郎二人，從六品下；丞二人，正八品上。掌和醫藥，丞爲之貳。皇太子有疾，侍醫診候議方。藥將進，宮臣涖嘗，如尚藥局之職。

有書令史一人，書吏二人，侍醫四人，典藥二人，藥童六人，掌固四人。

內直局　內直郎二人，從六品下；丞二人，正八品下。掌符璽、衣服、繖扇、几案、筆硯、垣牆。

龍朔二年，改監曰內直郎，副監曰丞。有令史一人，書吏三人，典服十二人，典扇八人，典翰八人，掌固六人。

武德中，有典璽四人，開元中廢。

典設局　典設郎四人，從六品下；丞二人，正八品下。掌湯沐、燈燭、汛掃、鋪設。凡皇太子散齋別殿、致齋正殿，前一日設幄坐于東序及室內，張帷前楹。

龍朔二年，改齋帥局曰典設局，齋帥曰郎。有書令史二人，書吏四人，幕士二百四十五人，掌固十二人。

宮門局　宮門郎二人，從六品下；丞二人，正八品下。掌宮門管籥。凡夜漏盡，擊漏鼓而開；夜漏上水一刻，擊漏鼓而閉。歲終行儺，則先一刻而啓。皇太子不在，則闔正門；還仗，如常。凡宮中，明時不鼓。

龍朔三年，改宮門監曰宮門郎。有書令史一人，書吏二人，門僕百人，掌固四人。

右春坊　右庶子二人，正四品下；中舍人二人，正五品下。掌侍從、獻納、啓奏，中舍人爲之貳。皇太子監國，下令書則畫日，至春坊則庶子宣傳，中舍人奉行。太子舍人四人，正六品上。掌行令書、表啓。諸臣上皇太子，大事以牋，小事以啓，其封題皆上右春坊通事舍人以進。

通事舍人八人，正七品下。掌導宮臣辭見，承令勞問。

右諭德一人，右贊善大夫五人，錄事一人，主事二人，品皆如左春坊。

隋內舍人隸典書坊。武德初改曰中舍人，管記舍人曰太子舍人。永徽元年，避太子名，復改中舍人曰內舍人。龍朔二年，改典書坊曰右春坊，右庶子曰右中護，中舍人曰右贊善大夫，舍人曰右司議郎。有令史九人，書令史十八人，傳令四人，典謁四人，亭長六人，掌固十人。

家令寺　家令一人，從四品上。掌飲膳、倉儲。總食官、典倉、司藏三署。皇太子出入，則乘軺車爲導；祭祀、賓客，則供酒食；賜予，則奉金玉、貨幣。凡牀几、茵席、器物，非取於將作、少府者，皆供焉。

丞二人，從七品下，掌判寺事。凡三署出納，皆刺於詹事。莊宅、田園，畜肥墝爲收斂之數。宮、朝、坊、府土木營繕，則下於司藏。

主簿一人，正九品下。

唐改司府令曰家令。龍朔二年，改家令寺曰宮府寺，家令曰大夫。有錄事一人，府十人，史二十人，亭長四人，掌固四人，雜匠百人。

食官署　令一人，從八品下；丞二人，從九品下。掌飲膳、酒醴。凡四時供送設食皆顓焉。供六品以下元日、寒食、冬至食於家令廚者。

有府二人，史四人，掌膳四人，供膳百四十人，奉觶三十人。

典倉署　令一人，從八品下；丞二人，從九品下。掌九穀、醯醢、庶羞、器皿、燈燭。凡園圃樹藝，皆受令焉。每月籍出納上於寺，歲終上詹事府。給戶奴婢、番戶、雜戶資糧衣服。

有府三人，史五人，園丞二人，史二人。

司藏署　令一人，從八品下；丞二人，從九品下。掌庫藏財貨出納、營繕。有府三人，史四人，計史一人。

率更寺　令一人，從四品上。掌宗族次序、禮樂、刑罰及漏刻之政。太子釋奠、講學、齒胄，則總其儀；出入，乘軺車爲導，居家令之次。坊、寺、府有罪者，論罰，庶人杖以下，皆送大理〔三〕。皇太子未立，判斷於大理。

丞一人，從七品上。掌貳令事。宮臣有犯理於率更者，躬問薇罪而上於詹事。

主簿一人，正九品下。掌印句。凡宗族不序，禮儀不節，音律不諧，漏刻不審，刑名不法，皆舉而正之。決囚，則與丞同涖。龍朔二年，改曰司更寺，令曰司更大夫。有錄事一人，府三人，史四人，漏刻博士三人，掌漏六人，漏童二十人，典鍾、典鼓各十二人，亭長四人，掌固四人。漏刻博士掌教漏刻。

僕寺　僕一人，從四品上。掌車輿、乘騎、儀仗、喪葬，總廏牧署。太子出，則率廏牧令進路，親馭。

丞一人，從七品上。掌判寺事。凡馬畜芻粟，歲以季夏上於詹事，以時出入而節其數。

主簿一人，正九品下。掌廄牧畜養、車騎駕馭、儀仗。

龍朔二年，改曰馭僕寺，僕曰大夫。有進馬十一人，錄事一人，府三人，史五人，亭長三人，掌固三人。

廄牧署　令一人，從八品下；丞二人，從九品下。掌車馬、閑廄、牧畜。皇太子出，則率典乘先期習路馬，率駕士馭車乘，既出，進路，式路車於西閤外，南向以俟。凡羣牧隸東宮者，皆受其職事。典乘四人，從九品下。

有府三人，史六人，翼馭十人，駕士十五人，掌閑六百人，獸醫十人，主酪三十人。翼馭掌調馬執馭。

太子左右率府　率各一人，正四品上；副率各二人，從四品上。掌兵仗、儀衞。凡諸曹及三府、外府皆隸焉。元日、冬至，皇太子朝宮臣、諸方使，則率衞府之屬爲衞。每月三府三衞及五府超乘番上者，配以職。

武德五年，改左右侍率曰左右衞率府，左右武侍衞率曰左右宗衞率府，左右宮門將曰左右監門率府。龍朔二年，改左右衞率府曰左右典戎衞，左右宗衞率府曰左右司禦率府，左右虞候率府曰左右清道衞，左右內率府曰左右奉裕衞，左右監門率府曰左右崇掖衞。武后垂拱中，改左右監門率府曰左右鶴禁衞。神龍元年，改左右司禦率府曰左右宗衞府，左右清道衞曰左右虞候率府。景雲二年，左右宗衞府復曰左右司禦率府。開元初，左右虞候率府復曰左右清道率府。

長史各一人，正七品上。掌判諸曹府。季秋以屬官功狀上於率，而爲考課。錄事參軍事各一人，從八品上；倉曹參軍事、兵曹參軍事、胄曹參軍事、騎曹參軍事各一人，從八品下。倉曹掌文官簿書，兵曹掌武官簿書，胄曹掌器械、公廨營繕。司階各一人，從六品上〔六〕；中候各二人，從七品下；司戈各二人，從八品上；執戟各三人，散長上各十人，從九品下。左右司禦、淸道、監門、內率府，自率以下品同。

有錄事一人，府一人，史一人。倉曹，府一人，史二人；兵曹、胄曹，各府二人，史三人；騎曹，府五人，史七人。亭長、掌固各二人。

親府、勳府、翊府三府　每府中郎將各一人，從四品上；左右郎將各一人，正五品下。中郎將、郎將，掌其府校尉、旅帥及親、勳、翊衞之屬宿衞，而總其事。兵曹參軍事各一人，從九品上。掌判句。大朝會及皇太子出，則從鹵簿而涖其儀。親衞從七品上，勳衞正八品上，翊衞從八品上，員皆亡。校尉各五人，從六品上；旅帥各十人，正七品下；隊正各二十人，從八品上。

武德元年，改功曹曰親衞，義曹曰勳衞，良曹曰翊衞，置三府，有錄事一人，府、史各一人。

太子左右司禦率府　率各一人，正四品上；副率各二人，從四品上。掌同左右衞。凡諸曹及外府旅賁番上者隸焉。

長史各一人，正七品上；錄事參軍事各一人，從八品上；倉曹參軍事、兵曹參軍事、胄曹參軍事、騎曹參軍事，各一人，從八品下；司階各一人，中候各二人，司戈各二人，執戟各三人。親衞、勳衞、翊衞三府中郎將以下，如左右衞率府。

有錄事一人，史二人。倉曹，府一人，史二人；兵曹，府二人，史三人；胄曹，府、史各二人。亭長一人，掌固二人。

太子左右清道率府　率各一人，副率各二人。掌晝夜巡警。凡諸曹及外府直盪番上者隸焉。皇太子出入，則以清游隊先導，後拒隊爲殿。

長史各一人，錄事參軍事各一人，從八品上；倉曹參軍事、兵曹參軍事、胄曹參軍事各一人，從八品下；左右司階各一人，左右中候各二人，左右司戈各一人，左右執戟各三人。親衞、勳衞、翊衞三府中郎將以下，如左右衞率府。

有錄事一人，史二人，亭長二人，掌固二人。倉曹，府一人，史二人；兵曹，府二人，史三人；胄曹，府二人，史二人。細引押仗五十人。

太子左右監門率府　率各一人，副率各二人。掌諸門禁衞。凡財物、器用，出者有籍。

長史各一人，錄事參軍事各一人，正九品上；兵曹參軍事各一人，正九品下，兼領倉曹；胄曹參軍事各一人，正九品下；監門直長七十八人，從七品下。

唐改宮門將曰監門率，直事曰直長。有錄事一人，史二人，亭長一人，掌固二人。兵曹，府二人，史二人；胄曹，府二人，史三人。

太子左右內率府　率各一人，副率各一人。掌千牛供奉之事。皇太子坐日，領千牛升殿。射于射宮，則千牛奉弓矢立東階，西面；率奉弓，副率奉矢、決拾。北面張弓，左執弣，右執簫以進，副率以弓拂矢而進〔七〕，各退立於位。既射，左內率啓其中否〔八〕。

長史各一人，錄事參軍事各一人，正九品上；兵曹參軍事各一人，正九品下，兼領倉曹；胄曹參軍事各一人，正九品下；千牛各四十四人，從七品上。

唐置兵曹，改司使左右復曰千牛備身，主射左右復曰備身左右，弓箭備身去弓箭之名。龍朔二年，改千牛備身曰奉裕。開元中，千牛備身、備身左右，幷爲千牛。有備身二十八人，主仗四十人，錄事一人，史二人。兵曹，府一人，史二人；胄曹，府一人，史一人。

校勘記

〔一〕錄事參軍事各一人正八品上掌受諸曹及五府外府之事　各本「之」字原在「外府」上。按唐六典卷二四、職官分紀卷三五俱云：錄事參軍事「掌印及受諸曹、五府及外府百司所由之事」。明「之」字當在「外府」下，今改正。

〔二〕長入長上二十人　唐六典卷二五、舊書卷四四「入」作「人」。

〔三〕凡令書下則與中允司議郎等畫諾覆審留所畫以爲案　按唐六典卷二六云：「凡令書下於左春坊，則與中允、司議郎等覆啓以畫諾，及覆下，以皇太子所畫者留爲案。」職官分紀卷二八同。此應是留皇太子所畫以爲案，本書文義欠明。

〔四〕龍朔三年改司經局曰桂坊……以洗馬爲司經大夫……三年改司經大夫曰桂坊大夫　上「三」字，各本同；下「三」字，衲、殿本同，汲、局本作「二」。按以洗馬爲司經大夫事，唐六典卷二六及通典卷三〇俱繫在龍朔二年；改司經局曰桂坊事，唐六典未載，通典繫在龍朔三年。本書則均在龍朔三年，且「三年」文重出，不合體例，顯有舛誤。

〔五〕坊寺府有罪者論罰庶人杖以下皆送大理　唐六典卷二七云：「凡諸坊寺府之有犯者，令其主司定罪，庶人杖以下決之，官吏杖以下皆送於大理。」

〔六〕司階各一人從六品上 「階」，各本原作「皆」，唐六典卷二八作「階」。按本書下文及唐六典同卷太子左右司禦率府、太子左右清道率府均有「司階」，並從六品上。據改。

〔七〕副率以弓拂矢而進 唐六典卷二八「弓」作「巾」，職官分紀卷三〇引唐六典文同。「弓」疑爲「巾」之誤。

〔八〕左內率啓其中否 唐六典卷二八作「左右內率啓其矢中及不中」，職官分紀卷三〇引唐六典文同。此處「左」下疑脫「右」字。

唐書卷四十九下

志第三十九下

百官四下

王府官

傅一人，從三品。掌輔正過失。諮議參軍事一人，正五品上。掌訏謀議事。友一人，從五品下。掌侍游處，規諷道義。侍讀，無定員。文學一人，從六品上。掌校典籍，侍從文章。東西閣祭酒各一人，從七品上。掌禮賢良、導賓客。

自祭酒以下爲王官。武德中，置師一人、常侍二人、侍郎四人，皆掌表啓書疏，贊相禮儀；舍人四人，掌通傳引納。謁者二人，舍人二人，諮議參軍事、友，皆正五品下；文學、祭酒，皆正六品下。高宗、中宗時，相王府長史以宰相兼之，魏、雍、衞王府以尚書兼之，徐、韓二王爲刺史，府官同外官，資望愈下。永淳以前，王未出閤則不開府。天授二年，置皇孫府官。玄宗諸子多不出閤，王官益輕而員亦減矣。景雲二年，改師曰傅，開元二年廢，尋復置，廢常侍、侍郎、謁者、舍人。開成元年，改諸王侍讀曰奉諸王講讀，大中初復舊。

長史一人，從四品上；司馬一人，從四品下。皆掌統府僚，紀綱職務。掾一人，掌通判功曹、倉曹、戶曹事，屬一人，皆正六品上，掌通判兵曹、騎曹、法曹、士曹事。主簿一人，掌覆省書教，記室參軍事二人，掌表啓書疏，錄事參軍事一人，皆從六品上，掌付事、句稽，省署鈔目。錄事一人，從九品下。功曹參軍事掌文官簿書、考課、陳設，倉曹參軍事掌祿廩、廚膳、出內、市易、畋漁、芻藁，戶曹參軍事掌封戶、僮僕、弋獵、過所，兵曹參軍事掌武官簿書、考課、儀衞、假使，騎曹參軍事掌廄牧、騎乘、文物、器械，法曹參軍事掌按訊、決刑，士曹參軍事掌土功、公廨，自功曹以下各一人，正七品上。參軍事二人，正八品下；行參軍事四人，從八品上。皆掌出使雜檢校。典籤二人，從八品下，掌宣傳書教。

武德中，改功曹以下書佐、法曹行書佐、士曹佐皆曰參軍事，長兼行書佐曰行參軍，廢城局參軍事。又有鎧曹參軍事二人，掌儀衞兵仗；田曹參軍事一人，掌公廨、職田、弋獵；水曹參軍事二人，掌舟船、漁捕、芻草。皆正七品下。家吏二人，百司問事謁者一人，正七品下。司閤一人，正九品下。貞觀中，廢鎧曹、田曹、水曹。武后時，家吏以下皆廢。主簿、記室有史二人；錄事、功曹、倉曹、兵曹、騎曹、法曹、士曹，各府一人、史二人；戶曹府、史，各二人。自典籤以上爲府官，郡王、嗣王不置長史。

親事府　典軍二人，正五品上；副典軍二人，從五品上。皆掌校尉以下守衞、陪從，兼知鞍馬。校尉五人，從六品上；旅帥，從七品下；隊正，從八品下，隊副，從九品下。皆掌領親事、帳內陪從〔二〕。自旅帥以下，視親事多少乃置。

帳內府　典軍二人，正五品上；副典軍二人，從五品上。自校尉以下，員、品如親事府。

初，典軍以武官及流外爲之，領執仗、帳內等。秦王、齊王府置左右六護軍府、左右親軍府、左右帳內府。左一、右一護軍府，護軍各一人，副護軍各二人，長史、錄事參軍事，倉曹、兵曹、鎧曹參軍事，各一人，統軍各五人，別將各一人。左二、右二護軍府，左三、右三護軍府，減統軍三人，別將六人。左右親軍府，統軍各一人，長史各一人，錄事參軍事，兵曹、鎧曹參軍事，左別將，右別將，各一人。帳內府職員，與護軍府同。又有庫直，隸親事府；驅咥直，隸帳內府。選材勇爲之。貞觀中，庫直以下皆廢。親事府有府一人，史二人；執仗親事十六人，執弓仗；執乘親事十六人，掌供騎乘；親事三百三十人。帳內府有府一人，史一人，帳內六百六十七人。

親王國　令一人，從七品下；大農一人，從八品下。掌判國司。尉一人，正九品下；丞一人，從九品下。學官長、丞各一人，掌教授內人；食官長、丞各一人，掌營膳食；廄牧長、丞各二人，掌畜牧；典府長、丞各二人，掌府內雜事。長皆正九品下，丞皆從九品下。

有典衛八人，掌守衛、陪從。舍人四人，錄事一人，府四人，史八人。

公主邑司　令一人，從七品下；丞一人，從八品下。掌公主財貨、禀積、田園。主簿一人，正九品下；錄事一人，從九品下。督封租、主家財貨出入。

有史八人，謁者二人，舍人二人，家史二人。

外官

天下兵馬元帥、副元帥，都統、副都統，行軍長史，行軍司馬、行軍左司馬、行軍右司馬，判官，掌書記，行軍參謀，前軍兵馬使、中軍兵馬使、後軍兵馬使，中軍都虞候，各一人。元帥、都統、招討使，掌征伐，兵罷則省。都統總諸道兵馬，不賜旌節。

高祖起兵，置左右領軍大都督，各總三軍。及定京師，置左右元帥、太原道行軍元帥、西討元帥，皆親王領之。天寶末，置天下兵馬元帥，都統朔方、河東、河北、平盧節度使。招討、都統之名，始於此。大曆八年，罷天下兵馬元帥。建中四年，以李希烈反，置諸軍行營兵馬都元帥；興元元年，置副都統。會昌中，置靈、夏六道元帥。黃巢之亂，置諸道行營都都統。天復三年〔三〕，置諸道兵馬元帥，尋復改曰天下兵馬元帥。

行軍司馬，掌弼戎政。居則習蒐狩，有役則申戰守之法，器械、糧糒、軍籍、賜予皆專焉。

武德元年，改贊治曰治中。高宗即位，曰司馬，下州亦置焉。顯慶二年，置洛州司馬。武后大足元年，東都、北都、雍、荊、揚、益州，置左右司馬。神龍二年省。太極元年，雍、洛四大都督府增司馬一人，亦分左右。

掌書記，掌朝覲、聘問、慰薦、祭祀、祈祝之文與號令升絀之事。行軍參謀，關豫軍中機密。

景龍元年，置掌書記。開元十二年，罷行軍參謀，尋復置。

節度使、副大使知節度事、行軍司馬、副使、判官、支使、掌書記、推官、巡官、衙推各一人，同節度副使十人，館驛巡官四人，府院法直官、要籍、逐要親事各一人，隨軍四人。節度使封郡王，則有奏記一人；兼觀察使，又有判官、支使、推官、巡官、衙推各一人；又兼安撫使，則有副使、判官各一人；兼支度、營田、招討、經略使，則有副使、判官各一人；支度使復有遣運判官、巡官各一人。

節度使掌總軍旅，顓誅殺。初授，具帑抹兵仗詣兵部辭見，觀察使亦如之。辭日，賜雙旌雙節。行則建節、樹六纛，中官祖送，次一驛輒上聞。入境，州縣築節樓，迎以鼓角，衙仗居前，旌幢居中，大將鳴珂，金鉦鼓角居後，州縣齋印迎于道左。視事之日，設禮案，高尺有二寸，方八尺，判三案，節度使判宰相，觀察使判節度使，團練使判觀察使。三日洗印，視其刓缺。歲以八月考其治否，銷兵爲上考，足食爲中考，邊功爲下考。觀察使以豐稔爲上考，省刑爲中考，辦稅爲下考。團練使以安民爲上考，懲姦爲中考，得情爲下考。防禦使以無虞爲上考，淸苦爲中考，政成爲下考。經略使以計度爲上考，集事爲中考，脩造爲下考。罷秩則交廳，以節度使印自隨，留觀察使、營田等印，以郎官主之。鎖節樓、節堂，以節院使主之，祭奠以時。入朝未見，不入私第。

京兆、河南牧，大都督，大都護，皆親王遙領。兩府之政，以尹主之；大都督府之政，以長史主之；大都護府之政，以副大都護主之，副大都護則兼王府長史。其後有持節爲節度、副大使知節度事者，正節度也。諸王拜節度大使者，皆留京師。

觀察使、副使、支使、判官、掌書記、推官、巡官、衙推、隨軍、要籍、進奏官，各一人。

團練使、副使、判官、推官、巡官、衙推，各一人。

防禦使、副使、判官、推官、巡官，各一人。

觀察處置使，掌察所部善惡，舉大綱。凡奏請，皆屬於州。

貞觀初，遣大使十三人巡省天下諸州，水旱則遣使，有巡察、安撫、存撫之名。神龍二年，以五品以上二十人爲十道巡察使，按舉州縣，再周而代。景雲二年，置都督二十四人，察刺史以下善惡，置司舉從事二人，秩比侍御史。揚、益、并、荆四州爲大都督，汴、兗、魏、冀、蒲、綿、秦、洪、潤、越十州爲中都督，皆正三品；齊、鄜、涇、襄、安、潭、遂、通、梁、夔十州爲下都督，從三品。當時以爲權重難制，罷之，唯四大都督府如故。置十道按察使，道各一人。開元二年，曰十道按察採訪處置使，至四年罷，八年復置十道按察使，秋、冬巡視州縣，十年又罷。十七年復置十道、京都、兩畿按察使，二十年曰採訪處置使，分十五道，天寶末，又兼黜陟使，乾元元年，改曰觀察處置使。

西都、東都、北都牧各一人，從二品。西都、東都、北都、鳳翔、成都、河中、江陵、興元、興德府尹各一人，從三品。掌宣德化，歲巡屬縣，觀風俗，錄囚，恤鰥寡。親王典州，則歲以上佐巡縣。

武德元年，雍州置牧一人，以親王爲之，然常以別駕領州事。永徽中，改尹曰長史。初，太宗伐高麗，置京城留守，其後車駕不在京都，則置留守，以右金吾大將軍爲副留守；開元元年，改京兆、河南府長史復爲尹，通判府務，牧缺則行其事；十一年，太原府亦置尹及少尹，以尹爲留守，少尹爲副留守：謂之三都留守。三都大都督府有典獄十八人，問事十二人，白直二十四人；典獄以防守囚繫，問事以行罰。中府、上州，典獄十四人，問事八人，白直二十人；下府、中州，典獄十二人，問事六人，白直十六人；下州，典獄八人，問事四人，白直十六人。自三都以下，皆有執刀十五人。

少尹二人，從四品下。掌貳府州之事，歲終則更次入計。司錄參軍事二人，正七品上。錄事四人，從九品上。功曹、倉曹、戶曹、田曹、兵曹、法曹、士曹參軍事各二人，皆正七品下。參軍事六人，正八品下。六府錄事參軍事以下減一人。

錄事參軍事，掌正違失，莅符印。

武德初，改州主簿曰錄事參軍事；開元元年，改曰司錄。有史十人。大都督府有史四人，中府有史三人，下府、都護府、上州、中州、下州各有史二人。

功曹司功參軍事，掌考課、假使、祭祀、禮樂、學校、表疏、書啓、祿食、祥異、醫藥、卜筮、陳設、喪葬。

武德初，司功、司倉、司戶、司兵、司法、司士書佐皆爲司功等參軍事，有府四人、史十人。大都督府有府三人、史六人；中府有府二人、史三人；下府有府一人、史三人。大都護府有府一人、史二人。上府有府、史各二人。上州有佐二人、史五人；中州減史二人。

倉曹司倉參軍事，掌租調、公廨、庖廚、倉庫、市肆。

有府五人，史十三人。大都督府有府四人，史六人。中府、下府，各有府三人，史五人。都護府有府、史各二人。上州有佐二人，史五人；中州、下州減史二人。

戶曹司戶參軍事，掌戶籍、計帳、道路、過所、蠲符、雜傜、逋負、良賤、芻藁、逆旅、婚姻、田訟、旌別孝悌。

有府八人，史十六人，帳史二人，知籍，按帳目捉錢。大都督府有府四人，史七人，帳史二人；中府有府三人，史五人，帳史一人；下府有府二人，史五人，帳史一人。上州有佐四人，史六人，帳史一人；中州有佐三人，史五人，帳史一人；下州有佐二人，史四人，帳史一人。都護府有府、史各二人，帳史一人。

田曹司田參軍事，掌園宅、口分、永業及蔭田。

景龍三年，初置司田參軍事，唐隆元年省，上元二年復置。有府四人，史十人。大都督府有府二人，史六人；中府有府、史各二人；下府有府一人，史二人。上州有佐二人，史五人；中州、下州減史二人。

兵曹司兵參軍事，掌武官選、兵甲、器仗、門禁、管鑰、軍防、烽候、傳驛、畋獵。

有府六人，史十四人。大都督府有府四人，史八人；中府有府三人，史六人；下府有府二人，史五人。都護府有府三人，史四人。上州有佐二人，史五人；中州減史二人。

法曹司法參軍事，掌鞫獄麗法、督盜賊、知贓賄沒入。

有府六人，史十四人。大都督府有府三人，史八人；中府有府三人，史六人；下府有府二人，史五人。上州有佐四人，史七人；中州有佐一人，史四人；下州有佐一人，史三人。

士曹司士參軍事，掌津梁、舟車、舍宅、工藝。

有府五人，史十一人。大都督府有府四人，史八人；中府、下府有府三人，史六人。上州有佐二人，史五人；

中州有佐一人，史四人。

參軍事掌出使、贊導。

武德初，改行書佐曰行參軍，尋又改曰參軍事。初有亟使十五人，後省。

文學一人，從八品上。掌以五經授諸生。縣則州補，州則授於吏部。然無職事，衣冠恥之。

武德初，置經學博士、助教、學生。德宗即位，改博士曰文學。元和六年，廢中州、下州文學。京兆等三府，助教二人，學生八十人。大都督府、上州，各助教一人；中都督府，學生五十人；下府、下州，各四十人。

醫學博士一人，從九品上。掌療民疾。

貞觀三年，置醫學，有醫藥博士及學生。開元元年，改醫藥博士爲醫學博士，諸州置助教，寫本草、百一集驗方藏之。未幾，醫學博士、學生皆省，僻州少醫藥者如故。二十七年，復置醫學生，掌州境巡療。永泰元年，復置醫學博士。三都、都督府、上州、中州各有助教一人。三都學生二十人，都督府、上州二十人，中州、下州十人。

大都督府　都督一人，從二品；長史一人，從三品；司馬二人，從四品下；錄事參軍事一人，正七品上；錄事二人，從九品上；功曹參軍事、倉曹參軍事、戶曹參軍事、田曹參軍事、兵曹參軍事、法曹參軍事、士曹參軍事各一人，正七品下；參軍事五人，正八品下；

市令一人，從九品上；文學一人，正八品下；醫學博士一人，從八品上。

中都督府　都督一人，正三品；別駕一人，正四品下；長史一人，正五品上；司馬一人，正五品下；錄事參軍事一人，正七品下；錄事二人，從九品上；功曹參軍事、倉曹參軍事、戶曹參軍事、田曹參軍事、兵曹參軍事、法曹參軍事、士曹參軍事各一人，從七品上；參軍事四人，從八品上；市令一人，從九品上；文學一人，從八品上；醫學博士一人，正九品上。

下都督府　都督一人，從三品；別駕一人，從四品下；長史一人，從五品上；司馬一人，從五品下；錄事參軍事一人，從七品上；錄事二人，從九品上；功曹參軍事、倉曹參軍事、戶曹參軍事、田曹參軍事、兵曹參軍事、法曹參軍事、士曹參軍事各一人，從七品下；參軍事三人，從八品下；文學一人，從八品下；醫學博士一人，正九品上。

都督掌督諸州兵馬、甲械、城隍、鎮戍、糧稟，總判府事。

武德初，邊要之地置總管以統軍，加號使持節，蓋漢刺史之任。有行臺，有大行臺。其員有尚書省令一人，正二品，掌管內兵民，總判省事。有僕射一人，從二品，掌貳令事。自左右丞以下，諸司郎中略如京省。又有食貨監一人，丞二人，掌膳羞、財物、賓客、帳具、音樂、醫藥；有農圃監一人，丞四人，掌倉廩、園圃、薪炭、芻稾、運漕；有武器監一人，丞二人，掌兵械、廄牧；有百工監一人，丞四人，掌舟車、營作。監皆正八品下，丞正九品下。七年，改總管曰都督，總十州者爲大都督。貞觀二年，去大字，凡都督府有刺史以下如故，然大都督又兼刺史，而不檢校州事。其後都督加使持節，則爲將，諸將亦通以都督稱，唯朔方猶稱大總管。邊州別置經略使，沃衍有屯田之州，則置營田使。武后聖曆元年，以夏州都督領鹽州防禦使。及安祿山反，諸郡當賊衝者，皆置防禦守捉使。乾元元年，置團練守捉使、都團練守捉使，大者領州十餘，小者二三州。代宗即位，廢防禦使，唯山南西道如故。元載秉政，思結人心，刺史皆得兼團練守捉使。楊綰爲相，罷團練守捉使，唯澧、朗、峽、興、鳳如故。建中後，行營亦置節度使、防禦使、都團練使。大率節度、觀察、防禦、團練使，皆兼所治州刺史。都督府則領長史，都護府則領都護，或亦別置都護。都督府有掾，有屬，有記室參軍事，有典籤，武德中省。

市令一人，從九品上。掌交易，禁姦非，通判市事。

貞觀十七年廢市令。垂拱元年復置。都督府、三都、諸州，各有市丞一人，佐一人，史二人，帥三人，分行檢察；倉督二人，顓涖出納；史二人。下州省丞。

大都護府　大都護一人，從二品；副大都護二人，從三品；副都護二人，正四品上；長史一人，正五品上；司馬一人，正五品下；錄事參軍事一人，正七品上；錄事二人，從九品上；功曹參軍事、倉曹參軍事、戶曹參軍事、兵曹參軍事、法曹參軍事各一人，正七品下；參軍事三人，正八品下。

上都護府　都護一人〔三〕，正三品；副都護二人，從四品上；長史一人，正五品上；司馬一人，正五品下；錄事參軍事一人，正七品下；功曹參軍事、倉曹參軍事、戶曹參軍事、兵曹參軍事各一人，從七品上；參軍事三人，從八品上。

都護掌統諸蕃，撫慰、征討、敍功、罰過，總判府事。

上州　刺史一人，從三品，職同牧尹；別駕一人，從四品下。

武德元年，改太守曰刺史，加使持節，丞曰別駕。十年，改雍州別駕曰長史。高宗即位，改別駕皆爲長史。上元二年，諸州復置別駕，以諸王子爲之。永隆元年省，永淳元年復置。景雲二年，始參用庶姓。天寶元年，改刺史曰太守。八載，諸郡廢別駕，下郡置長史一員。上元二年，諸州復置別駕。德宗時，復省。元和、長慶之際，兩河用兵，裨將有功者補東宮王府官，久次當進及受代居京師者，常數十人，訴宰相以求官；文宗世，宰相韋處厚建議，復置兩輔、六雄、十望、十緊州別駕。

長史一人，從五品上；司馬一人，從五品下；錄事參軍事一人，從七品上；錄事二人，從九品下；司功參軍事一人、司倉參軍事一人、司戶參軍事二人、司田參軍事一人、司兵參軍事一人、司法參軍事二人、司士參軍事一人，皆從七品下；參軍事四人，從八品下；市令一人，從九品上；丞一人，從九品下；文學一人，從八品下；醫學博士一人，從九品下。

中州　刺史一人，正四品下；錄事參軍事一人，正八品上；錄事一人，從九品上；司功參軍事、司倉參軍事、司戶參軍事、司田參軍事、司兵參軍事、司法參軍事、司士參軍事各一人，正八品下；參軍事三人，正九品下；醫學博士一人，從九品下。

下州　刺史一人，正四品下；別駕一人，從五品上；司馬一人，從六品上；錄事參軍事一人，從八品上；錄事一人，從九品下；司倉參軍事、司戶參軍事、司田參軍事、司法參軍事各一人，從八品下；參軍事二人，從九品下；醫學博士一人，從九品下。

諸軍各置使一人，五千人以上有副使一人，萬人以上有營田副使一人。軍皆有倉、兵、胄三曹參軍事。刺史領使，則置副使、推官、衙官、州衙推、軍衙推。

京縣　令各一人，正五品上；丞二人，從七品上；主簿二人，從八品上；錄事二人，從九品下；尉六人，從八品下。

畿縣　令各一人，正六品上；丞一人，正八品下；主簿一人，正九品上；尉二人，正九品下。

上縣　令一人，從六品上；丞一人，從八品下；主簿一人正九品下；尉二人，從九品上。

中縣　令一人，正七品上；丞一人，從八品下；主簿一人，從九品上；尉一人，從九品下。

中下縣　令一人，從七品上；丞一人，正九品上；主簿一人，從九品上；尉一人，從九品下。

下縣　令一人，從七品下；丞一人，正九品下；主簿一人，從九品上；尉一人，從九品下。

縣令掌導風化，察冤滯，聽獄訟。凡民田收授，縣令給之。每歲季冬，行鄉飲酒禮。籍帳、傳驛、倉庫、盜賊、隄道，雖有專官，皆通知。縣丞爲之貳，縣尉分判衆曹，收率課調。

武德元年，改書佐曰縣尉，尋改曰正。諸縣置主簿，以流外爲之。京縣、上縣，丞皆一人；畿縣、上縣，正皆四人。七年，改縣正復曰尉。貞觀初，諸縣置錄事。開元，上縣萬戶、中縣四千戶以上，增尉一人。京兆、河南府諸縣，戶三千以上置市令一人，戶一萬以上置義倉督三人。其後畿縣戶不及四千，亦置尉二人，萬戶增一人。凡縣有司功佐、司倉佐、司戶佐、司兵佐、司法佐、司士佐、典獄、門事等，畿縣減司兵，上縣有司戶、司法而已。凡縣皆有經學博士、助教各一人，京縣學生五十人，畿縣四十人，中縣以下各二十五人。

上鎭，將一人，正六品下；鎭副二人，正七品下；倉曹參軍事、兵曹參軍事各一人，從八品下。中鎮，將一人，正七品上；鎮副一人，從七品上；兵曹參軍事一人，正九品下。下鎮，將一人，正七品下；鎮副一人，從七品下；兵曹參軍事一人，從九品下。每鎮又有使一人、副使一人。凡軍鎮，二萬人以上置司馬一人，正六品上；增倉曹、兵曹參軍事各一人，從七品下。不及二萬者，司馬從六品上，倉曹、兵曹參軍事正八品上。

上戍，主一人，正八品下；戍副一人，從八品下。中戍，主一人，從八品下。下戍，主一人，正九品下。

鎮將、鎮副、戍主、戍副，掌捍防守禦。凡上鎮二十，中鎮九十，下鎮一百三十五；上戍十一，中戍八十六，下戍二百四十五。倉曹參軍事，掌儀式、倉庫、飲膳、醫藥、付事、句稽、省署鈔目、監印、給紙筆、市易、公廨。中鎮則兵曹兼掌。兵曹參軍事，掌防人名帳、戎器、管鑰、馬驢、土木、讁罰之事。

上鎮有錄事一人，史一人，倉曹佐一人、史二人，兵曹佐、史各二人，倉督一人、史二人。中鎮，錄事一人，兵曹佐一人、史四人，倉督一人、史二人。下鎮，錄事一人，兵曹佐一人、史二人，倉督一人、史一人。凡軍鎮，五百人有押官一人，千人有子總管一人，五千人又有府三人、史四人。上戍，佐一人、史二人；中戍，史二人；下戍，史一人。唐廢戍子，每防人五百人爲上鎮，三百人爲中鎮，不及者爲下鎮；五十人爲上戍，三十人爲中戍，不及者爲下戍。開元十五年，朔方五城各置田曹參軍事一人，品同諸軍判司，專莅營田。永泰後，諸鎮官頗增減開元之舊。

五岳、四瀆，令各一人，正九品上，掌祭祀。有祝史三人，齋郎各三十人。

上關，令一人，從八品下；丞二人，正九品下。中關，令一人，正九品下；丞一人，從九品下。下關，令一人，亦從九品下。掌禁末游，察姦慝。凡行人車馬出入，據過所爲往來之節。凡關二十有六，京四面關有驛道者爲上關，無驛道者爲中關，餘爲下關。丞掌付事、句稽、監印、省署鈔目，通判關事。

上關，錄事一人，府二人，史四人，典事六人。中關，錄事一人，府二人，史二人，典事四人。下關，府一人，史、典事各二人。典事掌巡雍及雜當。初，諸關置都尉，亦有佗官奉敕監者。上津置尉一人，掌舟梁之事；府一人，史二人，津長四人。下津，尉一人，府一人，史二人，津長二人。永徽中，廢津尉，上關置津吏八人。永泰元年，中關置津吏六人，下關四人，無津者不置。

校勘記

〔一〕皆掌領親事帳內陪從　各本原無「親」字。按此條原注，親事府有親事三百三十人，帳內府有帳內六百六十七人。又唐六典卷二九載：親事府與帳內府之校尉、旅帥、隊正、隊副分別掌領親事、帳內陪從。「事」上當有「親」字，據補。

〔二〕天復三年置諸道兵馬元帥　「天復三年」，各本原作「天福二年」。按「天福」乃晉太祖石敬瑭年號。舊書卷四四職官志敍天下兵馬元帥沿革云：「及代宗卽位，又以雍王爲之，自後不置。昭宗又以輝王爲之也。」本書卷一〇昭宗紀、唐會要卷七八、通鑑卷二六四並謂昭宗天復三年以輝王祚爲諸道兵馬元帥。「天福二年」當是「天復三年」之譌。今改正。

〔三〕上都護府都護一人　各本「上都護」下原無「府都護」三字，據唐六典卷三〇、舊書卷四四職官志補。